Die Binnengewässer Schleswig-Holsteins

Die Binnengewässer

Uwe Muuß   Marcus Petersen   Dietrich König

Schleswig-Holsteins

Unter Mitarbeit von Günther Herrmann

Karl Wachholtz Verlag Neumünster

Alle Rechte, auch die des auszugsweisen Nachdrucks, der
fotomechanischen Wiedergabe und der Übersetzung, vorbehalten
Karl Wachholtz Verlag Neumünster 1973   ISBN 3-529-0-5302-3
Kartenzeichnungen: Erwin Raeth, Kiel
Satz und Druck: Karl Wachholtz Verlag, Neumünster
Reproduktionen: Albert Bauer KG, Hamburg
Vierfarben-Offsetdruck: Hermann F. R. Stumme, Hamburg
Einband: Ladstetter Verlagsbuchbinderei GmbH, Hamburg-Wandsbek

Vorwort

In Schleswig-Holstein gibt es etwa 27 000 ha Binnengewässer, an denen sich seit einigen Jahrzehnten sehr erhebliche Veränderungen vollziehen. Unsere Flüsse und Seen werden immer mehr als Erholungslandschaft entdeckt und erschlossen; die stehenden wie die fließenden Gewässer werden immer stärker genutzt und unterliegen damit einer zunehmenden Verschmutzung; weiterhin steigt der Wasserbedarf für die Wasserversorgung an. Es ist darum verständlich, wenn die Binnengewässer oft im Mittelpunkt des Interesses und auch der Diskussion stehen.

Für diese Situation möchte das Buch Sachinformationen geben, die ein vertieftes Verständnis sowohl der natürlichen Vorgänge als auch der menschlichen Eingriffe und ihrer Auswirkungen ermöglichen. Darüber hinaus ist es die Absicht der Autoren, die Schönheit und Eigenart der Wasserlandschaft festzuhalten und dem Leser den Blick für eigene Beobachtung zu öffnen. Schließlich möchten wir auch dazu beitragen, das Bewußtsein für einen sinnvollen Umgang mit dem für alle in so vielfältiger Weise lebensnotwendigen Wasser auszubilden und wachzuhalten.

Das Buch ist in die Abschnitte „Stehende Gewässer", „Fließgewässer" und „Nutzung der Binnengewässer" gegliedert; den Seen wurde wegen ihrer Bedeutung, aber auch wegen ihrer Mannigfaltigkeit ein größerer Raum gewidmet.

Da viele Flüsse ihren Weg durch Seen nehmen, voran die Schwentine, sind zahlreiche Hinweise in den Text eingefügt, damit zusammengehörige Seen und Fließgewässer auch zusammen studiert werden können.

Binnengewässer gibt es in allen Landschaften Schleswig-Holsteins, doch liegen die weitaus meisten Seen im östlichen Hügelland. Dieser natürlichen Verteilung trägt auch die Auswahl der Beispiele Rechnung. Auf der Übersichtskarte (S. 4) sind die Luftaufnahmen und solche Bodenaufnahmen, die einen größeren Ausschnitt erfassen, lokalisiert.

Ähnlich wie in dem Buch „Die Küsten Schleswig-Holsteins" sind die Gewässer aus unterschiedlichen Perspektiven dargestellt worden, so daß Vergleiche in verschiedener Hinsicht möglich sind.

Durchweg steht jeder Bildseite eine in sich abgeschlossene Textseite gegenüber. Von diesem Prinzip wurde jedoch an zwei Stellen abgewichen, damit den stehenden und den fließenden Gewässern je ein einleitendes Kapitel mit durchlaufendem Text vorangestellt werden konnte.

Auch in diesem Band sind viele Luftaufnahmen verwendet worden, weil man mit ihrer Hilfe die Gewässer in ihrem Zusammenhang mit der Landschaft besonders gut überschauen kann. Bodenaufnahmen geben eher die Stimmung der Wasserlandschaft wieder, eine größere Zahl solcher Aufnahmen würde sich aber in der Aussage bald wiederholen. Von den sehr zahlreichen Lebewesen der Binnengewässer, mit denen man leicht mehrere Bildbände füllen könnte, konnten nur einige wenige Beispiele aufgenommen werden.

Im Vergleich zu den bisherigen Atlanten wurde der Anhang erheblich erweitert, so daß er für verschiedene Zwecke als Nachschlagewerk benutzt werden kann. Wer sich über Einzelprobleme oder über die Gewässer in den verschiedenen Landschaften weiter informieren möchte, findet, ebenfalls im Anhang, die wichtigste gewässerkundliche Literatur über Schleswig-Holstein zusammengestellt.

Fast alle Bilder sind in den Jahren 1972 und 1973 für dieses Buch neu aufgenommen worden. Als Filmmaterial wurde der Agfacolor CT 18 verwendet, für die Luftbilder und für die großformatigen Bodenaufnahmen diente die Rolleiflex SL 66 als Kamera.

Die Herausgeber danken zahlreichen Personen, Behörden, Firmen und Institutionen für Auskunft, Rat und Hilfe bei der Textbearbeitung.

Dieselben Piloten wie beim Küstenbuch, Herr Jochen Pieper und Herr Rainer Rosenthal, haben auch diesmal zum Erfliegen der Luftaufnahmen maßgeblich beigetragen. Herrn Erwin Raeth danken wir wiederum für die vortreffliche Ausführung der Textzeichnungen.

Schließlich sei dem Karl Wachholtz Verlag gedankt, der die Herstellung und Ausstattung des Buches in ausgezeichneter Weise besorgt hat.

Kiel, im August 1973

Uwe Muuß   *Marcus Petersen*   *Dietrich König*

NORDSEE

OSTSEE

HAMBURG

30 km

Marsch   Geest   Östliches Hügelland

Inhalt

In Klammern die zum Text gehörenden Bild-Nummern

Einleitung

Binnengewässer entstehen im Kreislauf des Wassers. Durch Verdunstung über dem Meer oder Land nimmt die Luft Feuchtigkeit auf, die später zu Wolken kondensiert und die als Niederschlag über dem Meer oder über dem Festland wieder zur Erdoberfläche zurückkehrt.

Die auf dem Festland gefallenen Niederschläge werden teils wieder verdunsten, teils versickern und teils oberflächlich abfließen. Aus den versickerten und den abgeflossenen Anteilen werden die Binnengewässer gespeist.

Obgleich Schleswig-Holstein ein sehr flaches Land ist, sind die Niederschläge dennoch ungleichmäßig verteilt. Bei einem ungefähren Landesdurchschnitt von 720 mm Jahresniederschlag liegt das Maximum bei 850 mm (Geestrand bei Heide–Albersdorf), das Minimum der Niederschläge dagegen unter 550 mm (Ostfehmarn). Man erkennt deutlich, daß die Geesthöhen im W als Regenfänger wirken, ebenso die Endmoränen zwischen Flensburg und Rendsburg. Dagegen liegt die Ostseeküste überall im Regenschatten; auch in Lauenburg bleiben die Niederschläge unter dem Landesdurchschnitt.

Die Anteile von Verdunstung, Versickerung und oberflächlichem Abfluß sind örtlich sehr verschieden, weil sie von Bodenart, Pflanzenwuchs und Geländeneigung, von Temperatur und Wind abhängig sind. Zum Beispiel wird in einem Wald – trotz erheblich größerer Verdunstung durch die Bäume – in der Regel mehr Wasser in den Boden einsickern als in einem vergleichbaren Acker, weil der von Moos und Kräutern bedeckte mulmige Waldboden das Wasser schwammartig aufsaugt. Wo das Grundwasser sehr hoch steht, wie zum Beispiel in Mooren, kann kaum Wasser in den Boden eindringen.

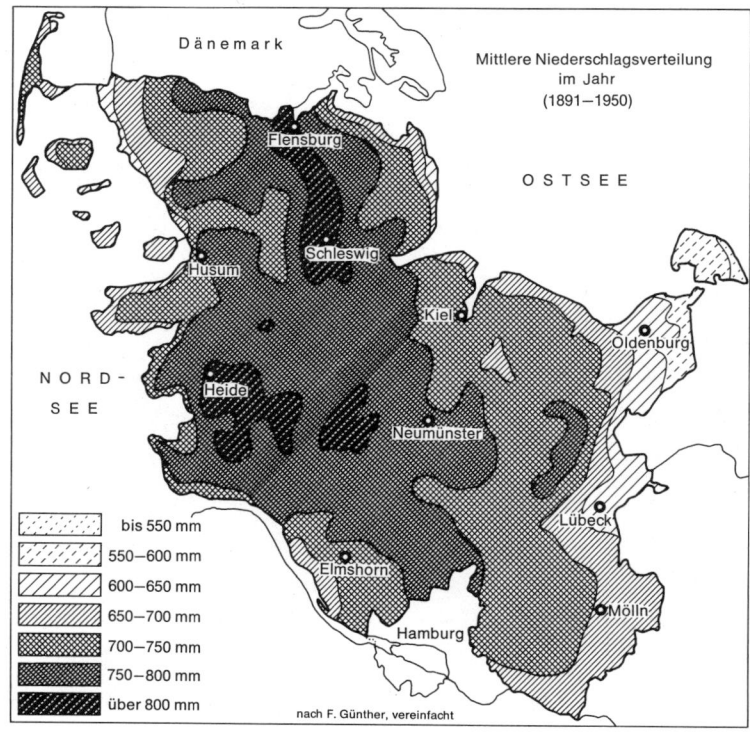

Die Richtung des oberflächlich fließenden Wassers und auch die des unterirdisch sich bewegenden Grundwassers ist vom Gefälle abhängig. Dieses ist in Schleswig-Holstein gering, gibt es doch nur drei Erhebungen über 100 m Höhe.

Die Wasserscheide, welche die beiden Hauptabflußrichtungen trennt, liegt in Schleswig-Holstein nicht in der Mitte, sondern ist weit nach O verschoben. Auch lassen sich die fließenden Gewässer – im Gegensatz zu den stehenden – nur teilweise einer der drei landschaftlichen Einheiten des Landes (Östliches Hügelland – Geest – Marsch) eindeutig zuordnen. Mehrere durchbrechen deren Grenzen, wie zum Beispiel die Eider, die ihren ursprünglichen 188 km langen

Zeit	Niederschlag		Abfluß oberirdisch		Abfluß unterirdisch		Verdunstung		Wassergebrauch und -verbrauch	
	Mio. m³	%	Mio. m³	%	Mio. m³	%	Mio. m³	%	Mio. m³	%
Zeit um 1951	7250	100	2555	35	440	6	4100	57	171	2,35
Zeit um 1964	7250	100	2460	34	440	6	4100	57	267	3,7
Zeit um 1980	7250	100	2225	31	440	6	4100	57	502	6,9

Jährliche Wasserbilanzen in Schleswig-Holstein für die Zeit um 1951, 1964, 1980, bezogen auf 10 000 km²

7

Lauf östlich von Bordesholm beginnt, das Stadtgebiet von Kiel berührt und dann die Richtung nach W einschlägt, um quer durch die drei Landschaften der Nordsee zuzufließen. Ihr Nebenfluß Treene entspringt auf der Linie Flensburg–Kappeln; das Flußgebiet der Stör reicht bis in die Nähe von Segeberg. Die Zuflüsse der Ostsee, außer der Trave und Schwentine, sind durchweg nur kurz. Durch den Bau des Nord-Ostsee-Kanals ist die N-S-gerichtete Hauptwasserscheide unterbrochen worden (S. 62, 90).

Während die Nordseezuflüsse eine „normale" Gefällskurve aufweisen, bei der das Gefälle zur Mündung hin allmählich abnimmt, ist das Gefälle mehrerer Zuflüsse der Ostsee unausgeglichen, zum Beispiel weist die Schwentine in ihrem Oberlauf ein starkes Gefälle auf, bei ihrem Lauf durch die Ostholsteinische Seenplatte ist es nur gering, im Unterlauf dagegen wieder größer. Ähnlich sieht die Gefällskurve der Trave aus.

Angesichts des schwachen Gefälles kann es nicht verwundern, wenn vielerorts die lokalen Wasserscheiden nicht sehr ausgeprägt sind; so hat zum Beispiel der Selenter See zwei verschiedene Abflüsse zur Ostsee, und der Einfelder See entwässert sowohl zur Eider wie zur Stör.

Die Wasserführung der fließenden Gewässer ist starken Schwankungen unterworfen, die vor allem vom Niederschlag abhängen. Flüsse, die durch Seen kommen, haben eine ausgeglichenere Wasserführung als andere, weil die Seen als Speicher wirken.

Die von der Quelle bis zur Mündung aufeinanderfolgenden Abschnitte eines Fließgewässers werden durch die Lebensgemeinschaften charakterisiert, die dort gedeihen. Im

quellnahen Gebiet fließen die meisten Gewässer rasch, sie sind flach, weisen einen sandigen Boden auf und enthalten viel Sauerstoff. In dieser „Forellenregion", zum Beispiel in der Kossau oder in der oberen Treene, leben andere Tiere als in den langsam fließenden Unterläufen – zum Beispiel der nach W strebenden Gewässer mit schlammigem Boden, größerer Tiefe und geringerem Sauerstoffgehalt, der „Brachsenregion". Menschliche Eingriffe, wie zum Beispiel Begradigung oder Einleitung von Abwässern, können den Typ eines Gewässers stark verändern.

Stehende Gewässer gibt es in einer größeren Mannigfaltigkeit. Große, dauernd vorhandene bezeichnet man als Seen, wobei in Schleswig-Holstein besonders der Unterschied zwischen den tiefen Toteisseen des Östlichen Hügellandes einerseits und den Flachseen verschiedener Entstehung andererseits wichtig ist. Flache stehende Gewässer von geringer Größe bezeichnet man als Weiher, zu denen vom Typ her auch viele künstliche Kleingewässer gerechnet werden müssen. Dagegen werden Gewässer, die gelegentlich austrocknen, Tümpel genannt.

Auch bei den stehenden Gewässern sind die biologischen Unterschiede groß. In Schleswig-Holstein gibt es nur wenige „oligotrophe", nährstoffarme Seen. Die meisten Seen gehören – mit mehr oder weniger großer Abwandlung – zum Typ der nährstoffreichen „eutrophen" Seen. Bei den größeren und tieferen Seen lassen sich verschiedene Regionen unterscheiden, die jeweils eine besondere Flora und Fauna beherbergen: die durchlichtete Uferzone (Litoral), die dunkle Tiefenzone (Profundal), die Bodenregion (Benthal), das freie Wasser (Pelagial).

Die räumliche Anordnung der Binnengewässer in Schleswig-Holstein spiegelt die erdgeschichtliche Entwicklung unseres Landes seit der Eiszeit wider.

Auf der Geest folgen die Flüsse der Abdachung der Landschaft von O nach W, sie fließen meist in Rinnen, die von den Schmelzwässern der letzten Vereisung geschaffen und vorgeformt sind.

Dagegen haben sich die Flüsse des Östlichen Hügellandes nach dem Abschmelzen des Eises ihren Weg erst „suchen" müssen. Dabei ist es nicht selten zu einer Umkehrung der

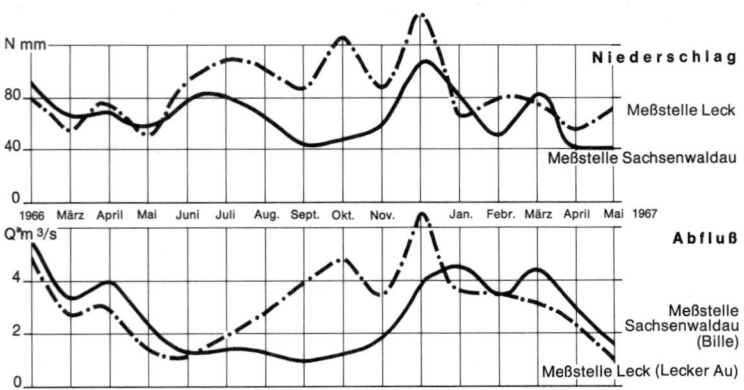

ursprünglichen Fließrichtung gekommen, zum Beispiel benutzt die Eider zwischen Bordesholm und Schulensee auf ihrem Weg nach N ein ehemaliges Tunneltal, das von den Schmelzwassern in Richtung S durchflossen wurde. Der Plöner See entwässerte im Spätglazial zunächst nach S. Erst später bildete sich die Schwentine heraus.

Von den Seen liegen die weitaus meisten im Östlichen Hügelland, dem Gebiet der Jungmoränen. Von den Gletschern wurden Hohlformen geschaffen, die jedoch noch mehrere Jahrtausende nach dem Rückzug des Eises von „Toteis" ausgefüllt blieben. Dadurch wurden sie gewissermaßen konserviert, denn alle offen zutage liegenden Hohlformen wurden von den Ablagerungen der Schmelzwasser zugeschüttet. Erst nach dem Abschmelzen des Toteises traten die Becken in Erscheinung und füllten sich mit Wasser.

Nicht alle Seen reichen wie der Große Plöner See und der Hemmelsdorfer See tief unter den Meeresspiegel herab. Der Selenter See liegt mit seinem Wasserspiegel 37 m und mit seiner tiefsten Stelle immer noch 3 m über dem Spiegel der nahen Ostsee. Die Erosionskraft der Abflüsse, bedingt durch Wassermenge und Gefälle, reicht aber selbst in unserem weichen Boden nicht aus, um solche „hochgelegenen" Seen leerlaufen zu lassen.

Manche Seen lassen Beziehungen zu den Fördengletschern erkennen, deren frühere Stadien typische Zungenbecken hinterließen. So ist der Wittensee der Eckernförder Bucht zuzuordnen, der Einfelder und Bordesholmer See sind die Fortsetzung der Kieler Förde, der Ratzeburger See gehört zur „Traveförde".

Der Hemmelsdorfer See ist eine Förde, die durch einen Strandwall bei Niendorf-Timmendorf vom Meer abgeschnitten wurde. Solche Strandseen sind an der Ostseeküste weit verbreitet, die meisten sind allerdings nur flach. Strandseen können aus Buchten und Nooren hervorgehen, die durch Strandwälle abgeriegelt werden, so daß schließlich eine Aussüßung eintritt. Manche dieser sog. „Binnenseen" und ebenso manche Noore stellen nach ihrer Gestalt und auch wegen der gelegentlichen Salzwassereinbrüche Übergangsformen zwischen Küsten- und Binnengewässern dar. Dies gilt auch für die innere Schlei, die zwar nach ihrer Form und wegen

ihrer offenen Verbindung mit der Ostsee eine echte Förde ist, die jedoch ab Missunde weitgehend ausgesüßt ist und eine entsprechende Lebensgemeinschaft aufweist.

Alle Strandseen sind ganz junge Gebilde. Sie konnten erst entstehen, als die Ostsee nach und nach den – vorher trockenliegenden – Raum vor unseren heutigen Küsten überflutete und damit die Küstenentwicklung einleitete.

Die Geest ist seenarm. In früheren Eiszeiten ist auch hier das Relief bewegter gewesen, so daß in den dazwischenliegenden Warmzeiten (Interglazialzeiten) hier Seen entstehen konnten. Aus der letzten Warmzeit, der „Eem-Zeit" gibt es ausgedehnte Süßwassersedimente. Diese Binnengewässer sind jedoch noch während der Warmzeit verlandet, die mit einer Dauer von etwa 50 000 Jahren wesentlich länger war als die bisherige Nacheiszeit (rund 14 000 Jahre). Durch das „Bodenfließen" während der letzten Vereisung wurden Reliefunterschiede weiterhin ausgeglichen: im eisfreien Gebiet wechselten Gefrieren und Auftauen häufig, wobei die wassergesättigte obere Bodenschicht beim Auftauen in Bewegung geriet und als Brei abfloß. Endlich wurde die niedrige Geest von den Schmelzwassern der letzten Vereisung mit Sand überdeckt und weitgehend eingeebnet.

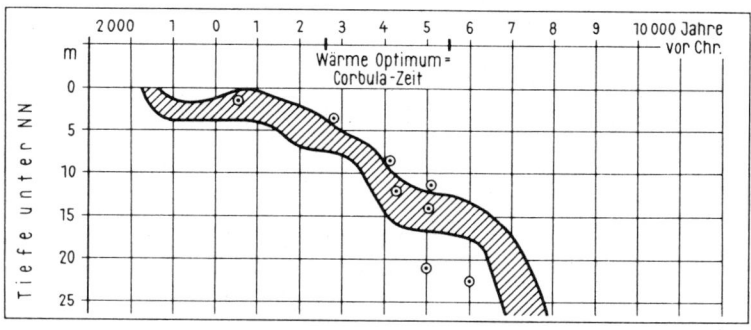

Als zwischen 5000 und 1000 v. Chr. der Meeresspiegel stark anstieg, trat im Bereich der Sanderflächen ein Rückstau der Fließgewässer wie auch des Grundwassers ein. Große Flächen vermoorten, über anderen bildeten sich Flachseen aus, von denen zum Beispiel im Eidergebiet einige mit den offenen Tideströmen Eider, Treene und Sorge in Verbindung standen und besonders bei Sturmfluten große Wassermengen aufnahmen. Fast gleichzeitig bildeten sich seewärts von diesem Sumpfland lange Nehrungen aus, die an den Geestkliffs bei St. Michaelisdonn und bei Heide ansetzten. Die Gebiete hinter diesen Nehrungen waren der marinen Aufschlickung (Marschbildung) entzogen, dafür setzte hier eine flächenhafte Verlandung von Gewässern ein. Manche wie der Meggersee wurden später künstlich trockengelegt. Nur einige Reste dieser Gewässer sind noch erhalten geblieben: der Hohner See, der Kudensee und der Mötjensee.

Ähnliche Vorgänge spielten sich zur gleichen Zeit im Bereich der Ostseeküste ab; auch hier entstanden durch den Meeres- und Grundwasserspiegelanstieg zahlreiche Moore, wenngleich von geringerer räumlicher Ausdehnung.

Etwa ab 1200 n. Chr. begann in Schleswig-Holstein der Mensch in die Landschaft stärker einzugreifen, wobei auch viele Gewässer verändert wurden, einige verschwanden ganz, andere sind neu entstanden.

Bei den Bedeichungsunternehmen des 16. und 17. Jh. wurden auch tiefliegende Wattflächen mit eingedeicht wie im Gotteskoog. Andere Flächen gerieten nach Bedeichung und Entwässerung durch Sackung von Moorschichten (Inversion) in eine so niedrige Lage zum Meeresspiegel, daß ausgedehnte, in ihrer Größe stark schwankende Süßwasserseen entstanden. Der Bottschlotter See ist ein durchdämmter Wattstrom, der im Schutze des Deiches der weiteren Aufschlickung entzogen wurde.

Die Seedeiche erlitten zu allen Zeiten – zuletzt 1962 – bei Sturmfluten Durchbrüche, bei denen tiefe Wehlen ausgespült wurden. Da man in vielen Fällen die Wehlen außen, also auf der Seeseite, umgedeicht hat, sind sie als Gewässer erhalten geblieben. Andere Wasserlöcher hinter den Deichen entstanden dort, wo nicht genügend Außendeichsland zur Bodenentnahme für Deichbau bzw. -reparatur zur Verfügung stand, zum Beispiel gibt es auf der Insel Pellworm solche „Pütten" in großer Zahl.

Das eingedeichte Land mußte sorgfältig entwässert werden. Anfangs nutzte man dazu das natürliche Netzwerk krummliniger Halligpriele, später wurden rechtwinklige Grabensysteme planmäßig angelegt. Aus den Gräben, in denen das Wasser fast steht, gelangt es in die „Sielzüge" und in größere, kanalartige Vorfluter, in denen der Wasser-

stand dem Rhythmus der Gezeiten entsprechend schwankt. Siele und Pumpwerke vermitteln den Abfluß zum Meer.

Diese Gewässer wurden noch überwiegend in Handarbeit geschaffen. Auch die ersten Kanäle, die unser Land durchqueren, sind ein Werk des Spatens: der Stecknitzkanal, der Alster-Beste-Kanal und der Schleswig-Holsteinische Kanal zwischen Eider und Ostsee. Dagegen sind die beiden modernen Wasserstraßen, der Nord-Ostsee-Kanal und der Elbe-Lübeck-Kanal, mit Hilfe von Maschinen gebaut worden.

Die aufgelassenen Tagebaue in der Schreibkreide bei Lägerdorf zeigen, daß auch der Bergbau neue Gewässer entstehen lassen kann. Ehemalige Kies- und Tongruben, dazu auch Moorkuhlen, haben sich mit Wasser gefüllt. Zahlreiche Bodenentnahmestellen blieben beim Bau von Straßen und Autobahnen als Gewässer in der Landschaft zurück.

In Eiderstedt und in anderen Grünlandmarschen findet man auf jeder Fenne eine Kuhle als Viehtränke. Auch auf Fehmarn gibt es – auf jeder Ackerparzelle – ein ganz ähnlich aussehendes Wasserloch. Hier handelt es sich jedoch um Mergelkuhlen, aus denen man – direkt am Ort des Bedarfes – den zur Bodenverbesserung begehrten Rohstoff gewinnen konnte. Auf der Geest, wo es nur wenige Vorkommen gibt, hat man diese in umfangreichen Kuhlen abgebaut und den Mergel von dort in die Umgebung transportiert.

Gewässer besonderer Art sind die Fischteiche. Sie werden in der Regel durch Stau an einem kleineren Fließgewässer angelegt. Charakteristisch ist, daß sie nicht dauernd mit Wasser gefüllt sind, sondern periodisch – meist alljährlich – zum Zweck der Abfischung abgelassen werden.

Die ersten Fischteiche wurden von den Mönchen im Mittelalter geschaffen. Auch in der Gutswirtschaft spielten die Teiche einst eine wichtige Rolle. Nach einem starken Rückgang im 19. Jh. hat die Fischwirtschaft in Teichen seit etwa 1890 wieder einen großen Aufschwung genommen, und zu den Teichen der gewerblichen Fischproduktion treten neuerdings vermehrt solche von Hobby-Teichwirten.

Das Grundwasser steht mit den offenen Gewässern in Korrespondenz. Viele kleinere stehende Gewässer ebenso wie alle Brunnen führen die Schwankungen des obersten Grundwasserspiegels mit aus und machen so dessen Höhe und Jahresgang sichtbar. Meistens bildet das Grundwasser, dem geologischen Aufbau entsprechend, mehrere Horizonte, von denen der oberste mehr oder weniger nahe an der Erdoberfläche angetroffen wird.

Grundwasserhorizonte liegen meist über wasserstauenden tonigen oder lehmigen Schichten. Die ergiebigsten Grundwasservorkommen finden sich in den tertiären Sedimenten, die unter den eiszeitlichen Ablagerungen anstehen, in Tiefen von 50 und mehr Metern.

Ebenso wie die Oberflächengewässer schwankt auch der Spiegel des Grundwassers, welcher der Niederschlagskurve mit einer zeitlichen Verzögerung folgt. Mit zunehmender Tiefe wird die Verzögerung immer größer und die Schwankung ausgeglichener, falls nicht der Gang der Kurve durch Entnahme beeinflußt wird.

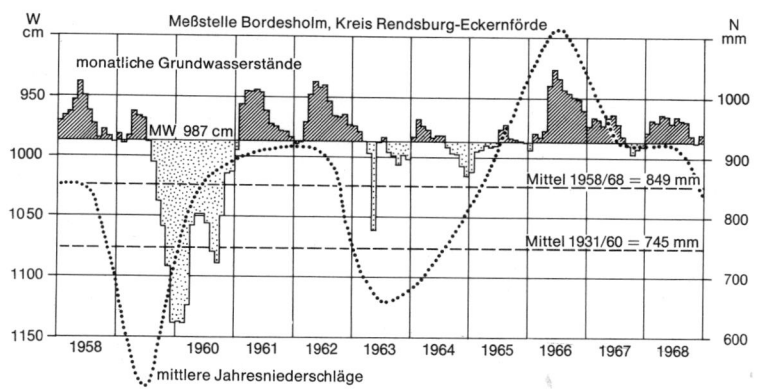

Wo ein Grundwasserhorizont von der Erdoberfläche geschnitten wird, tritt das Grundwasser zutage. Dies geschieht allerdings in Schleswig-Holstein nur ausnahmsweise in Gestalt einer sprudelnden Quelle, häufiger als ausgedehnter Quellhorizont, an dem entlang das Wasser meist mehr oder weniger flächenhaft aus der Erde hervorsickert. Leicht erkennt man im Sommer solche Stellen an der Vegetation, im Winter an den terrassenförmigen Eisschichten, die sich bei scharfem Frost bilden. Quellhorizonte treten an vielen Hängen aus, häufig auch an tief eingeschnittenen Bachtälern wie der Kossau oder dem oberen Eidertal bei Flintbek.

Manche Quellen entspringen am Grunde von Seen, wo sie dem menschlichen Auge verborgen bleiben. Da das Quellwasser während des ganzen Jahres etwa die mittlere Temperatur des Bodens von $+8°$ C hat, bleibt es im Sommer am Boden des Sees, weil es vergleichsweise kalt und darum schwer ist. Im Winter jedoch, wenn das ganze Wasser sich bis auf wenige Grad über Null abgekühlt hat (Dichtemaximum des Wassers bei $+4°$ C), ist das Quellwasser mit $+8°$ C vergleichsweise wärmer und leichter und steigt nach oben. Es kann nun vorkommen, daß ein See bei scharfem Frost vollständig zufriert und überall begangen werden kann, daß jedoch dann während einiger Tage mäßigen Frostes das aufsteigende Quellwasser das Eis von unten her wieder abtaut – was für Unkundige sehr gefährlich werden kann –, bis schließlich eine offene Wake den Ort der Quelle sichtbar anzeigt.

Auf den Nordseeinseln schwimmt das leichtere Süßwasser als flache Linse auf dem schwereren Salzwasser. Ähnlich ist es in dem Raum zwischen Wattenmeer und Geestrand, wo sich gleichfalls das Salzwasser unter das Süßwasser schiebt. Am günstigsten liegen die Verhältnisse auf den drei Geestinseln, wo sich Grundwasserkörper von ausreichender Mächtigkeit ausbilden können. Auf den Marschinseln und in der Festlandsmarsch ist die Süßwasserschicht sehr dünn, und das Wasser, vielerorts durch das unter der Kleidecke liegende Moor in seiner Qualität noch verschlechtert, ist für den

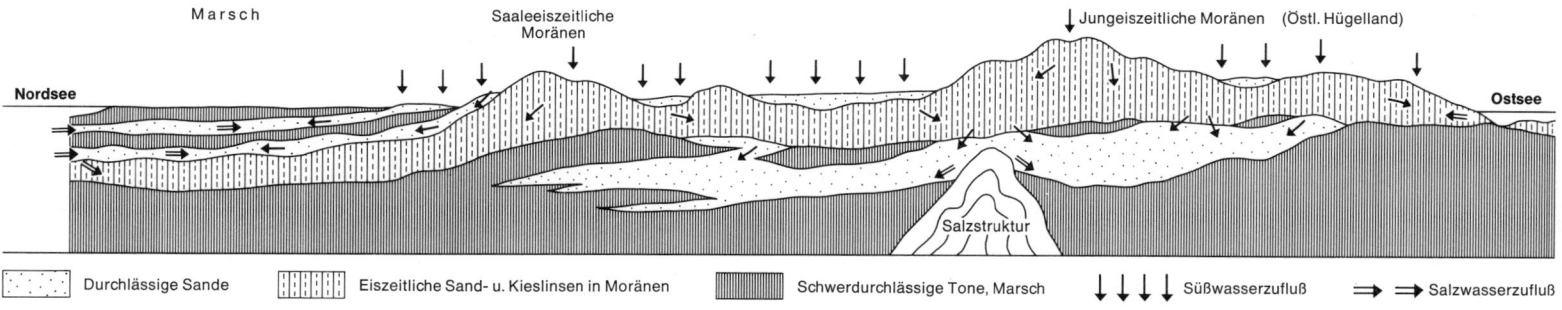

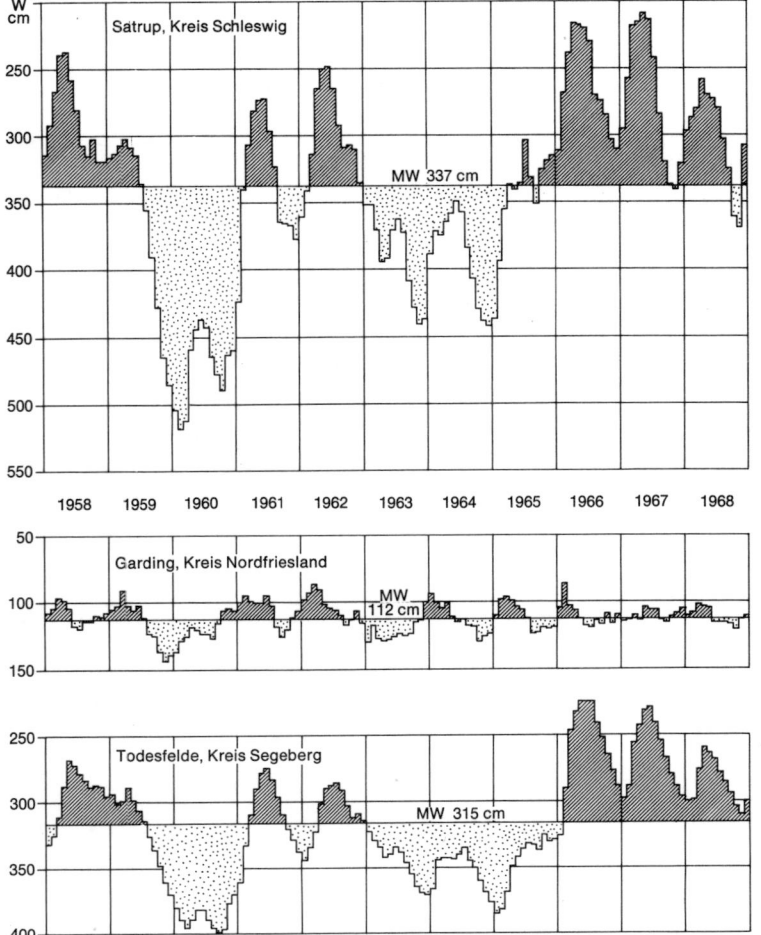

Langfristige Grundwasserschwankung

Der Gang der oberflächennahen Grundwasserstände im östlichen Hügelland (Satrup), in der Marsch (Garding) und auf der Sandergeest (Todesfelde).

Die Jahresreihe 1958–1968 wurde ausgewählt, weil sie sowohl extrem niedrige als auch extrem hohe Grundwasserstände erfaßt. Die Schwankungen in der Marsch sind wesentlich kleiner als auf der Geest oder im östlichen Hügelland, weil in der Marsch das Grundwasser mit dem Meeresspiegel korrespondiert.

Die Graphik läßt ferner erkennen, daß nach Trockenjahren das abgesunkene oberflächennahe Grundwasser bei normalen Niederschlägen bald wieder aufgefüllt wird. (Vergleiche dazu die Niederschlagswerte der Textzeichnung S. 11.)

Menschen nicht nutzbar. Auf Helgoland war man auf Zisternen und Wasserschiffe angewiesen, bis 1972 eine Meerwasserentsalzungsanlage die Versorgung übernahm.

Die vielen Brunnen, die in Geest und Hügelland zur Selbstversorgung noch betrieben werden, beziehen das Wasser aus – meist recht begrenzten – Vorkommen in den diluvialen Ablagerungen. Alle Werke zur zentralen Wasserversorgung (1973: 118) pumpen das Wasser aus den tertiären Schichten, also aus größerer Tiefe. Dabei wird anscheinend bisher ausschließlich „fossiles" Wasser gefördert, das heißt Wasser, das schon in erdgeschichtlicher Vergangenheit an seinen jetzigen Ort gelangt ist, also nicht aus dem heutigen Kreislauf stammt. Es wird wie ein Bodenschatz, vergleichbar dem Erdöl, gewonnen. Vielfach steigt es als artesisches Was-

ser im Bohrloch auf. Wir wissen bisher nicht, wie groß dieser Vorrat ist; auch ist noch nicht bekannt, ob bzw. in welchem Umfang er sich im Falle der Erschöpfung – etwa aus dem heutigen Kreislauf – wieder ergänzen kann.

Oberflächenwasser wird in Schleswig-Holstein für Trinkwasserzwecke zur Zeit kaum mehr genutzt; es bedarf, um Trinkwasserqualität zu erreichen, einer kostspieligen Aufbereitung.

Wasserwerke, die in der Nähe des Geestrandes oder der Ostseeküste liegen, müssen mit der Gefahr rechnen, daß bei allzu tiefer Absenkung des Süßwasserspiegels vom Meer her Salzwasser nachdringen kann. Auch im Binnenland ist ein Großteil der tieferliegenden Grundwasservorkommen – von den Salzstöcken her – salzig.

Binnengewässer, besonders stehende, sind geologisch kurzlebige Gebilde. Darüber gibt die Untersuchung der Schlammschichten auf dem Seeboden oder die genaue Beobachtung der Verlandungsvorgänge in einem flachen See oder Seeteil Aufschluß. Fließgewässer, die in einen See einmünden, lagern Sand, Schlamm und auch organische Bestandteile als Delta ab. Den Hauptanteil des Materials, das zur Verlandung beiträgt, liefert aber meist der See selbst. Die Unterwasserpflanzen sterben im Herbst ab; Milliarden von Mikroorganismen, vor allem einzellige Algen, sterben früher oder später ab und sinken als feiner Schlamm zu Boden. Vom Rande des Gewässers her schieben sich die Schilfgürtel allmählich vor und höhen mit ihren abgestorbenen Resten den Seeboden in der Uferregion auf. Eingewehtes Laub ist bei bewaldeten Ufern eine zusätzliche Materialquelle. Schwimmende und halbschwimmende Inseln treten in verlandenden Gewässern häufig auf. Endstufe der Verlandung sind ausgedehnte Schilf- oder Seggenflächen und schließlich eine Bruchwaldvegetation, in der die Erle die Charakterpflanze ist. Wo solche Flächen landwirtschaftlich genutzt werden, sind die zahlreichen tiefschwarzen Maulwurfshaufen im ebenen feuchten Grünland ein Hinweis darauf, daß es sich um Niederungsmoor und um das Ergebnis eines Verlandungsvorganges handelt. Man findet solche Flächen leicht an den Ufern flacher Seen, bei einiger Übung wird man aber auch ganz verlandete, ehemalige Seen entdecken.

Ähnliche Verlandungsvorgänge finden auch in den Entwässerungsgräben und Tränkkuhlen, in Fisch- und Mühlteichen statt; hier müssen regelmäßig der abgelagerte Schlamm und die wuchernde Vegetation entfernt werden, um die Funktion des Gewässers zu erhalten.

*

In den letzten Jahrzehnten haben die Eingriffe des Menschen in die Binnengewässer einen großen Umfang angenommen und einschneidende Veränderungen bewirkt.

Zwar hatte man schon seit Jahrhunderten an den Fließgewässern Staue angelegt, um Mühlen zu betreiben, eine Nutzung, die sich auf die Gewässer nur wenig auswirkte. Die Räder der wenigen noch vorhandenen stehen still, hier und da sind kleine Turbinen zur privaten Stromversorgung aufgestellt worden. Immerhin gibt es in Schleswig-Holstein – abgesehen von dem Pumpspeicherwerk Geesthacht – mehrere richtige Wasserkraftwerke, zum Beispiel bei Ratzeburg und an der aufgestauten Schwentine bei Oppendorf.

Im Laufe des 19. Jh. setzte in der Landwirtschaft eine Intensivierung ein, die zur Gegenwart hin noch zunahm; man bemühte sich, die nutzbare Fläche sowohl zu vergrößern als auch in ihren Erträgen zu steigern.

Eine der dazu angewandten Methoden war die Entwässerung feuchten und zeitweise überschwemmten Landes. Die zu diesem Zweck von den interessierten Bauern in großer Zahl gegründeten Wasser- und Bodenverbände (1972 gab es etwa 650) wurden in ihren Bestrebungen von seiten der Landes- und Kreisbehörden (Kulturbauämter) bei der Herstellung der Pläne und meist auch bei der Finanzierung weitgehend unterstützt.

Die Meliorationsvorhaben umfaßten in der Regel folgende Maßnahmen: 1. Das zu feuchte Kulturland wurde dräniert. 2. Die Parzellengräben wurden gereinigt, eventuell neu angelegt. 3. Die Wasserläufe wurden „ausgebaut", das heißt begradigt und vertieft.

Die beabsichtigten Ziele der Meliorationen: Ertragssteigerung und Ertragssicherheit sind durchweg erreicht worden. In vielen Fällen konnte in „Halbkultur" befindliches Land in echtes Kulturland umgewandelt werden. Vielerorts ergab

sich als Nebenwirkung, daß die Unterlieger einer derartigen Maßnahme nun ebenfalls zum Ausbau genötigt waren.

Die Interessen der Bauern: Erhöhung der landwirtschaftlichen Produktion fielen – so mußte es jedenfalls scheinen – mit den Interessen der Allgemeinheit zusammen. Gegenstimmen meldeten sich zwar schon bald, sie fanden aber kaum Gehör. Erst in jüngster Zeit hat sich ein Wandel in der Auffassung vollzogen.

Neben den Vorteilen zeigten sich bald auch Nachteile:
1. Großflächige Meliorationen in Moorgebieten hatten unerwünschte Sackungen des Geländes und neue Entwässerungsprobleme zur Folge (S. 86, 94).
2. In den „ausgebauten" Gewässern können nur noch wenige der ursprünglichen Lebewesen gedeihen, weil es keine Schlupfwinkel und Unterstände, keine Laichplätze, keine differenzierten Teil-Lebensräume mehr gibt.
3. Die Extremwerte für Hoch- und Niedrigwasser liegen weiter auseinander, die Versickerung in den Boden ist vermindert.
4. Die Umwandlung mancher natürlichen gewundenen Fließgewässer in schnurgerade Abflußkanäle hat die Landschaft biologisch und ästhetisch um ein wesentliches Element ärmer gemacht.

Heute kann man Eingriffe in die Gewässer nicht mehr allein unter dem Gesichtspunkt landwirtschaftlicher Zweckmäßigkeit vertreten, die ja nur eine unter mehreren Nutzungsarten der Gewässer ist. Wasserversorgung, Gewässerschutz, Berufs- und Sportfischerei, Naturschutz, Landschaftspflege und Erholung haben ein anderes Recht auf Durchsetzung ihrer – überwiegend der Allgemeinheit dienenden – Interessen als vor 50 oder noch vor 20 Jahren.

Mit der Bevölkerungszunahme und mit der Installierung von Wasserleitungsnetzen trat – zuerst in den Städten – das Problem der Abwasserbeseitigung auf. Zunächst leitete man die ungeklärten Abwässer einfach in die offenen Gewässer ein, eine Methode, die auch heute noch weit verbreitet ist. Erst um 1955 begann man mit dem systematischen Bau von Kläranlagen, für die in Schleswig-Holstein von vornherein eine biologische Reinigungsstufe vorgeschrieben ist, von denen sich jedoch viele infolge der wachsenden Bebauung

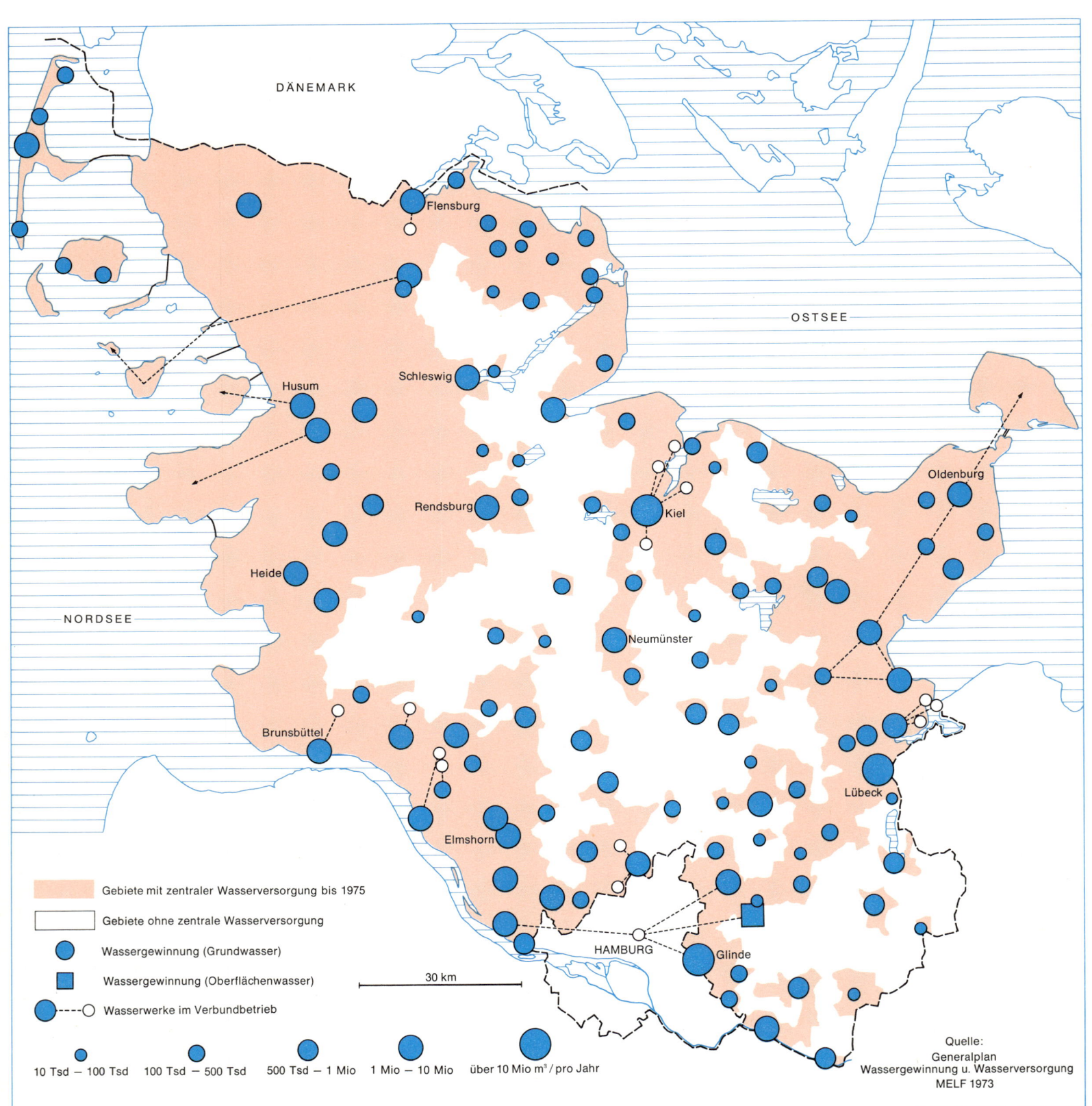

DÄNEMARK

NORDSEE

OSTSEE

Flensburg

Husum

Schleswig

Rendsburg

Heide

Kiel

Oldenburg

Neumünster

Brunsbüttel

Lübeck

Elmshorn

HAMBURG

Glinde

30 km

Gebiete mit zentraler Wasserversorgung bis 1975

Gebiete ohne zentrale Wasserversorgung

Wassergewinnung (Grundwasser)

Wassergewinnung (Oberflächenwasser)

Wasserwerke im Verbundbetrieb

10 Tsd — 100 Tsd   100 Tsd — 500 Tsd   500 Tsd — 1 Mio   1 Mio — 10 Mio   über 10 Mio m³ / pro Jahr

Quelle:
Generalplan
Wassergewinnung u. Wasserversorgung
MELF 1973

bald als zu klein erwiesen. Überlastete Kläranlagen gehen in ihrem Wirkungsgrad sehr stark zurück. Es besteht immer noch ein großer Nachholbedarf. Der „Generalplan Abwasser und Gewässerschutz" von 1971 sieht die Errichtung zahlreicher neuer Klärwerke vor; nach deren Fertigstellung bis etwa 1980 dürfte die Verschmutzung der Gewässer durch häusliche Abwässer im wesentlichen abgestellt sein.

Abwässer können von den natürlichen, nicht regulierten Gewässern bis zu einer gewissen Menge aufgenommen und durch Abbau der organischen Substanzen gereinigt werden. Wenn diese Menge überschritten wird, treten schwere Schädigungen der Lebensgemeinschaften auf, die Fließgewässer veröden, in Seen tritt Faulschlammbildung ein. Solche Gewässer können für Erholungszwecke nicht mehr genutzt werden, die Fischerei wird nachhaltig geschädigt.

Andere Stoffe, die in die Gewässer eingeleitet werden, wirken indirekt: Düngemittel, die mit dem Oberflächenwasser vom Acker in die Seen gelangen, und Phosphate aus Waschmitteln, die im Abwasser enthalten sind, liefern für die einzelligen Algen Nährsalze, also Dünger, was eine ungeheure Massenvermehrung zur Folge hat. Wenn jedoch die Lebewesen absterben und in die Tiefe sinken, reicht der dort vorhandene Sauerstoff nicht mehr aus, um diese Mengen vollständig abzubauen, es entsteht Fäulnis: Schwefelwasserstoff breitet sich in der Tiefe aus und tötet dort alles Leben – die gefürchtete „Eutrophierung" ist eingetreten (S. 25 f.).

Chemische Mittel, die in der Landwirtschaft angewendet werden, Insektizide (zur Schädlingsbekämpfung) und Herbizide (zur Unkrautvernichtung) gelangen durch Unverstand und Fahrlässigkeit immer wieder in die Gewässer. Jauche und Silorückstände aus landwirtschaftlichen Betrieben, Schweinemästereien und ähnliches werden, weil eine andersartige Verwendung – zum Beispiel als Dünger – nicht mehr rentabel erscheint, in Gewässer eingeleitet. In zunehmender Menge kommen Öle und Treibstoffe aus Landwirtschaft, Industrie, Gewerbe, Bundeswehr in die Gewässer.

Alle diese Schmutzstoffe fließen zwar meist nicht ständig ein, sondern in mehr oder weniger großen Einzelstößen, die teils allein, teils in ihrer Summierung stark schädigend wirken, was an verheerenden Fischsterben sichtbar wird.

Speziell durch industrielle Abwässer belastet werden die Pinnau, Krückau und Stör sowie die Trave unterhalb von Lübeck. Die Einleitung warmer Abwässer (Kühlwasser) aus konventionellen Wärmekraftwerken (Elbe, Untertrave) sowie aus Kernkraftwerken (Elbe), die außerdem schwach radioaktives Wasser abgeben, stellt eine weitere Form der Belastung dar.

Solcher Gefährdung steht eine immer stärkere Inanspruchnahme der Gewässer für Erholungszwecke gegenüber. Im Laufe der letzten 20 Jahre haben der Tourismus und die Erholungswirtschaft an den Binnengewässern einen vorher nicht gekannten Umfang angenommen, viele Seen sind für die Erholung entdeckt worden. Weithin sieht man aus dem Flugzeug die bunten Campingplätze am Ufer und die vielen Ruder- und Segelboote auf dem Wasser. An manchen Seen sind ganze Uferstrecken dem Ferienhausbau erschlossen und so „privatisiert" worden.

Das Wasserhaushaltsgesetz des Bundes (WHG) vom 27.7.1957 und das Wassergesetz des Landes Schleswig-Holstein (LWG) in der Fassung vom 7.6.1971 bestimmen:

Folgende Benutzungen der Gewässer sind erlaubnispflichtig: Entnehmen, Ableiten, Aufstauen, Absenken, Einbringen oder Einleiten.

Nicht erlaubnispflichtig ist der „Gemeingebrauch" von natürlichen oberirdischen Gewässern, dazu gehören: Baden, Tränken, Schwemmen, Eissport, Befahren von fließenden Gewässern und landeseigenen Seen mit kleinen Fahrzeugen ohne Motorkraft, das Durchfahren von anderen Seen, wenn diese von einem Gewässer durchflossen werden.

Durch Verordnung kann der Gemeingebrauch in bestimmten Fällen erweitert, aber auch geregelt, beschränkt oder verboten werden, „um Gefahren für Leben, Gesundheit, öffentliche Wasserversorgung, Natur und Landschaft, Eigentum oder Besitz zu verhüten ..." So ist der Gesetzgeber bemüht, den Menschen einerseits die Landschaft zu öffnen, andererseits aber deren Störung und Zerstörung zu unterbinden.

Die Fischerei ist vermutlich der älteste Wirtschaftszweig an unseren Binnengewässern. Jahrhundertelang konnte der natürliche Reichtum an Fischen kaum voll genutzt werden.

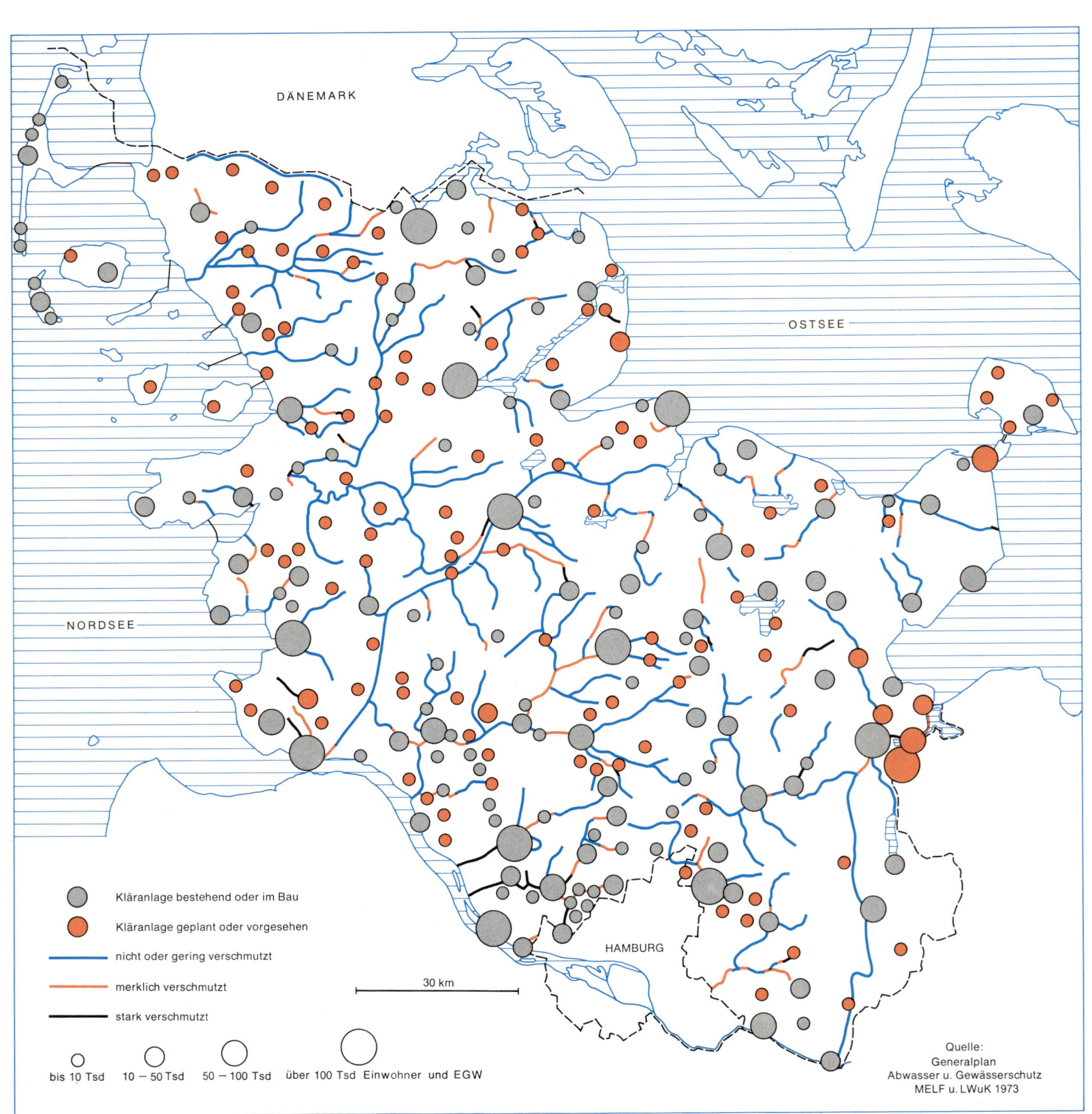

DÄNEMARK

OSTSEE

NORDSEE

30 km

HAMBURG

⬤ Kläranlage bestehend oder im Bau

🔴 Kläranlage geplant oder vorgesehen

— nicht oder gering verschmutzt

— merklich verschmutzt

— stark verschmutzt

◯ ◯ ◯ ◯
bis 10 Tsd   10 − 50 Tsd   50 − 100 Tsd   über 100 Tsd   Einwohner und EGW

Quelle:
Generalplan
Abwasser u. Gewässerschutz
MELF u. LWuK 1973

Heute stehen immer effektivere Fanggeräte und Bewirtschaftungsmethoden einer – infolge der Verschmutzung – abnehmenden Produktivität der Gewässer gegenüber. Unter den Nutzfischen gewinnt der Aal wegen seines hohen Preises eine immer größere Bedeutung – er ist der Hauptbrotfisch der Binnenfischer; deshalb werden die meisten Seen mit Aalbrut (Glasaalen) alljährlich künstlich besetzt.

Viele Fischer profitieren vom Fremdenverkehr durch den Verkauf von Angelscheinen, Verpachtung von Stellplätzen für Wohnwagen, durch Bootsverleih und durch Absatz von Räucherwaren und Frischfisch.

Die Sportfischerei auf unseren Binnengewässern nimmt zu. Viele Fließgewässer und auch mehrere Seen werden von Angelsportvereinen bewirtschaftet. Dies kann – auch im Interesse der Allgemeinheit – begrüßt werden, weil die Sportangler sich in der Regel selbst besonders „umweltbewußt" verhalten und sich andererseits gegen Umweltsünder aller Art kräftig zur Wehr setzen.

Die Ansprüche des Menschen an die Landschaft, ganz besonders an das Wasser, nehmen fortgesetzt zu. Dabei wird der natürliche Wasserkreislauf in immer größerem Umfang und auf sehr unterschiedliche Weise künstlich verändert.

Gewässer – ober- und unterirdische – sind labile Ökosysteme, das heißt, in ihnen herrscht in mehrseitiger Abhängigkeit verschiedener Faktoren ein Gleichgewicht, das jedoch durch falsche Eingriffe leicht gestört werden kann. Auf jede Nutzung folgt stets die Reaktion des Ökosystems Gewässer, vielfach in Form von Kettenreaktionen. Auch jeder für sich allein nützliche Eingriff kann nachteilige Nebenwirkungen auf anderen Gebieten haben. Daraus ergibt sich die Notwendigkeit, solche Einwirkungen laufend zu kontrollieren.

Den natürlichen Gegebenheiten und Möglichkeiten der Gewässer stehen die – in raschem Wandel begriffenen – Ansprüche der Gesellschaft gegenüber; infolge der schon geschehenen falschen Eingriffe befinden sich diese beiden Seiten nicht mehr in Harmonie. Diese wiederherzustellen, die Leistungsfähigkeit der Gewässer und eine anspruchsvolle Nutzung aufeinander abzustimmen, heißt, den Wasserhaushalt in Ordnung zu bringen und zu halten.

Die Lebensgemeinschaften der Seen

Binnenseen sind mit der Landschaft, in die sie eingebettet sind, vielfältig verknüpft. Dies gilt auch für ihre Entstehung: ein See, der in einer bewegten Jungmoränenlandschaft liegt, wird in der Regel tief sein und ein bewegtes Unterwasserrelief aufweisen; in flachen Landschaften sind dagegen flache Gewässer zu erwarten.

Viele der Toteisseen haben steile Ufer (Bild 1), von denen manche sogar deutliche „Steilufer" als Ergebnis von Brandungsvorgängen sind. Wenn der Fuß eines solchen Steilufers auf dem Trocknen liegt, kann man daraus schließen, daß der Wasserspiegel früher einmal höher gelegen hat. Dessen Absenkung kann natürlich sein, etwa wenn der Abfluß ein Hindernis durchgesägt hat wie am Lanker See (S. 37). Meist ist die Absenkung künstlich erfolgt wie am Großen Plöner See (S. 34). Manche Seen sind wie der Ratzeburger See für den Mühlenbetrieb aufgestaut.

Flache Seeufer (Bild 2) können der ursprünglichen Geländeform entsprechen; meist sind sie jedoch das Ergebnis von Verlandungsvorgängen.

An der Oberkante des Steilufers steht oft schon der Buchenwald mit bizarr gewachsenen, schräg hinausragenden Bäumen. Auf dem trockengefallenen, aber doch meist noch bodenfeuchten Uferstreifen steht ein Waldsaum, vor allem aus Erlen, vermischt mit Eschen und anderen Holzgewächsen sowie mit Unterwuchs aus Johannisbeeren, Bittersüßem Nachtschatten, Sumpfdotterblume, Scharbockskraut und anderen; an manchen Stellen findet man ansehnliche Bestände von Riesenschachtelhalm. Nach dem Wasser zu übernehmen dann – je nach dem Bodenzustand – gelegentlich Seggen, häufiger Schwertlilie, Rauhes Weidenröschen, Zweizahn, Wolfstrapp die Herrschaft. Sie gehen in das Röhricht über, in dem vor allem Schilf, stellenweise auch Rohrkolben und Teichbinse das Bild bestimmen.

Erlenbruch, Seggen- und *Röhrichtzone* können an flachen Seeufern und -buchten hundert und mehr Meter breit sein. Sie bieten mit ihren dichten Pflanzenbeständen einer Reihe von Vögeln noch an relativ vielen Stellen geeignete Brutplätze. Im Erlenbruch kommt als seltenste Art im SO des Landes der Kranich noch in einigen Paaren vor; hier finden wir auch den Sprosser, den nächsten Verwandten der Nachti-

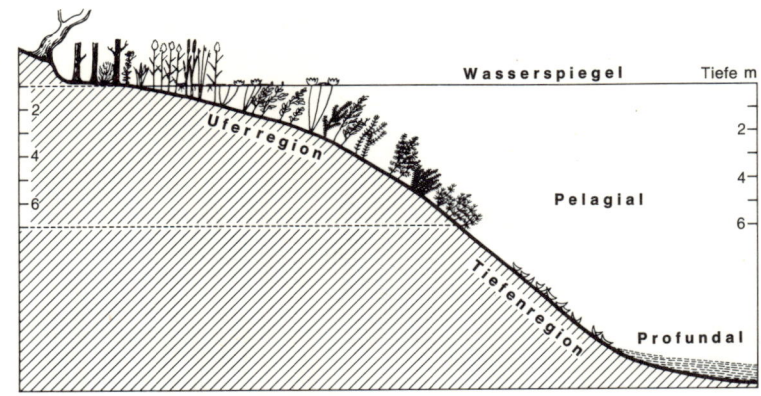

gall. Im breiten Schilfröhricht nisten Rohrweihe und Rohrdommel; Teich- und Drosselrohrsänger sind mit schmaleren Rohrstreifen zufrieden. Rallen und Enten bevorzugen die artenreicheren Röhrichte mit Rohrkolben und Stauden. Von den Tauchern gibt es im ganzen Land den Haubentaucher an der Rohrzone von Gewässern mit großer offener Wasserfläche; Schwarzhals- und besonders Rothalstaucher (Bild 9) bevorzugen im ostholsteinischen Bereich kleinere, verwachsene Seen. Auf den Inseln einiger Seen nisten Lachmöwen in großen Kolonien, Flußseeschwalben in Einzelpaaren.

Die *Röhrichtzone* reicht höchstens bis zu 2 m, oft weniger Wassertiefe. An sie schließt sich im See die Zone der Schwimmblattgewächse an, von denen die Weiße Seerose und die Gelbe Teichrose die auffälligsten sind. Auch die Bestände von Wasserknöterich mit ihren rosa Blütenkolben sind manchmal weithin sichtbar.

Weniger auffällig sind die oft großen Bestände der unter Wasser wachsenden Pflanzen. Die Laichkrautarten strecken immerhin noch ihre Blütenstände aus dem Wasser; andere, wie Hornkraut und Wasserpest, bleiben ganz untergetaucht. Wie weit die Bestände höherer Pflanzen gegen die Tiefe des Sees vordringen können, hängt von der zur Assimilation verfügbaren Lichtmenge ab. Während das Licht früher noch in 6–8 m Tiefe und mehr für die Unterwasserpflanzen ausreichte, ist die Eindringtiefe heute oft nicht größer als 1 m, weil unsere Seen infolge der Eutrophierung (S. 25) durch Massen planktonischer Kleinalgen stark getrübt sind. In Klarwasserseen stellt der Wasserdruck von 0,8 kg/cm² in 8 m Tiefe eine Grenze für das Pflanzenwachstum dar.

1 *Selenter See bei Seekrug*
Flache Seeufer mit breiten
Schilfbeständen sind für manche
Seeteile und auch für ganze
Seen charakteristisch. Die
vertikale Gliederung des Sees
bleibt dem Blick verborgen. –
Blickrichtung: W

2 *Ostufer des Großen*
Schierensees
Das Ufer fällt steil ab, wie die
Böschung in Bildmitte und die
nur schmalen Schilfgürtel
erkennen lassen. Der Wald
grenzt unmittelbar an den See. –
Blickrichtung: N

3 Die Schlammfliegenlarve bewohnt organisch verunreinigtes Wasser. Vergr. 4×

4 Wasserjungferlarven leben in flachem, krautreichem Wasser; sie atmen durch drei äußere Kiemen am Hinterende. Vergr. 2,5×

5 Der Wasserskorpion streckt sein Atemrohr zur Wasseroberfläche. Er hat einen Rückenschwimmer erbeutet. Vergr. 3×

6 Wasserflöhe (Cyclops) haben nur ein Auge. Sie sind als Nahrung für viele Wassertiere wichtig. Vergr. 5×

Die Zone des Sees, die bis zur unteren Grenze der höheren Pflanzen reicht, nennt man *Uferzone* (Litoral). Diese überwiegend flache Zone ist warm, sie ist wegen des häufigen Austausches mit der Atmosphäre und auch infolge der Assimilationstätigkeit der Unterwasserpflanzen sauerstoffreich. Da sie zusätzlich auch noch zahlreiche verschiedene, insbesondere auch schützende Kleinlebensräume aufweist, beherbergt die Uferzone das artenreichste Tierleben.

Auf und im Boden leben Würmer, Muscheln, Schwämme und Krebse; in den Pflanzenwäldern Schnecken, Insekten (Bild 5), Spinnen und Egel, Erbsenmuscheln und Asseln (Bild 48, S. 79); im freien Wasser zwischen den Pflanzen Kleinkrebse (Bild 6), Milben und schwimmende Insekten, von denen viele zum Atemholen die Wasseroberfläche aufsuchen. Die Uferzone ist der bevorzugte Lebensraum für viele Jungtiere, insbesondere für die Larven zahlreicher Insekten, die nach der Verwandlung zum Luftleben übergehen, und die hier das nasse Element zu gegebener Zeit verlassen können (Bild 4, 7 und 10). Schwärme von Jungfischen verschiedener Größe bevölkern diese Zone.

Unterhalb der belichteten, pflanzenbewachsenen Uferzone beginnt die *Tiefenzone*. Hier ist der Seegrund vielfach mit großen Mengen von Muschelschalen und Schneckenhäusern bedeckt; in unseren Seen stammen die meisten Schalen von der Dreiecksmuschel. In diesen Schalenlagern sind nur wenig Tiere zu finden.

Im übrigen ist der Seegrund mit einer mehr oder weniger dicken Schlammschicht bedeckt. Dieser Schlamm ist in einem gesunden See von bräunlich getönter Färbung. Er besteht aus mineralischen, tonigen Partikeln und aus organischen Resten, Zelluloseteilchen, Algenresten, Kieselalgenschalen und anderem. Solch ein „Gyttja" (schwed.) genannter gesunder Schlamm bildet sich nur dort, wo genügend Sauerstoff zum Abbau der organischen Stoffe vorhanden ist, andernfalls kommt es zur Faulschlammbildung (S. 26).

Die Mächtigkeit, die Schichthöhe des Schlammes ist sehr verschieden; sie hängt von mehreren verschiedenen Faktoren ab, die bei dem Thema Verlandung (S. 53) untersucht werden sollen. Im Schulensee bei Kiel sind seit dem Ende der Eiszeit 15 m Schlamm abgelagert worden.

Das *freie Wasser* eines Sees, das „Pelagial", ist das Reich der freischwimmenden, unabhängig von Strömung und Wellenschlag sich bewegenden Organismen, vor allem der Fische, ferner das Reich der ganz passiv im Wasser schwebenden und treibenden sowie der mit nur schwachen Kräften aktiv schwimmenden und daher doch weitgehend auf Schwebvermögen angewiesenen Kleinorganismen, die man mit dem Sammelbegriff „Plankton" (griech. = „das Umhergetriebene") treffend bezeichnet. Es sind dies vielerlei Formen von Bakterien, ferner Kleinalgen aus den Gruppen der Blaualgen, Kieselalgen, Geißelalgen und Grünalgen, die teils als Einzeller, teils als Zellketten, -bänder oder -kolonien vorkommen. An Tieren werden vor allem Rädertiere, Kleinkrebse, Milben und Mückenlarven angetroffen.

Zwei der größeren Planktonten sollen etwas näher beschrieben werden. Von den zahlreichen Kleinkrebsen wird der Glaskrebs (Leptodora kindii) nicht überall in Deutschland gefunden. Er ist aber in einer ganzen Reihe unserer Seen noch recht häufig. Im Vergleich zu seinen Verwandten, den übrigen „Wasserflöhen" (Cladoceren) und den „Hüpferlingen" (Copepoden), ist der Glaskrebs eine verhältnismäßig große Art (10 mm); er ist in allen Organen so durchsichtig, daß man ihn sogar in einem Wasserschälchen nur an seinem schwachen Schatten erkennen kann. Er lebt nicht wie seine kleineren Verwandten von organischen Reststoffen, Bakterien und Kleinalgen, sondern von Tieren in Wasserflohgröße. Er scheint Seen zu brauchen, die in der Tiefe noch keinen ständigen Sauerstoffmangel haben. Wegen seiner Körpergröße und seiner großen Individuenzahl ist er eine wichtige Fischnahrung. Die Erfahrung hat gezeigt, daß dort, wo der Glaskrebs gedeiht, der Zander mit Erfolg eingesetzt werden kann. – Bekannter als dieser Krebs ist ein anderes fast ganz durchsichtiges Wassertier, die Larve der Büschelmücke (Chaobora). Sie wird erkennbar durch die dunklen Augen und die

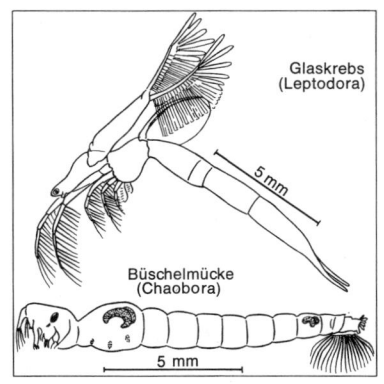

Glaskrebs (Leptodora)

5 mm

Büschelmücke (Chaobora)

5 mm

beiden dem Schweben dienenden Paare blasenartiger Luftsäcke im vorderen und hinteren Körperabschnitt. Auch dieses Tier ist sehr häufig. Es nährt sich ebenfalls von kleineren Planktonwesen.

Biologisches Gleichgewicht

Im gesunden See als Ganzem wie in seinen einzelnen Teilräumen herrscht ein biologisches Gleichgewicht zwischen den Gliedern – Tieren und Pflanzen – der verschiedenen, sich teilweise überschneidenden Lebensgemeinschaften. Innerhalb dieses „beweglichen" Gleichgewichts regelt sich der Bestand der einzelnen Arten im Zusammenwirken zahlreicher biologischer bzw. biologisch wirksamer physikalischer und chemischer Faktoren (Nahrungskonkurrenz, Fressen und Gefressenwerden, Nährstoffangebot, Lichtmenge usw.) von selbst. Das Gleichgewicht verschiebt sich mit den Jahreszeiten, denen die verschiedenartigen Entwicklungsrhythmen der einzelnen Organismengruppen angepaßt sind. Einige Lebewesen werden durch das wechselnde Angebot an Temperatur, Lichtmenge, Nahrung usw. jahreszeitlich stärker begünstigt und sind dann für kurze Zeit besonders häufig. Im Frühling schlüpfen große Massen von Insekten und verlassen den See. Erst wenn sie ihre Eier abgelegt haben, tritt im See eine neue Larvengeneration auf.

Alle Lebewesen der Gewässer (auch der fließenden) sind Glieder von „Nahrungsketten", deren Anfang und Ende meist wieder aneinanderschließen. Sie beginnen mit den Wasserbakterien und setzen sich fort über die pflanzlichen und tierischen Einzeller, die wirbellosen Vielzeller bis hin zu den Fischen, Vögeln und dem Menschen. Auch die nicht von anderen Tieren gefressenen, sondern eines natürlichen Todes gestorbenen Organismen bleiben in dieser Kette, denn mit ihrem Tode wird ihre Substanz für den Abbau durch die Bakterien freigegeben.

Stoffkreislauf

Mit dem Kreislauf der Organismen hängt der Kreislauf der Stoffe in einem Binnensee untrennbar zusammen. Der Altmeister August Thienemann hat schon vor Jahrzehnten betont, daß ein See „eine überindividuelle Ganzheit" sei.

Das Kohlendioxid, das als Kohlensäure und in Karbonaten im Wasser enthalten ist, gehört zu den Grundbausteinen des Organismenstoffwechsels. Phosphor und Stickstoff sind hervorragend wichtig im Nährstoffkreislauf; ihre Menge wirkt direkt auf Wachstum und Vermehrung aller grüner Pflanzen.

Bei der bakteriellen Zersetzung organischer Stoffe entstehen Gase, vor allem Methan, das in die Atmosphäre entweicht; bei Sauerstoffmangel entsteht Schwefelwasserstoff, der im Wasser löslich ist (S. 26).

Kalzium und Silizium werden als Gerüststoffe in die Schalen vieler Wasserorganismen eingebaut (Muscheln, Schnecken, Kieselalgen, Krebse). Für die Organismen spielen ferner Chloride und Sulfate sowie Metalle (Eisen, Natrium, Magnesium, Mangan) eine wichtige Rolle.

Organische Stoffe verschiedener Zusammensetzung und Herkunft kommen oft in beträchtlichen Mengen vor. Dabei übertreffen die gelösten organischen Stoffe die Körpermasse des Planktons um das Zehn- bis Zwanzigfache. Mit bloßem Auge erkennbare organische Stoffe sind die Huminstoffe, die den Moorgewässern und den aus Mooren stammenden Bächen ihre braune Farbe geben.

Der lebenswichtige Sauerstoff wird von den Pflanzen bei der Assimilation freigesetzt, von den Tieren und Pflanzen bei der Atmung wieder verbraucht. Seine Verteilung im See hängt mit dem Wasserkreislauf eng zusammen (s. u.).

Der Umsatz aller dieser Stoffe über die Lebewesen vollzieht sich über drei Haupterscheinungen, nämlich den Stoffaufbau aus den anorganischen Stoffen durch die „produzierenden" Organismen, die grünen Pflanzen, ferner über den Stoffumbau (Umbau von pflanzlicher in tierische Substanz) und den Stoffabbau, die Zurückverwandlung der organischen Stoffe in anorganische, besonders durch Bakterien.

Die Stoffe sind daher – in wechselnden Anteilen – teils im Wasser gelöst, teils in Organismen eingebaut und teils im Bodenschlamm sedimentiert.

Die Erforschung der Kreisläufe der Stoffe im See und auf dem Wege durch die Organismen ist seit Jahrzehnten im

7 *Eine Libelle ist soeben aus ihrer Larvenhaut geschlüpft und hat sich damit aus einem Wasser- zum Lufttier verwandelt. Vergr. 1,5×*

8 *Der Neunstachelige Stichling kann auch in Kleingewässern leben. Vergr. 4×*

9 *Der Rothalstaucher stellt sich gern an Weihern und kleineren Seen ein*

10 *Die Larven der Eintagsfliegen leben in den Pflanzenbetten im flachen Wasser. Sie atmen durch äußere Kiemen. Gattung: Cloëon. Vergr. 4×*

11 *Die Meerforelle steigt zum Laichen aus der Nord- und Ostsee in die Fließgewässer auf*

12 *Der Barsch fehlt nur in der Forellenzone; wie der Zander kann er auch Brackwasser vertragen*

13 *Der Brassen ist in den Seen und in den langsam fließenden Gewässern verbreitet*

14 *Der Zander lebt in flacheren Seen und in der Eider. In viele Gewässer hat man ihn eingesetzt*

Gange, jedoch noch längst nicht abgeschlossen. Dabei hat das „Max-Planck-Institut für Limnologie" in Plön manche Pionierarbeit geleistet und viele schleswig-holsteinische Seen als Untersuchungsobjekt benutzt. Viele der im Literaturverzeichnis genannten wissenschaftlichen Arbeiten stammen aus diesem lange von Thienemann geleiteten Institut.

Wasserkreislauf

In den tiefen Seen unserer Breiten ist das Wasser in jahreszeitlich charakteristisch wechselnder Weise geschichtet. Dafür sind die Temperaturveränderungen im Jahresgang und der Wind die treibenden Kräfte. Ein weiterer wichtiger Faktor ist die Tatsache, daß das Wasser bei $+4°$ C seine größte Dichte hat, dann also am schwersten ist.

Im Frühjahr erwärmt sich langsam das Wasser in den oberen Schichten, während die tieferen Zonen, in welche die Sonnenstrahlen nicht dringen, kalt bleiben. Nur durch den Wind, der je nach seiner Geschwindigkeit eine mehr oder weniger dicke Oberflächenschicht des Wassers treibt und unter passiver Mitwirkung des Uferaufpralls eine Vertikalzirkulation verursacht, gelangt wärmeres Oberflächenwasser in die Tiefe.

Im Sommer wird das Oberflächenwasser stark erwärmt, der Temperatur- und damit der Dichteunterschied zum Tiefenwasser nimmt rasch zu, bis selbst ein Sturm das Wasser nicht mehr umwälzen kann. Unten, im „Hypolimnion", bleibt das kalte, schwere Tiefenwasser liegen, oben,

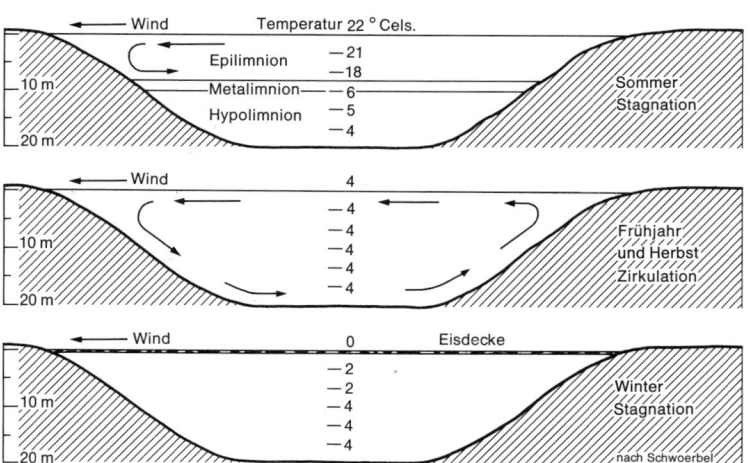

im „Epilimnion", schwimmt das spezifisch leichtere, warme Wasser. Die Schichtung ist um so deutlicher, je wärmer das Wasser an der Oberfläche wird. Sie hängt auch von der Seetiefe und -form ab. Zwischen Ober- und Unterschicht liegt die „Sprungschicht", das „Metalimnion", eine Übergangszone, in der Temperatur, Sauerstoffgehalt und auch andere Merkmale sich sprungartig ändern. Ein Stoffaustausch zwischen Ober- und Unterschicht ist nicht möglich.

Wenn im Herbst die Sonnenstrahlung nachläßt und die Tage rasch kürzer werden, kühlt das Wasser an der Oberfläche stark ab, kalte Wasserteilchen sinken in die Tiefe, wärmere steigen dafür auf, bis die gesamte Wassertemperatur annähernd $+4°$ C beträgt. Diese Umwälzung des Wassers kann durch Wind verstärkt werden.

Im Winter, bei noch weiterer Abkühlung der Oberfläche, muß das kälteste Wasser oben bleiben, weil es ein geringeres spezifisches Gewicht hat als das von $+4°$ C. Im Frühjahr kommt es bei Wind wieder zur Vollzirkulation.

Der Sauerstoffgehalt der verschiedenen Tiefenzonen des Sees ändert sich im Laufe des Jahres ebenfalls. Dieses Gas wird in allen Schichten einschließlich des Bodensediments ständig durch atmende Organismen verbraucht, es wird aber nur in den obersten Schichten durch Eintrag von der Luft und durch die Assimilation der Wasserpflanzen ständig erneuert. Die Unterschicht wird nur zweimal im Jahr, bei der Vollzirkulation im Frühjahr und im Herbst, mit Sauerstoff versorgt. In einem gesunden See genügt diese Zufuhr für alle in der Tiefe lebenden Organismen. Gefährlich wird die Situation in der Tiefe, wenn dort mehr Sauerstoff verbraucht, als von der Zirkulation herangebracht wird. Dafür ist vor allem der veränderte Nährstoffhaushalt in unseren Seen entscheidend, den man als „Eutrophierung" bezeichnet.

„Eutrophierung" und Sekundärverschmutzung

Unsere Binnenseen gehören überwiegend zum Typ des eutrophen Gewässers („eutroph" griech. = gut mit Nährstoff versorgt), nur wenige Seen sind nährstoffarm (oligotroph, S. 29). In beiden Gewässertypen halten sich Aufbau- und Abbauvorgänge – wie geschildert – das Gleichgewicht.

Seit einigen Jahrzehnten gelangen immer größere Mengen zusätzlicher Pflanzennährstoffe in die Gewässer, vor allem Phosphor und Stickstoff. In der Landwirtschaft wird immer mehr Handelsdünger verwendet. Bei Niederschlägen werden diese wasserlöslichen Stoffe z. T. in die Gewässer gespült. Andere Nährstoffe stammen aus den häuslichen Abwässern: moderne Waschmittel enthalten Phosphor, aus Fäkalien werden beim bakteriellen Abbau Phosphor und Stickstoff freigesetzt. Diese Stoffe wirken als überdosierte Düngung. Während vor etwa einem Jahrhundert der Phosphatgehalt unserer eutrophen Seen etwa 0,01 bis 0,05 mg/l betrug, ist er heute um das Zehnfache höher.

Infolge des erhöhten Nährstoffangebotes kann eine enorm große Menge an Organismen gedeihen. Vor allem vermehren sich – schon mit bloßem Auge sichtbar – planktontische Kleinalgen aus der Gruppe der Blaualgen. Sie bedingen, daß die Mehrzahl unserer Seen während des ganzen Sommerhalbjahrs eine grüne Wasserfarbe zeigt. Bei mikroskopischer Untersuchung dieses grünen Wassers findet man meist, daß es sich nur um eine oder wenige ganz und gar vorherrschende Arten oder Gattungen handelt, und zwar um Angehörige der Gattungen Microcystis, Aphanizomenon und Anabaena. Andere Planktonorganismen, die zu einer gesunden, vielartigen Planktonlebensgemeinschaft gehören, sind kaum noch vorhanden. Vor allem das tierische Plankton (Rädertiere, Kleinkrebse) tritt ganz zurück. Die Masse der Blaualgen kann mehrere cm³/l betragen.

Steht der Wind über einem solchen See, dann treibt er oft die in der Nähe der Oberfläche schwebenden Blaualgen zu einem dicken, grellgrünen Spülsaum an das Ufer. Es sieht genauso aus, als habe jemand große Mengen grüner Ölfarbe ins Wasser gegossen, die nun angespült ist. Oft zersetzen sich diese Algenmassen unter widerlichem Fäulnisgeruch. Auch die Stoffwechselprodukte der lebenden Schwebealgen können bei deren großer Menge für andere Wasserorganismen schädlich sein.

Ferner wird durch die von dieser „Wasserblüte" bewirkte Trübung des Wassers die Eindringtiefe des Lichtes so sehr herabgesetzt, daß die für das Gewässer in vielfältiger Weise nötigen Unterwasserpflanzen vielerorts zurückgehen.

Die Kleinalgen assimilieren bei Tage so stark, daß häufig Sauerstoffübersättigung in der oberen Wasserschicht vorherrscht. Dieser Überschuß kann unter Umständen sogar zu der Gasblasenkrankheit der Fische führen. In der Nacht, in der sie ja nicht assimilieren, verbrauchen die Algen so viel Sauerstoff, daß daran Mangel eintritt.

Diese Mikroorganismen vermehren sich sehr stark durch Teilung; man kann mit einer, evtl. sogar mit zwei Generationen pro Tag rechnen. Andererseits sind sie kurzlebig, so daß auch große Mengen an jedem Tag absterben, die dann in die Tiefe sinken. Die Leichen werden von Wasserbakterien abgebaut, wobei die im Körper gebundenen Pflanzennährstoffe frei werden und neuen Algengenerationen wieder zur Verfügung stehen.

Der in der Frühjahrsvollzirkulation in die Tiefe gelangte Sauerstoff wird nun von den Bakterien für den Abbau der Algen verwendet, reicht jedoch für die großen Massen organischen Materials nicht aus. Da im Sommer wegen der Sprungschicht kein Nachschub möglich ist (S. 25), entsteht durch die übergroße Sauerstoffzehrung in der Tiefe ein mehr oder weniger sauerstoffarmer oder -loser Bereich. Die nur teilweise zersetzten Blaualgenreste lagern sich als Faulschlamm am Boden ab; aus dieser Substanz, die dem unausgefaulten Schlamm des rohen Abwassers ähnelt, setzen Fäulnisbakterien, die ohne Sauerstoff leben können, Schwefelwasserstoff frei, der auch in das freie Wasser übergeht.

Im Gegensatz zu der „Primärverschmutzung" durch Einleitung ungeklärten, fäulnisfähigen Schmutzwassers bezeichnet man die Belastung überdüngter Gewässer mit Faulschlamm als „Sekundärverschmutzung".

Für alle Vorgänge, die durch die Überdüngung ausgelöst werden, hat sich das Wort „Eutrophierung" eingebürgert. Sinnvoller könnte man „Hypertrophierung" sagen. „Hypertroph" = griech. „übermäßig mit Nährstoffen versorgt".

Verlandung

Alle stehenden Gewässer unterliegen dem Vorgang der natürlichen Verlandung; früher oder später verschwinden sie aus der Landschaft. Wie dies im einzelnen geschieht, soll beim Treßsee auf Seite 53 erläutert werden.

15 *Verlandung in den Moor-kuhlen bei Süderholm.*
Schwimmblattpflanzen (See-rosen) und Pflanzen des Röhrichts haben gleichzeitig die flache Uferzone besiedelt.
Vorn links der Fieberklee, ein Enziangewächs.

16 *Die Oberfläche eines ver-landenden Gewässers wird von Gelber Teichrose und Krebs-schere weitgehend bedeckt.*
Hinten das Schilfröhricht

17 *Der Bültsee ist abflußlos. Rechts die Schnaaper Seen und das Windebyer Noor; im Hintergrund die Eckernförder Bucht. – Blickrichtung: O*

Der Bültsee – ein nährstoffarmer See

Der Bültsee liegt auf dem Schnaaper Sander; Anscheinend wurde hier Toteis mit Sand zugeschüttet; als das Eis schmolz, sank der Sand auf den Seeboden herab. Das Bild erfaßt noch drei weitere, bereits vermoorte Toteislöcher. Der Bültsee hat eine Fläche von 20 ha, seine größte Tiefe von etwa 13 m liegt im Ostteil. Die Ufer sind durchweg flach; nur in der Mitte des Südufers ist ein Kliff von einigen Metern Höhe ausgebildet.

Weil dem Untergrundmaterial Kalk und Nährstoffe fehlen, ist auch das Wasser des Sees kalk- und nährstoffarm (oligotroph). Es enthält daher auch nur wenige Ionen. Durch genaue Messung der „elektrolytischen Leitfähigkeit" kann man die Menge der als Ionen gelösten Stoffe bestimmen. Für den Bültsee ergab sich um 1953 eine Leitfähigkeit von 112* (eutrophe Seen: 400–500).

Biologisch wirkt sich die Nährstoffarmut als Planktonarmut aus (etwa im Vergleich zum nahen Ornumer Noor, S. 49), auf der Nährstoffarmut beruhen ferner die Klarheit des Wassers und die eigenartige Zusammensetzung der Pflanzengesellschaften. Die Vegetation ist um 1935 von dem Rektor Jöns aus Eckernförde eingehend untersucht worden. Am bemerkenswertesten ist das Vorkommen einer Reihe von Arten, die nur in nährstoffarmen Gewässern gefunden werden: Wasserlobelie, Brachsenkraut, Pillenfarn, Strandling, Wechselblütiges Tausendblatt. In der flachen Bucht an der Südwestecke (Vordergrund) stehen Verlandungsgesellschaften des Röhrichts auf humos-schlammigem Untergrund. Im flachsten Wasser fallen hier die Bestände der steifen Segge auf, seine hohen Bülte haben dem See den Namen gegeben. Daß auch andere Pflanzen der nährstoffreicheren Gewässer in diesem See vorkommen, sieht man da und dort an den angespülten Sprossen des Spiegelnden Laichkrautes oder der Krebsschere. Sehr auffällig sind im Bültsee Spülsäume von zweierlei rundlichen Gebilden. Das eine sind die dunkelgrünen hasel- bis walnußgroßen Bälle einer Grünalge, der Cladophora holsatica var. aegagrophyla, welche, aufs Trockene geworfen, allmählich verblassen und zerrieben werden. Das andere sind grüne Gallertkugeln von ähnlicher Größe, bei denen es sich um die Kolonien des einzelligen Wimpertierchens Ophrydium versatile handelt.

Felder und einige Wiesen reichen fast überall bis an den See. Es ist ziemlich sicher, daß mit der Zeit von diesen Landwirtschaftsflächen Düngestoffe in den See gelangen und daß dessen Oligotrophie dadurch mehr und mehr schwindet. Nach 1955 wurden schon 162 gemessen. Bis heute ist der nährstoffarme Zustand noch weiter aufgehoben worden, wie die Analysen von Wasserproben vom Februar und April 1973 zeigen: Die Leitfähigkeit (L) ist 106 bzw. 300, der Gesamtphosphorgehalt (P) 0,03 bzw. 0,1 mg/l (in den eutrophen, nicht übermäßig belasteten Seen des Landes dagegen etwa das Zehnfache). Stickstoffverbindungen lagen bei 0 bzw. 2,2 mg/l. Zum Vergleich seien die Werte des benachbarten Großen Schnaaper Sees genannt, der südlich der B 76 auf etwas schwererem Boden liegt, ebenfalls ohne Besiedlung der Ufer: $L = 252$, $P = 0,1$; $NH_4 = 0,6$; $NO_3 = 4,1$ mg/l.

Es ist dringend zu wünschen, daß der oligotrophe Charakter des Bültsees erhalten bleibt, zumal er der einzige seiner Art – ganz frei in der Feldflur – in Schleswig-Holstein ist, also anders als die wenigen anderen nährstoffarmen Seen; der Ihlsee bei Segeberg, in flacherem Sandgelände, ist rings von Wald umgeben; Garrensee, Plötschersee, Schwarze Kuhle im Lauenburgischen und der Kolksee bei Eutin (S. 43) liegen in tiefen Mulden mitten im Buchenwald. In ihnen ist die Oligotrophie dadurch bedingt, daß bei der Zersetzung der im Herbst hineinfallenden Laubmassen Humussäuren entstehen, die gelöste Calcium- und andere Ionen binden.

* siehe Anhang

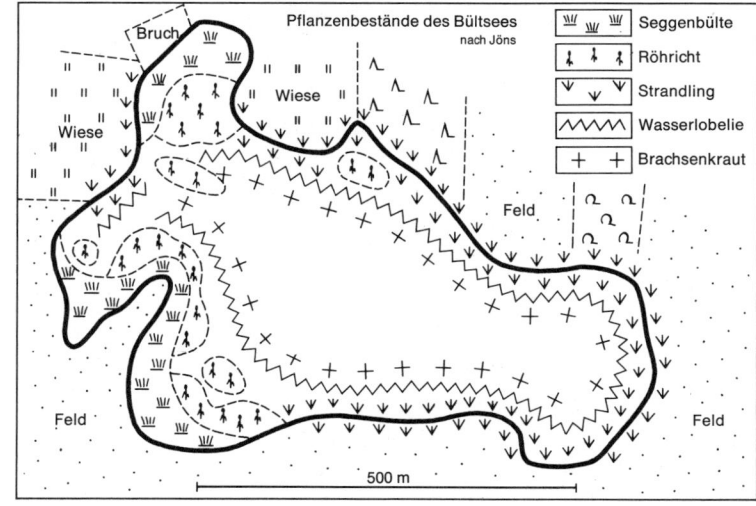

29

Der Langsee in Angeln - ein eiszeitliches Tunneltal

Das Becken des Langsees ist Teil eines typischen Tunneltals. Während der letzten Vereisung entstanden Schmelzwässer weit östlich des Eisrandes, also auch im Gebiet der heutigen Ostsee. Durch Spalten sank das Wasser zur Sohle des Gletschers und suchte sich dort einen Weg zum Eisrand, wo es in einem Gletschertor wieder an das Tageslicht kam. In Zeiten großen Schmelzwasserzuflusses konnte der untereisische Fluß Sand und Kies abtragen, Eis abschmelzen und so sein Bett vertiefen, verbreitern und seitlich verlegen. Bei geringerer Wasserführung sank von oben Eis nach und füllte die vom Fluß nicht benutzten Hohlräume aus. In der nächsten Phase starker Wasserführung bahnte sich das Wasser hier und da ein neues Bett seitlich des alten, so daß im Laufe von Jahrtausenden nach und nach immer mehr mineralisches Material durch Eis ersetzt wurde und ein breiter eiserfüllter Talzug, ein „Sohlental unter dem Eis" (Gripp) entstand, in dem der Schmelzwasserfluß jeweils nur einen kleinen Teil ausfüllte.

Das Eis wurde später zu Toteis und dadurch vor der Zuschüttung bewahrt. Erst nach dem Auftauen des Toteises trat die Hohlform an der Erdoberfläche in Erscheinung.

Bei einem erneuten Vordringen des Eises konnte ein Tunneltal leicht überformt werden und Merkmale eines Zungenbeckens aufgeprägt erhalten. Dies ist bei dem Langsee-Tunneltal der Fall gewesen: Ein von O kommender Gletschervorstoß hat das Tal der Wellspanger Au (im Bild einheitlich grün) stark verbreitert und bei Wellspang am Ostende des Langsees eine kleine Moräne aufgeschoben. Weiter östlich, bei Boholz, ist der Talzug ebenfalls durch einen Eisvorstoß verengt.

Der Langsee wird bei Güldenholm durch eine flache Stelle in zwei ungleiche Abschnitte geteilt. Der Westteil umfaßt etwa ein Drittel des ganzen Sees, er ist mit 3–3,5 m recht flach, während der Ostteil in der Mitte eine etwa 12 m tiefe langgestreckte Rinne hat. Typisch für das Tunneltal sind die steilen Hänge des Seebeckens, die sich unter Wasser entsprechend fortsetzen. Nicht weit von dem Hof Güldenholm (weiß in Bildmitte) reicht das Gelände bis auf NN +48 m, also um mehr als 30 m höher als der See (NN +16,3 m).

An der Engstelle legte Bischof Waldemar von Schleswig 1192 das Kloster Guldholm an. Dieser Gründung war aber keine lange Dauer beschieden. Schon 1209 zogen die meisten Mönche weiter nach N und gründeten das Rudekloster, an dessen Stätte später Schloß Glücksburg errichtet wurde.

Im Vordergrund sieht man im See kammartige Bündel schwimmen. Es sind dies die Reste eines großen schwimmenden Holzstapels. Nach den großen Windbrüchen des Jahres 1967, von denen auch die Lücken im Nadelwald vorn links herrühren, wurden die Fichtenstämme seitens der Forstverwaltung einstweilen im Wasser gelagert, um sie vor Borkenkäferfraß zu schützen.

Der Langsee ist von Natur aus eutroph. Da keine dichte Besiedlung am Ufer vorhanden ist und der See durch Wald auch weitgehend gegen landwirtschaftliche Nutzflächen abgeschirmt wird, ist die Verschmutzung im ganzen gering.

Als Brutvögel sind Stockenten häufig. Im verwachsenen Erlenbruch finden verschiedene Kleinvögel den ihnen zusagenden feuchten Lebensraum wie Zaunkönig und Rotkehlchen. Sie haben hier an den zahllosen Insekten: Mücken, Kleinschmetterlingen und Käfern ein reiches Nahrungsangebot.

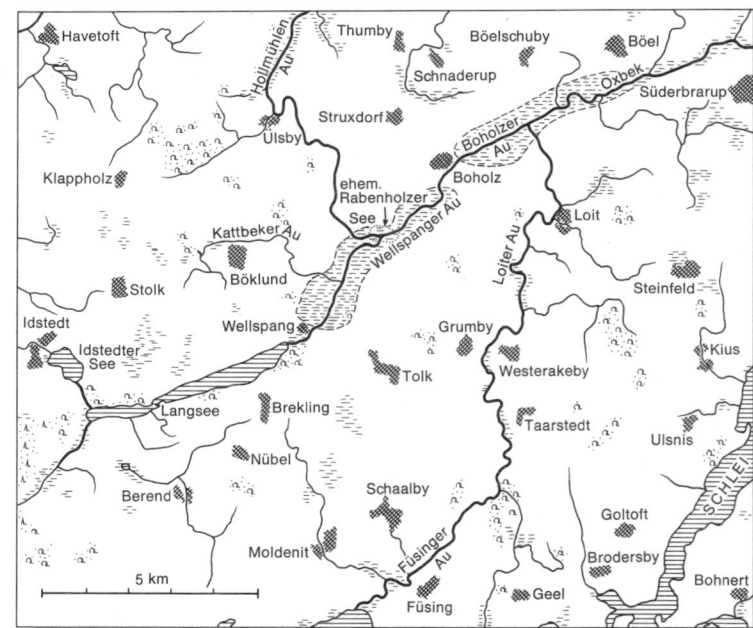

18 *Der Langsee verdankt seine Entstehung einer sub-*
glazialen Schmelzwasserrinne, deren weiterer Verlauf durch
das grüne Tal der Wellspanger Au markiert wird. –
Blickrichtung: O

19 *Über das Dorf Westensee hinweg geht der Blick auf die gegliederte Wasserfläche. Hinten links verläßt die Eider den See. Am Horizont die Stadt Kiel. – Blickrichtung: O*

20 *Die Eider tritt zwischen Hohenhude (links) und dem Gut Marutendorf in den Westensee ein und baut ein Delta auf. – Blickrichtung: W*

Der Westensee

Der westliche Abschnitt des Westensees (Bild 19) zeigt die typische Form eines Zungenbeckens, das von Wällen hoher Endmoränen (Tüteberg 88,5 m) umgeben wird. Der Westenseegletscher entwässerte durch eine Schmelzwasserrinne, die zeitweise als Tunneltal unter dem Eis verlief, in Richtung Emkendorf, wo sich das Wasser aus einem Gletschertor auf die Sanderfläche ergoß.

Die reizvolle Gliederung des Westensees in zahlreiche Buchten mit breitem oder schmalem Schilf- und Binsengürtel beruht darauf, daß der Gletscher bei späteren Stillstandsphasen bzw. bei kleineren Vorstößen niedrige Moränen aufschüttete, die zu Halbinseln wurden oder die kleinere Nebenseen abgrenzten. Die zum Teil steilen Ufer sind durch das Toteis bedingt, das tief im Boden steckte und erst lange nach dem Ende der Eiszeit vollständig schmolz.

Die Seefläche umfaßt 767 ha mit einer größten Tiefe von 20 m. Der Seespiegel liegt 6,46 m über NN. Die Eider erreicht den Westensee nach einer Lauflänge von 47 km. Ihr Quellgebiet liegt etwa 20 km südlich von Kiel. In die Dröge Eider entwässern mehrere Seen, darunter ist der Einfelder See, der auch zur Stör hin einen Abfluß hat. Im Schulensee nähert sich die Eider der Kieler Förde bis auf 3,3 km Entfernung, wendet sich jedoch nach W, weil ihr der Hornheimer Riegel, eine kleine Endmoräne, den Weg versperrt.

An ihrer Mündung in den Westensee bei Hohenhude (Bild 20) hat die Eider ein Delta aufgebaut, das allerdings nur langsam wächst, weil die Sinkstoffe aus dem Oberlauf bereits in den Seen weiter oberhalb abgelagert werden. Man erkennt die jüngsten Teile an dem Schilfbestand. Über die Entstehung eines Deltas wird auf S. 53 berichtet.

Nach ihrem Austritt aus dem Westensee hatte die Eider ursprünglich nur noch ein geringes Gefälle von 6,4 m auf etwa 25 km bis in die Eiderniederung. Sie floß durch eine Reihe weiterer Seen: Flemhuder See (eigentlich „Nordsee"), Schirnauer See, Borgstedter See und Audorfer See. Dieses bequeme Fahrwasser wurde seit der ersten Hälfte des 13. Jh. für den Transitverkehr zwischen Nord- und Ostsee genutzt. Flämische Kaufleute, die in Kampen bei Rendsburg eine Niederlassung hatten und an die auch der Ort Flemhude und die Flämische Straße in Kiel noch erinnern, brachten ihre Waren in kleinen Schiffen eideraufwärts bis nach Flemhude und Hohenhude („Hude" bezeichnet einen Lande- oder Stapelplatz); die kurze Entfernung bis nach Kiel wurde per Achse zurückgelegt.

Auf einer Insel im Westensee hatten sich holsteinische Ritter eine Wasserburg, die Lohburg, erbaut (linker Bildrand, jenseits des schmalen Wasserarms), von der aus sie nicht selten die Kaufleute schröpften. Im 14. Jh. wurde die „Lakeborch" von den Schauenburger Grafen zerstört.

Durch den Bau des Schleswig-Holsteinischen Kanals und des Nord-Ostsee-Kanals ist die obere Eider zerschnitten worden. Der Fluß wurde bei Achterwehr in den Ringkanal verlegt, der um den – verkleinerten – Flemhuder See herumführt; das Wasser der Eider fällt bei der Schleuse Strohbrück in den Nord-Ostsee-Kanal; der Höhenunterschied von 6 m wird seitens des Gutes Quarnbek zur Gewinnung elektrischer Energie genutzt (zum Thema Eider s. S. 90).

Die Landschaft um den Westensee herum ist zum Naturpark und Landschaftsschutzgebiet erklärt worden. Für eine naturnahe Erholung bestehen hier gute Voraussetzungen.

Besucher mit Ruder-, Paddel- und kleinen Segelbooten können über die Schleuse Strohbrück, welche die mittelalterliche Wasserverbindung zwischen Nordsee und dem Westensee weiterhin ermöglicht, aus dem Nord-Ostsee-Kanal in den Ringkanal und in den Westensee gelangen, den sie auf kürzestem Wege zwischen Eidermündung und -auslauf durchfahren dürfen.

Der Sportangler kann am Westensee, der vom Landessportfischerverband bewirtschaftet wird, seinen Neigungen nachgehen. Zu Fuß kann man auf Wanderwegen eine abwechslungsreiche Landschaft kennenlernen: Zwischen großflächigen Gutsfeldern, Knicks, kleinen Waldstücken und ansehnlichen Hügeln, auf denen im Winter sogar Ski gelaufen wird, ergeben sich immer neue Ausblicke auf die Wasserflächen, auf Buchten und Halbinseln.

Schöne alte Dorfkirchen (Westensee, Flemhude) und architektonisch wie historisch bedeutsame Herrenhäuser (Emkendorf, Deutsch-Nienhof, Schierensee) sind in diese Landschaft eingebettet. Der Naturpark Westensee schließt die Nortorfer Seen (S. 126) mit ein.

Die Plöner Seen

Der Große Plöner See, mit 3038 ha der größte Binnensee Schleswig-Holsteins, ist ein typisches Zungenbecken; seine südlichen Ufer geben, besonders markant zwischen Bosau und Nehmten (Bild 21, Hintergrund), die Beckenform wieder. Ein späterer Eisvorstoß schuf eine Endmoräne auf der Linie Ascheberg – Koppelsberg – Plön – Parnaß – Behl, die im Vordergrund als Landbrücke zwischen dem Kleinen und Großen Plöner See erfaßt ist, und welche die nördliche Begrenzung des Sees bildet. Wie beim Hemmelsdorfer See liegt die tiefste Stelle im südlichen Teil des Zungenbeckens (60 m). Da der Wasserspiegel bei NN + 21 m liegt, reicht die Sohle des Sees bis etwa 40 m tief unter den Meeresspiegel hinab.

Bis zum Ausfluß der Schwentine aus dem Großen Plöner See beträgt das Niederschlagsgebiet 29 300 ha, davon sind 5570 ha (19 %) Seeflächen. Der Wasserstand des Großen Plöner Sees ist seit 1953 um maximal 51 cm über und 30 cm unter das Mittelwasser gestiegen oder gesunken. Dieser Schwankungsbereich bedeutet ein Speichervermögen von rund 23,6 Mio. m³. (Zum Vergleich: der mittlere Abfluß der Schwentine aus dem See beträgt 0,4 Mio. m³/Tag.)

Im Jahre 1881 senkte man den Wasserspiegel des Großen Plöner Sees um 1,14 m ab, nachdem das Staurecht der alten, schon 1221 erwähnten Mühle und das Aalfangrecht abgelöst worden waren. Man wollte auf diese Weise Land gewinnen und eine bessere Vorflut schaffen. Um 1900 mußte man jedoch feststellen, daß die Erwartungen gänzlich unerfüllt geblieben waren; das gewonnene Land war eine steinige, sterile Fläche, die keine Erträge versprach.

Unmittelbar am See wurde in Plön 1892 die Hydrobiologische Anstalt, das heutige Max-Planck-Institut für Limnologie, gegründet. Für zahlreiche wissenschaftliche Arbeiten des Instituts waren die Plöner Seen Versuchsobjekte.

Untersuchungen der Sedimente des Sees ermöglichten es, den zeitlich verschiedenen Einfluß des Menschen auf den Zustand des Sees zu erkennen. Im Nordbecken wurden bei 41 m Wassertiefe ungestörte Bohrkerne entnommen, deren Analysen zeigten, wieviel Frischschlamm (gFS/m²/Jahr) sich abgelagert hatte; jahrhundertelang war es rund 1 cm/Jahr. In 7,40 m Sedimenttiefe steigt die abgelagerte Menge sprunghaft an, was auf die Errichtung der ersten Stauanlagen im 13. Jh. zurückgeführt wird. Die Seespiegelsenkung von 1881 zeichnet sich als maximaler Wert auffällig ab.

Seit etwa 1930 traten Eutrophierungsvorgänge ein, die durch die verstärkte Vermehrung der planktonischen Algen auch an der Wasseroberfläche beobachtet werden konnten. Im Sommer erschöpfte sich der im Tiefenwasser gelöste Sauerstoff, es bildete sich Schwefelwasserstoff (S. 26). In den letzten Jahrzehnten haben sich diese Vorgänge noch beschleunigt; die rasche Veränderung des gesamten Stoffhaushalts und der Lebensgemeinschaften kommt auch in den abnehmenden Erträgen der Fischerei zum Ausdruck. W. Ohle stellte die Merkmale der „rasanten Seeneutrophierung" am Großen Plöner See fest.

Wegen der dichten Besiedlung und der umfangreichen Nutzung für Erholungszwecke (Bild 21) sind die Plöner Seen besonders stark durch Eutrophierung gefährdet. Da sich der Wasseraustausch über die Schwentine nur sehr langsam vollzieht und die Schwentine aus den anderen Seen bereits stark nährstoffhaltiges Wasser heranführt, kann die einmal eingetretene Überdüngung durch natürliche „Spülung" kaum wieder rückgängig gemacht werden.

1953 wurde zunächst eine Teilkläranlage am Parnaß gebaut. Bald darauf hat man am NO-Ufer des Kleinen Plöner Sees eine zentrale Kläranlage erstellt, die rund 4000 m³ Abwasser pro Tag mechanisch und biologisch behandelt, und eine dritte Reinigungsstufe geschaffen, um die Phosphor- und Stickstoffverbindungen weitgehend auszufällen. Mit dieser Maßnahme wird auch die Sekundärverschmutzung – bis auf den landwirtschaftlichen Anteil an der Überdüngung – wirksam bekämpft.

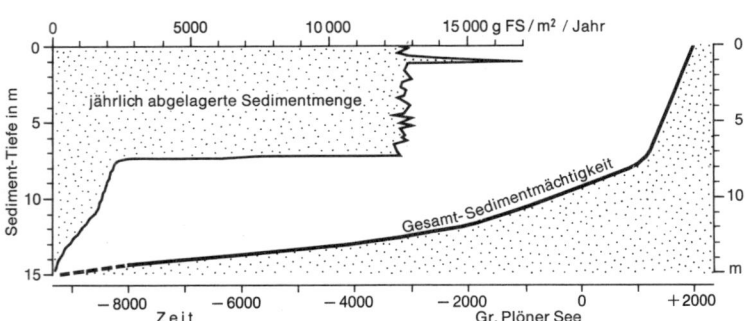

21 *In Richtung des Eisschubes geht der Blick vom Kleinen Plöner See (vorn) über Prinzeninsel und baumbestande Warder in das Südbecken des Großen Plöner Sees. – Blickrichtung: S*

22 *Der Vierer See (vorn) ist nur durch eine schmale Landbrücke vom Großen Plöner See getrennt. In Bildmitte der Suhrer See und der kleine Heidensee, dahinter der Behler See (links) und der Dieksee. – Blickrichtung: N*

23 *An einem Spätsommertag spiegeln sich die Wolken in der schilfumstandenen Schwentinemündung. Jenseits des waldumkränzten Lanker Sees die ersten Häuser von Preetz-Schellhorn. – Blickrichtung: N*

Der Lanker See bei Preetz

Das letzte 438 ha große Seebecken im Mittelabschnitt des Schwentinelaufs ist der hübsche Lanker See. Sein Wasserspiegel liegt 20 m über NN; die größte Tiefe beträgt 23,0 m, die mittlere Tiefe jedoch nur 4,9 m; das Niederschlagsgebiet der Schwentine (N) erreicht am Auslauf in Preetz 44 700 ha, davon nehmen die Seeflächen mit 7040 ha zusammen 15,8 % von N ein. Das Gefälle in der Seenkette zwischen dem Dieksee bei Malente-Gremsmühlen und dem Ausfluß aus dem Lanker See ist mit 2,7 m auf 24,1 km oder einem mittleren Gefälle von 0,12 ‰ sehr gering.

Der Lanker See wird von der Schwentine auf ganzer Länge (3,2 km) durchflossen, seine Breite wechselt zwischen 300 und 3000 m. Das hügelige Ostufer trägt alte Buchenwälder, während das flache Westufer durchweg als Weideland genutzt wird. Die seitlichen Ausbuchtungen werden meistens durch niedrige Landzungen voneinander getrennt. Eine Halbinsel und eine kleine Bucht als Brutplätze für Singvögel und Entenarten sind Vogelschutzgebiet.

Der nördliche Teil des Lanker Sees reicht bis in das Stadtgebiet von Preetz hinein, wo die Postau – weiter oberhalb Kührener Au genannt – mit 18 600 ha Niederschlagsgebiet in die Schwentine mündet. Dieser größte Nebenfluß der „Bungsbergschwentine" entwässert sechzehn Seen mit 960 ha Fläche, von denen die meisten im Raum Bornhöved liegen (S. 38), von denen aber der Postsee bei Preetz mit 329 ha der größte ist. Die Kührener Au/Postau wird auch „Bornhövedschwentine" genannt.

Über die Schwentinefrage gibt es im schleswig-holsteinischen Schrifttum eine lebhafte Auseinandersetzung. Mit historischen, sprachlichen und naturwissenschaftlichen Gründen hat man nachgewiesen, daß die „alte" Schwentine eigentlich in Bornhöved (Sventana slaw. = heiliges Feld) entspringt. Die Schwentine bildete etwa seit 800 n. Chr. auf der Strecke Postsee–Preetz–Kieler Förde als Teil des Limes Saxoniae die Grenze zwischen Sachsen und Slawen. Der Name „Schwentine" ist erst in jüngerer Zeit von der Kührener Au auf die „Bungsbergschwentine" übergegangen.

Der Wasserspiegel des Lanker Sees lag früher erheblich höher, bevor sich das abfließende Wasser durch den Höhenzug Wehrberg–Haidberg sein Bett eingeschnitten hat. Bei dem Überfall über diese Schwelle wird das 10 m tiefe runde Strudelloch im südlichen Teil des Kirchsees herausgespült worden sein. In der Enge befand sich schon 1266 ein Aalwehr, dessen Reste 1927 verschwanden.

Im O und NO des Lanker Sees herrschen schmale, NW–SO-gerichtete Wasserflächen und bereits verlandete Seeteile vor, die von einer ganzen Reihe von parallel verlaufenden mächtigen Moränenwällen getrennt werden. Es handelt sich dabei um Endmoränen an der Südwestflanke der Preetz-Plöner Eiszunge, die einer Serie aufeinanderfolgender Stillstandsphasen des Eisrandes entsprechen, das heißt, die Moränenzüge werden von SW nach NO jünger. Mit Höhen, die relativ zu den Wasserflächen 20 bis 35 m betragen, gehören diese Moränen zu den eindrucksvollsten Zeugen der Eiszeit in Schleswig-Holstein. Man lernt diese ebenso interessante wie reizvolle Landschaft am besten auf einer Fußwanderung kennen.

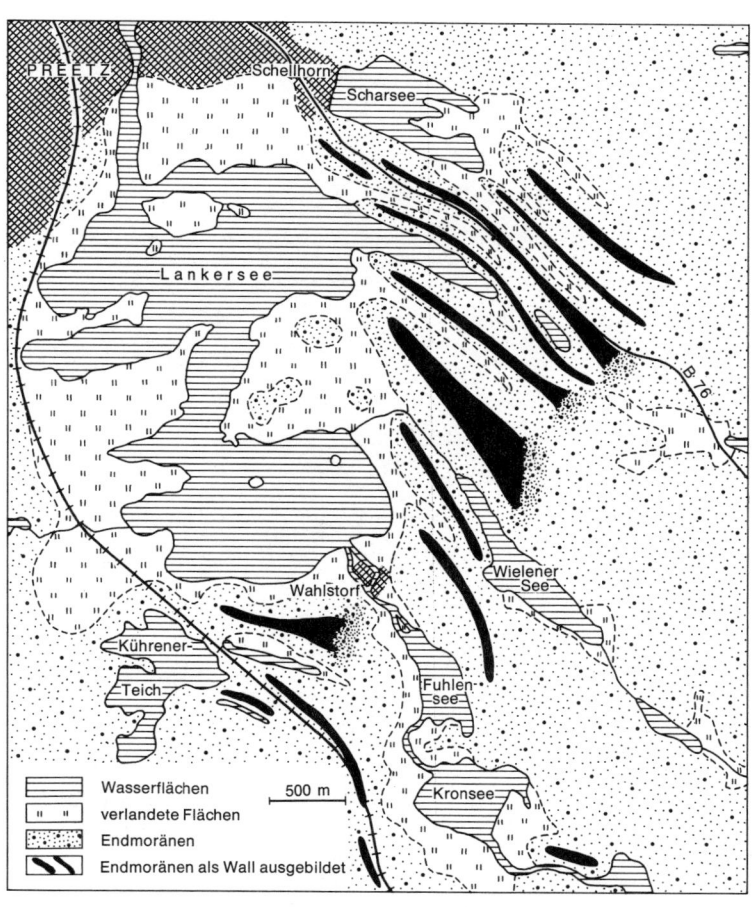

Wasserverschmutzung im Bornhöveder See

Von den sechs Seen der Bornhöveder Seenplatte erfaßt unser Luftbild die drei südöstlichen. In Bildmitte vorn mündet die „Alte Schwentine", die dicht bei Bornhöved entspringt, in den fast kreisrunden Bornhöveder See. Sie verläßt ihn an der „Klus", der schmalen Stelle, an der auch der Fischer und Eigentümer wohnt, und fließt in den O–W-gestreckten Schmalensee mit seinen drei Teilbecken. Nahe am linken Bildrand fließt der Bach dem Belauer See zu. Links (unterhalb des Flugzeugleitwerks) verläßt die „Alte Schwentine" den Belauer See. Über das Schwentineproblem wird auf Seite 37 berichtet.

Der Bornhöveder See ist einer der zivilisatorisch am stärksten belasteten Seen des Landes. Aus der Gemeinde Bornhöved gelangen seit vielen Jahren ungereinigte Abwässer aus den Haushalten und einer Meierei, nach dem letzten Weltkrieg zeitweise noch aus einer Kartoffeldämpferei, sowie die in den offenen Vorflutgräben entstandenen Massen der Abwasserpilze in den See. Dieser hat die Form eines flachen Trichters mit der tiefsten Stelle von etwa 17 m in der Mitte. Hier lagerten sich die faulenden Massen jahrein, jahraus ab, was zur Folge hatte, daß bei dem bakteriellen Abbau der Sauerstoff im Sommer nach eigenen Messungen schon von 5 m Tiefe ab völlig aufgezehrt sein kann. Mehr als 50 % des Wasservolumens dieses Sees sind dann für sauerstoffbedürftige Lebewesen wie Fische als Nahrungsgebiete unerreichbar. Die Fische müssen sich in der oberen Region, besonders in den Uferzonen, zusammendrängen, welche ihnen infolge der Überdüngung (Eutrophierung S. 25 f.) und der sich daraus ergebenden Blaualgen-Wasserblüte auch keineswegs günstige Bedingungen bieten.

Auch als Badegewässer litt der See. Verschlimmernd wirkte sich die Vergrößerung der Bornhöveder Meierei aus, die mehr Milch als früher verarbeitete und entsprechend mehr Abwasser entließ.

Jetzt sind endlich die Vorbereitungen zum Bau einer mechanisch-biologisch arbeitenden Kläranlage mit Einrichtungen zur Entfernung der Nährstoffe (chemische Reinigungsstufe) bis zur Ausführung gediehen. Eine Entlastung des Sees ist also in naher Zukunft zu erwarten, doch werden die Auswirkungen der bisherigen Verschmutzung wegen des geringen Wasserwechsels nicht so rasch von selbst wieder verschwinden.

Deswegen hat man bei diesem Patienten der Zivilisation noch einen weiteren therapeutischen Eingriff vorgenommen: Die Straßenbauverwaltung erhielt nach Einholung eines Gutachtens von Prof. Ohle (Plön) die Erlaubnis, beim Straßenbau anfallendes Bodenmaterial in die tiefste Stelle des Sees zu versenken. Dadurch sollte eine Abdeckung des Faulschlamms erreicht werden, was sich nach Erfahrungen an anderen Seen für die Wasserbeschaffenheit günstig auswirken müßte. Die Operation ist zum wesentlichen geglückt; auf die weitere Gesundung kann man hoffen.

Auch anderwärts, besonders in Skandinavien, bemüht man sich heute mehr und mehr darum, zivilisationskranke Seen wieder heil zu machen. Beispiele dafür sind der See Trummen in Südschweden und der Zeller See im Salzburger Land sowie mehrere oberbayrische Seen.

Eine der dazu geeigneten Maßnahmen besteht darin, daß man aus dem fäulnisfrei gereinigten Abwasser auch noch die Phosphate durch chemische Fällung herausholt, ehe man es in die Seen leitet; dies wird in der Schweiz schon vielfach praktiziert. Erste Anlagen dieser Art gibt es auch in Schleswig-Holstein. Darüber hinaus versucht man, das gereinigte Abwasser von den Seen ganz fernzuhalten. Es werden Sammelkanalisationen um die Seen gebaut, welche die Abwässer der Seegemeinden aufnehmen und zu einer Gemeinschaftskläranlage unterhalb des Sees leiten. Eine solche Leitung ist an der Westseite des Großen Plöner Sees entstanden. Bei verschmutzten Seen sucht man den Faulschlamm, wie oben beschrieben, durch Beschüttung mit tonigem Material abzudecken. Eine weitere Hilfe kann in der künstlichen Belüftung des sauerstofflosen Tiefenwassers bestehen. Prof. Ohle hat im Grebiner See nahe Plön Belüftungsversuche mit Erfolg durchgeführt.

Zwischen den Bemühungen der Wasserwirtschaft und den immer stärker werdenden Zivilisationsschäden – als Raumwirkung der Wohlstandsgesellschaft – findet ein Wettlauf statt, bei dem zur Zeit die Schäden noch weiter zunehmen, die Anstrengungen um die Wiedergesundung hingegen in ihren Erfolgen weit hinter den Schäden zurückbleiben.

24 *Bei Stolpe–Bornhöved reihen sich sechs Seen zu einer schönen Seenplatte. Unser Ausschnitt erfaßt den Bornhöveder See (vorn), den Schmalensee und den Belauer See. Im Hintergrund rechts der Große Plöner See. – Blickrichtung: NO*

25 *Eingebettet in die ostholsteinische Knicklandschaft liegen hintereinander der Kleine Wardersee, der Börndieksee, der Blunker See und das Muggesfelder Moor. Es ist die Zeit der Heuernte. – Blickrichtung: NW*

Der Wardersee bei Segeberg

Am Ende der letzten Vereisung entstand zwischen den Endmoränen im W und dem Eisrand im O ein „Eisstausee" im Bereich der heutigen oberen Trave, der von Kembs bis südöstlich Segeberg reichte und der bei einem Wasserstand von NN +37 m eine Fläche von 12 000 ha (Großer Plöner See = 3000 ha) bedeckte. Neben dem Kembser See, dem Seedorfer und dem Seekamper See ist der Wardersee (385 ha, NN +24,6 m) ein Rest dieses eiszeitlichen Gewässers, der von der Trave durchflossen wird (S. 102).

Der Kleine Wardersee (72 ha), der vorn im Bild erfaßt ist, hat eine Länge von 2,8 km. Er steht mit dem 6,2 km langen und fast durchgehend 9 m tiefen Großen Wardersee (429 ha) in offener Verbindung. Die schmalste Stelle zwischen beiden Seen wird im Zuge der Straße Segeberg–Ahrensbök von dem Warderdamm und einer Brücke gequert.

Gegenüber der Vermessung von 1875 ist der Große Wardersee heute um 45 ha kleiner. Zu Beginn dieses Jahrhunderts hat man die Trave ausgebaut und tiefer gelegt, der Seespiegel wurde dadurch um etwa 1 m gesenkt. In der Uferregion hat sich deshalb die Röhrichtzone an vielen Stellen erheblich ausgebreitet. In den unzugänglichen Schilfgürteln dieses Seeteils hat sich die Bisamratte angesiedelt, deren Schilfburgen man – trotz aller Bekämpfungsmaßnahmen – immer wieder dort findet.

Vom Westende des Warderdamms führt ein Wanderweg durch einen Kiefernwald in das Dorf Warder und über Warderbrück nach Krems. An den vier Gutshöfen am See gibt es alte Parkanlagen mit sehenswerten Gehölzgruppen.

Am Westufer des Kleinen Wardersees liegt dicht bei dem Dorf Warder eine baumbestandene Halbinsel von etwa 80 m Länge und 55 m Breite, die sich bis zu 3 m über den Seespiegel erhebt. Die einstige Insel ist erst durch den Ausbau der Trave und die damit verbundene Absenkung des Seespiegels um 1910 landfest geworden. In der Mitte des 19. Jh. wurden hier Pfähle und Steinpackungen zufällig entdeckt. Der Pastor Griebel hat damals vermutet, daß es sich um eine mit Pfählen befestigte künstliche Insel handele. Die Verwendung der Feldsteinpackung für ein Mausoleum konnte er verhindern. 1959/1960 wurde systematisch gegraben und eine ovale Wallanlage von 35×23 m nachgewiesen. Die gefundene Keramik läßt auf eine dichte Besiedlung der Insel in der Zeit von etwa 800–1150 n. Chr. schließen. Bei dieser von anderen slawischen Burgen Ostholsteins abweichenden Anlage handelt es sich um den bischöflichen Herrenhof Nezenna aus dem 10. Jahrhundert.

Um die Hydrographie des Wardersees besser beurteilen zu können, hat man seit 1951 die täglichen Wasserstände aufgezeichnet. Dabei fiel auf, daß der Seespiegel mehr als bei allen anderen Seen schwankt, das heißt, auf die Niederschlagsverhältnisse reagiert. Die in der Skizze dargestellte Zeitspanne von 1958–1966 wurde ausgewählt, weil darin sowohl die Trockenwetterperiode von 1959 als auch das ausgesprochen regenreiche Jahr 1966 erfaßt sind. Das Niedrigwasser des Wardersees fällt bis 50 cm unter, das Hochwasser steigt bis 185 cm über das Mittelwasser. Diese Erscheinung läßt sich auf den auf jeder Karte erkennbaren allzu geradlinigen Ausbau der Zuflüsse zurückführen, da diese das Niederschlagswasser wesentlich schneller abgeben, als es vor der Regulierung der Fall war.

Das obere Travegebiet ist ein typisches Beispiel für die kulturtechnischen Anschauungen und die Baupraxis von Gewässerregulierungen in der Zeit nach 1920.

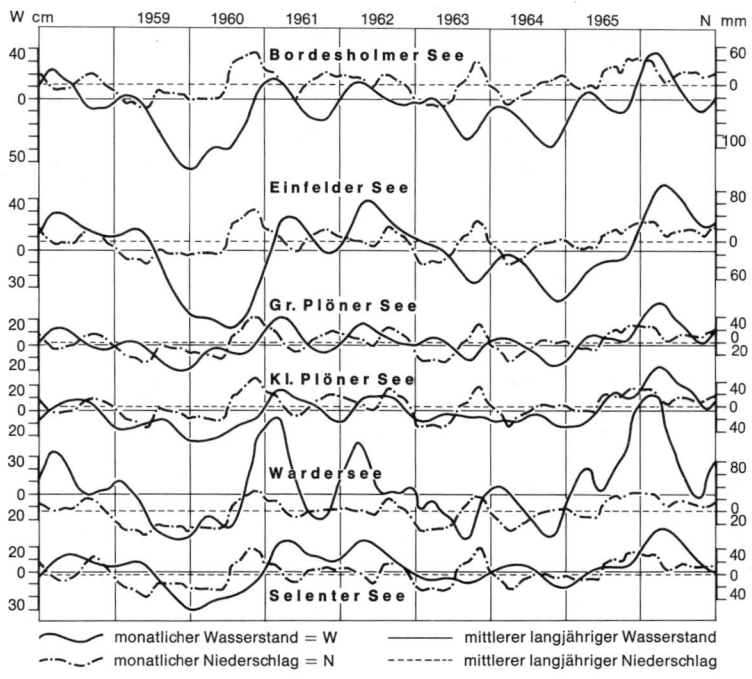

Kolksee und Griebeler See

Der *Kolksee* ist von Natur aus abflußlos und ganz in Wald eingebettet. Ähnliche Seen finden sich besonders in Lauenburg. In dem bewegten Gelände um den Kolksee liegen noch drei weitere Mulden, vermutlich Toteislöcher, die einst alle mit Wasser gefüllt waren, die jedoch jetzt schon verlandet sind. Die Senke, die gegenüber dem Kolksee an der Straße nach Schönweide liegt, ermöglicht einen anschaulichen Vergleich zwischen zwei Gewässern gleichen Typs, aber von unterschiedlichem Entwicklungszustand: die verlandete Fläche wird von einem Erlenbruch eingenommen; zwischen den Bäumen wächst ein dichter Bestand von Seggen und Schwertlilien; nur in nassen Zeiten steht zwischen den Stauden noch etwas Wasser.

An der Ostseite hat der Kolksee eine relativ flache Uferzone (im Bild links). Hier geht das Gewässer über einen schmalen Schilfgürtel in einen seggendurchwachsenen kleinen Erlenbruch mit Rohrkolben und Schwertlilien über. Hier hat man einen Abflußgraben angelegt, durch den in niederschlagsreichen Zeiten das überschüssige Wasser abfließen soll. Der Seeboden fällt an den meisten Stellen ziemlich steil ab; die Wassertiefe beträgt durchweg etwa 5 m; der Seegrund unter der Schlammschicht besteht aus sandig-kiesigem Material. Der Schilfgürtel ist deshalb überall ziemlich schmal, ebenso die Zone der Teichrosen und des schwimmenden Laichkrauts.

Der Wald ist vorwiegend aus Buchen und einzelnen Eichen zusammengesetzt, wie es den natürlichen Bedingungen entspricht. Die Zitterpappeln, Weiden und Erlen, die das Ufer säumen, sind ebenfalls standortgemäß.

Von den vielen Bäumen wird alljährlich eine Menge Laub in den See eingeweht; die Blätter versinken und bilden einen humosen Schlamm, dessen Dicke mehrere Meter beträgt. Die Humusstoffe des Seebodens binden den im Wasser gelösten Kalk, auch der Kohlendioxidverbrauch der Pflanzen trägt zur Entkalkung mit bei. Im humusreichen Sediment werden durch biologische und chemische Vorgänge auch Phosphorsäure und andere Stoffe gebunden. So ist es kein Wunder, daß im Kolksee, obwohl er nicht wie der Bültsee (S. 29) auf nährstoffarmem Untergrund liegt, Kalk- und Nährstoffarmut herrschen.

Die elektrolytische Leitfähigkeit beträgt hier um 80 (siehe Anhang), der Phosphatgehalt um 0,15 mg/l, der Nitratgehalt ist um das Zehnfache höher.

Die Untersuchungen über den Stoffkreislauf des Kolksees wurden vom Max-Planck-Institut für Limnologie in Plön und von der Bundesforschungsanstalt für Fischerei in Hamburg durchgeführt.

Das Plankton ist, diesem Nährstoffangebot entsprechend, nicht so reichlich wie in den meisten nährstoffreichen Seen, vor allem gibt es keine einseitige Massenentwicklung von Blaualgen. Vielmehr setzt sich das Plankton noch ganz überwiegend aus Tieren zusammen, vor allem verschiedenen Wasserfloh- und Hüpferlingsarten sowie freischwimmenden Rädertierchen.

Der Kolksee steht zwar nicht unter Naturschutz, wegen seiner limnologischen Eigenart sollte er aber zum Baden nicht benutzt werden; wegen der steil abfallenden Ufer und auch wegen unter Wasser liegenden sperrigen Geästs ist er dazu auch wenig geeignet.

Der *Griebeler See*, der etwa 1 km südlich des Kolksees liegt, hat einen ganz anderen Charakter. Er ist eutroph (höherer Phosphatgehalt); besonders im vorderen Seeteil ist die starke Wasserblüte an der grünen Farbe sichtbar. Der bis 9 m tiefe Nordostteil ist von Wald umgeben, der flachere Südteil (vorn) liegt in der von Knicks durchzogenen offenen Feldflur. Das Gelände ist wie am Kolksee hügelig-bewegt. Am Ostufer des Griebeler Sees führt ein Weg entlang, in der Bucht rechts der Bildmitte befindet sich eine Badestelle. Mit 18,94 ha ist der Griebeler See fast viermal so groß wie der Kolksee, der nur 4,86 ha umfaßt.

Der Abfluß des Griebeler Sees führt zum Lachsbach und weiter in das Neustädter Binnenwasser. Der künstliche Abfluß des Kolksees geht in den Stendorfer See, der in die Schwentine entwässert.

Im Südteil des Griebeler Sees schreitet die Verlandung voran, man erkennt deutlich den breit entwickelten Gürtel der Schwimmblattpflanzen; daran schließt sich landwärts ein Röhricht an mit Grauweiden in der Randzone, das nach SW in einen schönen Erlenbruchwald und im S in eine Seggenwiese übergeht.

26 *Der Kolksee ist ganz in Buchenwald eingebettet; hinten der Griebeler See. – Blickrichtung: S*

27 *Der Griebeler See weist an seinem Südwestufer klassische Verlandungszonen auf. – Blickrichtung: NO*

28 *Die schmalste Stelle zwischen See und Ostsee, dunkelgrün durch Grünland- und Bruchwaldvegetation, bezeichnet die einstige Verbindung der Hemmelsförde zur Ostsee. Vorn Hemmelsdorf. – Blickrichtung: NO*

Der Hemmelsdorfer See - eine ehemalige Förde

Die Landbrücke zwischen dem Hemmelsdorfer See und der Ostsee ist erdgeschichtlich jung. Das Seebecken verdankt seine Entstehung der Eiszeit; es ist wie der unterste Teil der Trave ein typisches Eiszungenbecken. Beide Becken haben sich während der Litorinatransgression zu Förden entwickelt. Das Ostseewasser drang in den damals noch 20 m tiefer liegenden Fördeneingang ein. Mit dem Anstieg des Meeresspiegels wurden die benachbarten Steilufer verstärkt abgetragen. Es bildeten sich Strandwälle, schließlich war der See abgeriegelt und zu einem Strandsee geworden. Der Landverlust am Brodtener Steilufer dauert an, so daß der durchgehend auf etwa NN +2 m gelegene Strandwall auch weiterhin Nachschub an Sand und Kies von dort erhält.

Die Seefläche beträgt etwa 400 ha. Dazu gehört ein nur zehnmal so großes Niederschlagsgebiet. Die Aalbek, der Abfluß des Hemmelsdorfer Sees (Bild oben Mitte), mündet in den Niendorfer Hafen. Erhöhte Ostseewasserstände werden durch ein Siel von dem See und der Niederung ferngehalten. Der Seespiegel, der etwa dem Meeresspiegel der Ostsee entspricht, kann bei Hochwasser, bedingt durch Niederschläge und hohe Ostseewasserstände, um 20 bis 30 cm ansteigen.

Da für die Badeorte Niendorf und Timmendorfer Strand bisher kein absoluter Hochwasserschutz hergestellt werden konnte, muß man weiterhin mit Salzwassereinbrüchen bei besonders hohen Sturmfluten rechnen. Solche Ereignisse sind in den letzten 600 Jahren siebenmal vorgekommen. Das bedeutet, daß sie zwar selten sind, sich aber jederzeit wiederholen können. Die letzte große Überschwemmung war 1872. Diese Sturmflut stieg in der Lübecker Bucht auf etwa NN +3,5 m und brachte mit einem Schub 22 Mio. m³ Salzwasser in den See.

Infolge seines größeren spezifischen Gewichts ist das salzhaltige Ostseewasser im Hemmelsdorfer See auf den Grund gesunken; es konnte nicht in die Ostsee zurückfließen. Der See ist in seinem südlichen Teil nämlich bis zu 44,5 m tief und ist damit die tiefste Stelle des deutschen Festlandes. Die Lübecker Bucht ist nur 20 m tief.

Es dauert rund 60 Jahre, bis der See wieder ausgesüßt ist, um dann jahrzehntelang ein Süßwassersee zu bleiben. Der schlagartige Wechsel des Salzgehalts hat viele Pflanzen und Tiere absterben und absinken lassen, so daß sich in hohem Maße Schwefelwasserstoff bilden konnte. Das schwere Salzwasser verblieb in der Tiefe und grenzte nach oben hin mit einer der „Sprungschicht" (S. 25) vergleichbaren Fläche gegen das süße und leichtere Oberflächenwasser. Infolge dieser Schichtung kam es nicht wie bei anderen Seen zur Vollzirkulation und zur Sauerstoffzufuhr im Frühjahr und Herbst, so daß sich in der Tiefe noch jahrelang weiterer Schwefelwasserstoff bildete und dessen Gehalt bis über 300 mg je Liter anstieg. Damit soll der Hemmelsdorfer See längere Zeit über das stärkste natürliche Schwefelwasser der Erde verfügt haben.

Eine Fläche von etwa 400 ha hinter dem Strandwall ist verlandet und oberflächlich stark vermoort. In dem nur 2–4 m tiefen Nordteil des Sees schreitet die Verlandung fort. In dem südlichen, tiefen Seeteil fallen die Ufer steil ab; hier sind die Zonen der Ufervegetation nur schmal ausgebildet.

Vom Timmendorfer Strand her bringt der Mühlenbach die Abwässer der Kläranlagen für die Gemeinden zwischen Niendorf und Sierksdorf in den See. Leider wurde die Kläranlage durch die Zunahme des Fremdenverkehrs stark überlastet, und der See hat daher seit Jahren sehr gelitten. Zur Zeit erweitert man das Klärwerk, außerdem ist für den Fremdenverkehrsraum zwischen der Schwartau und der Ostsee eine großzügige Neuordnung der Abwässerreinigung und -ableitung vorgesehen.

Als Napoleon sein Kaiserreich zu Beginn des 19. Jh. bis an die Ostsee ausgeweitet hatte, plante er, den Hemmelsdorfer See zu einem Hafen für seine Ostseeflotte auszubauen. Über Vermessungsarbeiten ist der Plan nicht hinausgekommen, der nach dem Sturz des Kaisers nicht weiterverfolgt wurde.

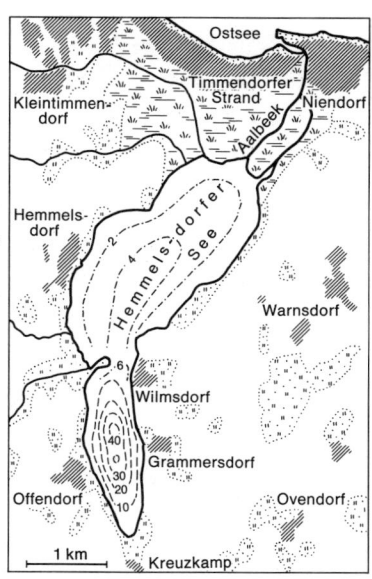

Der Schaalsee

Der Schaalsee ist mit 2298 ha einer der größten Seen unseres Raumes. Etwa die Hälfte davon gehört zum Lande Schleswig-Holstein, der östliche, mecklenburgische Teil liegt in der DDR.

In der jüngsten Vereisung blieb eine große Toteismasse in einem hochgelegenen Gebiet stecken, das daher auch kaum von Schmelzwassern mit Sanden zugeschüttet werden konnte. Der See entstand, als das Eis auftaute (das letzte Toteis schmolz vermutlich erst in der Jüngeren Steinzeit). Die vielerorts steil abfallenden Seeufer sind charakteristische Toteisformen.

Typisch für den Schaalsee sind die zahlreichen Inseln und Halbinseln, die ihn in eine Reihe buchtenreicher Teilbecken gliedern. Mehrere dieser „Werder" und auch große Uferstrecken sind bewaldet, so daß die Schaalseelandschaft anmutig und abwechslungsreich ist. Unser Luftbild erfaßt den nördlichen Seeteil mit Seedorf und dem Küchensee (vorn); links sieht man den bewaldeten Seedorfer Werder, von rechts ragt die Spitze des Werders bei Groß-Zecher vor; ganz hinten links ist der Niendorfer Binnensee, eine 6 km lange Bucht des Schaalsees, zu sehen.

Die durch die Entstehung bedingte hohe Lage des Wasserspiegels (NN + 35 m) gegenüber dem nur 10 km entfernten Ratzeburger See (NN + 4 m) gab Anlaß zum Bau des Schaalseekanals (1925), der es ermöglicht, den Niveauunterschied zur Energiegewinnung auszunutzen (S. 102), und der einen Teil des Wassers über die Wasserscheide zur Trave ableitet.

Der Schaalsee gehört zum Typ der tiefen Klarwasserseen, er ist von Natur aus oligotroph (S. 25). Der Schaalsee und der zum gleichen Seentyp gehörende Selenter See sind die einzigen deutschen Gewässer, die sowohl die Kleine als auch die Große Maräne beherbergen. Die Großen Maränen als echte Kaltwassertiere sind Reliktformen, lebende Zeugen der Eiszeit. Man nimmt an, daß sie am Ende der Eiszeit nach Schleswig-Holstein eingewandert sind. Die Großen Maränen meiden im Sommer das warme Wasser an der Oberfläche und halten sich in der kalten Tiefe auf. Dies setzt allerdings voraus, daß hier während des Sommers genügend Sauerstoff vorhanden ist, der ja in dieser Zeit wegen der Sprungschicht (S. 25) nicht von der Oberfläche

her ergänzt werden kann, daß also die gefürchtete „Eutrophierung" noch nicht eingetreten ist. Leider werden auch im Schaalsee schon Anzeichen der Eutrophierung festgestellt, besonders dort, wo Abwasser eingeleitet wird. Eine Überprüfung des Sauerstoffgehalts am 14. September 1970 ergab, daß im freien See an der Oberfläche 9 mg Sauerstoff im Liter Wasser vorhanden waren, in 11 m Tiefe noch 8,4, in 12 m 3,9 (Sprungschicht) und am Boden (34 m) 3,4 mg. In der Bucht bei Groß-Zecher waren die entsprechenden Werte Oberfläche 8,2; 11 m 3,3; 12 m 1,1; Boden (26 m) 0,3 mg/l. Unterhalb von 11 m konnten Fische hier nicht mehr leben (ähnliche Probleme liegen jetzt auch im Selenter See vor).

Auf dem See arbeiten diesseits und jenseits der Demarkationslinie, die auf dem Wasser mit Bojen gekennzeichnet ist, je zwei Fischer. Mit etwa 50 % des Wertes ist auch hier der Aal der Hauptfisch; er wird auf beiden Seiten als Aalbrut oder Satzaal eingesetzt. Etwa 25 % des Fangwertes entfallen auf die Maränen, von denen die Große Maräne im April-Mai und September-Oktober, die Kleine Maräne von Juni bis September gefangen wird. Der Fang erfolgt mit Stellnetzen, die im Frühjahr dicht über dem Grund in 25 bis 30 m Wassertiefe, im Spätsommer mehr im Mittelwasser, etwa 12 m über dem Grund, ausgebracht werden. Zur Sicherung des Nachwuchses werden jährlich 2 Mio. Stück Brut der Kleinen Maräne ausgesetzt. Der Rest des Fanges (25 %) verteilt sich auf die übrigen Fischarten, unter denen Hecht und Barsch die wichtigsten sind.

Während Hechte, Barsche und die Weißfischarten über den Großhandel in Hamburg vermarktet werden, gelangen die Aale und Maränen – überwiegend als Räucherfisch – direkt an die Verbraucher.

Auf der DDR-Seite des Sees wird auch elektrisch gefischt, ferner hat man dort eine Seebucht abgesperrt, um Forellen unter Zufütterung zu Speisefischen heranzuziehen, also in einem der Teichwirtschaft vergleichbaren Verfahren.

Die Große Maräne im Schaalsee wurde schon im Jahre 1624 in dem Fischbuch des hamburgischen Arztes Stephan von Schoenevelde erwähnt; Klopstock, der nicht selten im Schlosse Stintenburg als Gast weilte, hat den Schaalsee und seine „Moränen" in einer Ode besungen.

29 *Der Schaalsee ist einer unserer größten und tiefsten Seen.*
Durch den Schaalsee führt die Demarkationslinie zur DDR:
Im Hintergrund rechts sieht man das mecklenburgische
Ufer. Vorn Seedorf. – Blickrichtung: OSO

30 *Das 2 km lange Ornumer Noor steht mit der Schlei in offener Verbindung, vorn die Mündung der Koseler Au, rechts das Gut Ornum. Unmittelbar hinter dem Noor führt die Straße Kosel–Rieseby vorbei. – Blickrichtung: O*

Das Ornumer Noor an der Schlei

Noore sind die mehr oder weniger tief in das Land eingeschnittenen Buchten der Schlei, oft nur mit schmaler Verbindung zu ihr. Dieser Name wird auch außerhalb der Schlei im schleswig-holsteinischen Ostseegebiet gebraucht, z. B. beim Windebyer Noor. Das Ornumer Noor ist das schmalste von allen, mit sehr enger Ausmündung. Seinen Namen hat es nach dem Gut Ornum auf dem Südhang (rechts im Bild), in dessen Eigentum es liegt.

Das Bild gibt die Ansicht von der Schlei her. Man kann diesen Anblick ähnlich auch vom Boden aus haben, wenn man auf einer der Höhen über der Mündung (bei der unteren linken Bildecke) oder südlich davon steht, welche sich immerhin bis 16 bzw. 20 m über NN erheben. Die Rinne, in der das Noor liegt, ist natürlich eiszeitlichen Ursprungs. Sie gehört zu der sandigen Zone, die sich von der Eckernförder Bucht bis zur Schlei bei Missunde erstreckt. Von SW her stößt nahe der Einmündung in die Schlei noch ein Seitennoor hinzu. Es ist das Ende einer mehrfach eingeengten, schließlich aber noorartig erweiterten bogenförmigen Rinne, die der gebogenen Kette der abflußlosen Mulden Kollsee – Koseler Langsee – Missunder Noor eigentümlich parallel läuft. In dieser Rinne fließt die Koseler Au. Deren mündungsnahe Niederung ist völlig verlandet und wird heute in ganzer Breite von Schilfröhricht eingenommen. Man sieht es als grüne Fläche rechts unten. Bei der Verlandung im Aumündungsbereich sind innerhalb der breiten Schilfgürtel mehrere isolierte Wasserflächen entstanden, auf denen Teichhühner ein verstecktes Dasein führen. Die Aue, die früher, nach steilerem Gefälle im Oberlauf, hier ganz flach in vielen Windungen dahinzog, ist vor kurzem begradigt worden (der flache Bogen unten in der Bildmitte). Auf einem Senkrechtluftbild des Tales kann man die alten Bachschlingen noch erkennen. Die Aue führt moorbraunes Wasser heraus, das durch Abwässer der weiter oben liegenden Dörfer belastet ist.

Das Ornumer Noor selbst ist flach, im großen und ganzen etwa 1,20 m tief. Am Boden liegt Schlamm. Er ist aber kein Faulschlamm, riecht nicht nach Schwefelwasserstoff und entläßt wenig Sumpfgas. Es ist natürlich, daß sich an beiden Ufern ein mehr oder weniger breites Röhricht, ein ziemlich reiner Schilfbestand, entwickelt hat. Er läßt bei der Mündung der Koseler Au, wo die Wassertiefe noch geringer ist, nur einen wenige Meter breiten Durchlauf. Das Wasser ist schon im Frühjahr grün gefärbt von einer „Wasserblüte", die fast zu 100 % aus Microcystis-Blaualgen besteht.

Das Noor hat etwa den gleichen geringen Salzgehalt wie die Schlei bei Missunde (1–2 %). Dementsprechend leben hier die gleichen Süßwasserfische (Hecht, Barsch, Aal, Brassen, Plötze). Das ruhige, flache Noor und der Unterlauf der Au spielen eine große Rolle als Laichgewässer für Fische aus der Schlei, die auch sonst – etwa bei Wasserstandsschwankungen – häufig zwischen beiden Gewässern hin- und herwechseln und die in den engen Durchlässen leicht mit Reusen gefangen werden können. Die Fischereigerechtsame befindet sich ebenfalls beim Gut Ornum.

Das ganze Gebiet ist eine Landschaft „seitab", die eine stille Harmonie in sich hat. Das wird besonders deutlich, wenn man das abgeschiedene Noor mit dem Ferienbetrieb bei dem nahen Missunde mit Wochenendhäusern und Campingplätzen vergleicht.

Es erscheint sinnvoll, solche Kontraste zwischen erschlossenen, leicht zugänglichen Teilräumen einerseits und unerschlossenen, schwer zugänglichen und natürlichen andererseits in der Landschaft bestehen zu lassen. Gerade dadurch wird der Reiz der Schlei – und anderer Gewässer – als Erholungsraum aufrechterhalten und betont, weil die verschiedenen Neigungen der Besucher in der Landschaft ihr angemessenes Betätigungsfeld finden, während zugleich die Belange des Landschaftsschutzes gewahrt bleiben.

Im Winter friert das Ornumer Noor häufiger zu als die benachbarte Schlei. Nur der schmale Ausfluß bleibt offen. Im verschneiten Zustand gewinnt die Landschaft einen anderen Charakter: Aus der weißen Ebene heben sich nur die ockerfarbenen Schilfhalme ab, die den Rand des Gewässers markieren.

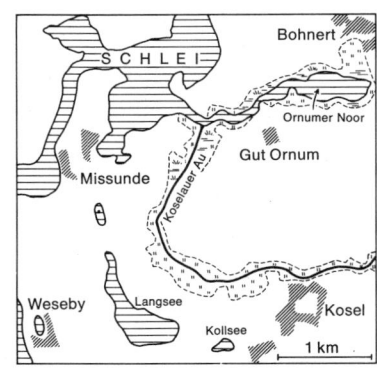

Das Haddebyer Noor bei Schleswig

Eine kleine Eiszunge des Schleigletschers schuf eine von stattlichen Moränenhöhen flankierte Hohlform, in der das Haddebyer Noor (100 ha, Tiefe 3,50 m) und das südlich anschließende Selker Noor (60 ha, 4,50 m) liegen. Die beiden Noore stehen über eine schmale und flache Stelle miteinander in Verbindung.

Nachdem sich im Zuge des nacheiszeitlichen Meeresspiegelanstiegs die Schlei und die beiden Noore mit Wasser gefüllt hatten, bestand zunächst eine breite, offene Verbindung zur Schlei hin (Bildmitte). Im Laufe der Zeit entstand zwischen dem Haddebyer Noor und der Schlei ein Strandwall, der zum Straßendamm (B 76) erhöht wurde.

Zwei kurze Abflüsse queren den Strandwall; sie bewirken auch einen Ausgleich zwischen Nooren und Schlei. In der Schlei schwankt der Wasserstand stark, zum Beispiel bei Schleswig in einem Jahr zwischen NN + 1,50 und – 1,30 m, die absoluten Extremwerte liegen noch weiter auseinander. Bei Westwind sinkt der Ostseespiegel, das Schleiwasser strömt seewärts, und der Spiegel der inneren Schlei sinkt ebenfalls, so daß nun auch aus dem Noor der Ausstrom einsetzt. Gegenüber den Verhältnissen bei dem 40 km entfernten Schleimünde tritt dabei oft ein zeitliches Nachhinken ein. Bei Ostwind kehrt sich der Vorgang um. An den Durchlässen in der B 76 kann man sehen, daß das Wasser fast immer in der einen oder anderen Richtung strömt.

Die Schlei zählt wegen ihrer offenen Verbindung mit dem Meer zu den Küstengewässern. Gegenüber der Schleimündung (Salzgehalt 14–20 ‰) ist die innere Schlei stark ausgesüßt; in der Kleinen Breite treten noch Salzgehalte von 5–7 ‰ auf. Im Haddebyer Noor kommen nur 4,6–5,3 ‰, im Selker Noor 2,9–3,8 ‰ vor. Diese geringen Salzgehalte machen sich biologisch kaum noch bemerkbar.

Die innere Schlei ist durch Abwässer vor allem der Stadt Schleswig stark belastet, was sich infolge des häufigen Wasseraustausches auch in den Nooren als Eutrophierung negativ auswirkt. Im Selker Noor wurde festgestellt, daß im Sommer ab 3 m Tiefe der Sauerstoff völlig aufgezehrt ist und statt dessen Schwefelwasserstoff auftritt.

In den Nooren leben Süßwasserfische. Aus der Schlei wandern einzelne Meerforellen ein, früher auch der Schleischnäpel, ein der großen Maräne ähnlicher lachsartiger Fisch, der jedoch infolge der Verschmutzung offenbar ausgestorben ist. Die Noore werden von den Holmer Fischern in Schleswig bewirtschaftet.

Vom Haddebyer Noor bis zur Rheider Au sind es nur 5 km, bis zur Treene bei Hollingstedt 15 km. Die Möglichkeit, über die schmale Wasserscheide hinweg eine Landverbindung anzulegen und so den langen und gefährlichen Seeweg um Skagen zu vermeiden, wurde schon seit Beginn des 8. Jahrhunderts von Kaufleuten genutzt. Die erste Siedlung war ungeschützt, bei Gefahr verteidigten sich die Bewohner auf der „Hochburg", einem Wall auf dem bewaldeten Hügel (Mitte links). Der große 5–10 m hohe halbkreisförmige Wall dürfte erst im 10. Jh. entstanden sein.

Der Platz ist auch topographisch gut gewählt. Ein Bach durchfließt die Stätte, er tritt vorn links in den Wall ein. Der sandige Boden bot guten Baugrund, das feste, nicht sumpfige Ufer ergab bei genügender Wassertiefe einen guten Landeplatz. Der Grundwasserstand in Haithabu und dementsprechend der mittlere Wasserspiegel im Noor müssen zur Zeit der Besiedlung niedriger gelegen haben als heute.

Die Bewohner Haithabus waren Fernhändler, die zu verschiedenen Völkern gehörten. Handwerker stellten am Ort auch selbst Waren her oder verarbeiteten andere weiter. Die Handelsbeziehungen Haithabus reichten vom friesischen Dorestad am Niederrhein bis nach Norwegen und Schweden, über die russischen Ströme Dnjepr und Wolga ging der Handel bis zum Schwarzen und Kaspischen Meer. Schwerter, Tuche, Töpferware, Wein und Glas kamen aus dem Westen, Pelze, Walroßelfenbein, Schiffstaue aus Walroßhaut und Specksteingefäße aus Skandinavien, Bernstein aus dem Samland, Seide, Brokat und Edelmetall aus Bagdad und Byzanz. Ein wichtiges Handelsgut waren Sklaven.

Seine größte Blütezeit scheint Haithabu im 10. Jh. erlebt zu haben. Im 11. Jh. wird es umkämpft und mehrmals niedergebrannt, endgültig durch ein Slawenheer 1066. Die Nachfolge Haithabus trat Sliaswik-Schleswig an. Während im Innern des Ringwalls schon systematische Ausgrabungen stattfanden, harren auf dem Grund des Noores die Reste verbrannter Schiffe noch der Erforschung.

31 *Über den dunkelgrünen Wall von Haithabu geht der Blick auf das Haddebyer Noor und die Kleine Breite der Schlei mit der Zuckerfabrik. Hinter der baumbestandenen Hochburg (links) ist die Kirche von Haddeby versteckt. – Blickrichtung: NO*

32 *Die beiden Quellflüsse der Treene, Kielstau (links) und Bondenau, bauen jeder ein Delta in den Treßsee hinein, der rasch verlandet. Frühjahr. – Blickrichtung: W*

33 *Das flache Wasser des Sees wird von Pflanzen fast ganz bedeckt. Sommer. – Blickrichtung: W*

Deltabildung und Verlandung am Treßsee

Die beiden Luftbilder zeigen den Treßsee im Spätwinter (25. 3. 1972) und im Sommeraspekt (27. 8. 1972). Das obere Bild läßt erkennen, daß der See in einer Senke liegt, deren Ränder durch dunkle Gehölze markiert werden. Im Hintergrund rechts liegen drei kleine blaue Gewässer; es sind natürliche Weiher in den Senken eines Binnendünengebietes, das man an seinen bräunlichen Tönen gut ausmachen kann. Das Gebiet am Treßsee, in dem noch Kolkrabe, Habicht und Gabelweihe horsten, steht unter Landschaftsschutz.

Vom unteren Bildrand her ziehen zwei Rinnen zum See hin, es sind die Mündungen der Bäche Bondenau (links) und Kielstau. Die Bondenau folgt einem eiszeitlichen Tunneltal (S. 30), das vom Tal der Lippingau an der Geltinger Bucht nach SW führt, und von dem das Becken des Treßsees einen Teil bildet. Es endete im Gletschertor von Oeversee (am oberen Bildrand), von dort aus flossen die Schmelzwasser der Nordsee zu.

Am Beispiel des Treßsees sollen die sich in ihrer Wirkung ergänzenden Vorgänge der Deltabildung und Verlandung untersucht werden.

Deltabildung. Die Zuflüsse bringen mineralisches Material: Sand und Tontrübe, dazu organische Stoffe: Pflanzenteile und auch Schmutzstoffe aus Abwässern in den See. Die Bondenau war jahrelang mit ungereinigten Abwässern von einer Fleischwarenfabrik in Satrup stark belastet.

Die Feststoffe lagern sich in gleichem Maße ab, wie die Fließgeschwindigkeit abnimmt, also die gröberen Teile zuerst, seitlich des Hauptbettes und beim Übergang zu tieferem Wasser, die feinen Tonteilchen werden in großen Seen weit vom Ufer entfernt abgesetzt. Leicht kommt es zu einer Verzweigung des Zuflusses, was auf Bild 32 auch unter Wasser zu sehen ist. Durch Pflanzen des Röhrichts (auf Bild 33 graugrün = Schilf, dunkelgrün = Flechtbinse) werden die frischen und oft noch weichen Sedimente besiedelt und festgelegt. Dabei können kleinere Mündungsarme, wie bei der Kielstau zu sehen ist, ganz zuwachsen, so daß das Wasser durch einen dichten Pflanzenbestand durchsickern muß. Wenn sich das Delta immer weiter vorschiebt, bleiben beiderseits Restwasserflächen übrig, die nun der normalen Verlandung unterliegen.

Auf beiden Bildern sieht man mitten im See eine freie Bahn in Verlängerung der Bondenau. Sie ist als 15 m breite gebaggerte Rinne zusammen mit dem kanalartigen 6 m breiten Bachbett der Bondenau 1964 hergestellt worden.

Verlandung. Wenn im Herbst die Pflanzen der Uferzone, vermehrt um eingewehtes Laub, absterben, sinken die Pflanzenreste zu Boden, sie können aber auch von windbedingten Strömungen fortgetragen und an einer ruhigen Stelle abgesetzt werden. In den großen und tiefen Seen liefern die abgestorbenen Einzeller des Planktons die größten Schlammassen, ganz besonders in eutrophierten Seen, die deshalb auch schneller verlanden als nicht überdüngte Gewässer. Hier kommt es außerdem zur Bildung von giftigem Faulschlamm (S. 26).

Sobald der Seegrund genügend weit aufgehöht ist, kann er von den Pflanzen der Uferzone besiedelt werden. Diese durchwurzeln den Schlamm, der damit festgelegt wird. Seerosen, die im Treßsee enorm dichte Bestände bilden, Teichrosen, aber auch Krebsschere und Laichkräuter können große Massen zur weiteren Aufhöhung des Seebodens liefern. Zwischen den größeren Pflanzen können sich noch kleinere, wie Wasserpest und auch Algenwatten, ausbreiten. Von der biologischen Massenproduktion eines verlandenden Sees gibt Bild 33 eine gute Vorstellung.

Wenn die Tiefe des Sees ausgefüllt ist, wie es im Treßsee mit 16 m Schlamm der Fall ist, verändert der See seinen Charakter und nimmt die Eigenschaften eines Weihers an (S. 69). Der Fischbestand verschiebt sich; unter Eis und in trockenen Sommern treten Fischverluste ein, wo nicht wie im Treßsee ein Fließgewässer frisches Wasser zuführt.

Endlich siedelt sich das Röhricht an, dessen Bülten zunächst als Pioniere einzeln zwischen den Schwimmblattpflanzen stehen, aber bald zu mehr oder weniger geschlossenen Flächen zusammenwachsen. Im Röhricht ist die Materialproduktion groß, auch oberhalb des Wasserspiegels. Als letztes Stadium der Verlandung stellt sich der Erlenbruchwald ein, wie im Delta der Bondenau zu sehen.

Durch die Verlandung findet jede Art von Gewässernutzung ein Ende. Man wird eines Tages dahin kommen, manche verlandete Seen durch Ausbaggern zu verjüngen.

Der Mötjensee - ein verlandender See

Auf der Geest und im Grenzraum Geest – Marsch gibt es nur wenige Seen. Der Mötjensee ist zwar viel jünger als die Toteisseen des Hügellandes, weil er jedoch von Anfang an flach war, ist seine Verlandung schon weit fortgeschritten, beim benachbarten Steller See ist sie schon vollendet.

Der altdiluviale Geestvorsprung bei Heide wurde ab etwa 4000 v. Chr. vom Meer angegriffen. Aus dem abgetragenen Sand wurde nach N hin die 10 km lange Lundener Nehrung aufgebaut, die mit dem Sylter Nordhaken Kampen – List grob vergleichbar ist. Auch auf die geschützte Ostseite der – zunächst noch kurzen – Nehrung drang das Meer vor; es bildete sich ein ruhiges Watt, das bis an die Geest bei Kleve reichte. Von SO her floß vermutlich schon Süßwasser aus dem Tal der Broklandsau zu.

In dem Maße, in dem sich die Nehrung nach N verlängerte und hochgelegene Marschen im Gebiet der unteren Eider entstanden, ließ der Meereseinfluß nach, und es bildete sich ein Brack- und Süßwassersumpfgebiet aus, in dem Niederungs- und zum kleineren Teil auch Hochmoore entstanden. Dieses Moor liegt heute mit 0,5 bis 1,5 m Mächtigkeit auf dem Marschuntergrund. Es überzog die Fläche nicht gleichmäßig, sondern wuchs von den Rändern her vor, da und dort an den tieferen Stellen einen See übriglassend. Nach und nach sind alle diese Seen bis auf den Mötjensee bereits verlandet.

Die offene Wasserfläche des Mötjensees hat nur noch eine Größe von 6,5 ha. Das im Spätwinter aufgenommene Bild zeigt die Ocker- und Brauntöne des überjährigen Röhrichts, gegen sich das dunkle Wasser scharf abhebt.

Eine Vegetationskarte des Mötjensees zeigt etwa folgendes Bild: Die Röhrichtinseln im See bestehen vorwiegend aus Teichbinsen. Im nordwestlichen bis nordöstlichen Randgebiet setzt sich die Röhrichtzone vor allem aus Teichbinse und Schmalblättrigem Rohrkolben zusammen. Im übrigen wird der Hauptröhrichtstreifen in 200–300 m Breite vom Schilf gebildet. Die Entstehung der kreisrunden Inseln kann man sich so vorstellen: Zunächst faßt eine Einzelpflanze oder eine schwimmende Bülte Wurzel, dann setzt das radiale Wachstum im gleichmäßig flachen Wasser ein. Die dunklen Linien auf der großen Insel sind Pfade von Wasser-

vögeln. Die größte Insel mit einem Durchmesser von etwa 150 m ist bereits landfest geworden (Bildmitte).

Im W schließen sich größere Seggenriedflächen an den Schilfgürtel an. Ein schon gänzlich verlandeter südlicher Seeteil trägt noch Schilf, doch sind trockenere Flächen schon mit Hundsstraußgras und Pfeifengras bewachsen. Je weiter man vom See nach außen kommt, desto mehr treten die Pflanzenbestände des kultivierten Grünlandes hervor, allerdings sind sie so mit Sauergräsern durchsetzt, daß man nur von „Halbkultur" sprechen kann.

Eine intensive Nutzung scheitert vor allem an dem hohen und jahreszeitlich stark schwankenden Wasserstand. Zu dem Vorfluter dieses Raumes, der Broklandsau (Bild 47, S. 76), besteht nur selten ein Gefälle, so daß das Gebiet um den Mötjensee oft überschwemmt ist. Eine Inwertsetzung durch Entwässerung wäre nicht rentabel.

Deswegen plant man, diesen Raum aus der Kultur zu nehmen und sich selbst zu überlassen. Im Laufe der Zeit würde sich dann eine naturgemäße Regeneration der Pflanzen- und Tierwelt von selbst vollziehen, als Endstadium würden sich ausgedehnte Bruchwälder und Schilfsümpfe einstellen, wie sie hier einst schon bestanden haben. Der Lebensraum für die seltenen Tiere, insbesondere Vögel, die jetzt am Mötjensee ein Rückzugsgebiet haben, unter anderem Uferschnepfe, Rohrweihe und Wiesenweihe, gelegentlich Bartmeise, würde wieder vergrößert.

Der Mötjensee ist im Sommer fast unzugänglich. Kommt man aus der kniehohen Seggenwiese in das Röhricht, so versinken die Gummistiefel tief im Morast, während die übermannshohen Schilfhalme über dem Eindringling zusammenschlagen. Vielleicht stößt man auf eine Reihe ausgelegter Bretter, die ein leichteres Vorwärtskommen und auch eine Orientierung ermöglichen. Solche Pfade zeigen, daß dieser Raum doch gelegentlich aufgesucht wird: für Jäger sind die abgelegenen, schilfumstandenen Wasserflächen ergiebig, besonders zur Zeit des herbstlichen Vogelzuges.

Im Winter, wenn der Frost den Boden tragfähig gemacht hat, beginnt das Reetschneiden, die einzige lohnende Nutzung dieser Naturlandschaft. Das Luftbild läßt die Spuren der Mähmaschinen an vielen Stellen gut erkennen.

34 *Das dunkelbraune Wasser des verlandenden Sees verrät den moorigen Untergrund. Schilfinseln breiten sich im flachen Wasser kreisförmig aus. – Blickrichtung: O*

35 *Die rotbraunen und ockergelben Farben des überjährigen Schilfs charakterisieren den ehemaligen Seeboden. Rechts auf Warften liegen die Gehöfte der ehemaligen „Hallig" Bundesgaard; im Hintergrund sieht man die Wiedingharde. Im Dunst der Ferne den Hindenburgdamm und die Insel Sylt. – Blickrichtung: W*

Der trockengelegte Gotteskoogsee

Die Wiedingharde war bis 1566 eine Insel; sie schirmte den niedriggelegenen Raum dahinter vom Meer weitgehend ab. Ähnlich wie im meerfernen Eidergebiet (S. 94) wirkten sich hier zwar die Gezeiten weit landeinwärts aus, der Flutstrom führte aber nur wenig schlickhaltiges Wasser heran. Die Aufschlickung unterblieb.

Nach der Bedeichung des Gotteskooges (1562–1566) sammelte sich das Niederschlagswasser aus rund 10 000 ha Marsch und auch aus einem großen Geestgebiet in dem Gotteskoogsee, dem Aventofter See, dem Hülltofter Tief und drei weiteren Seen. Zu den Entwässerungssielen bei Südwesthörn und bei Ruttebüll war die Entfernung groß und das Gefälle gering. So kam es alljährlich zu sehr großen Überschwemmungen im Gotteskoog. Viele Landeigner, deren allzu feuchtes Land keinen Ertrag abwarf, und die infolgedessen die auf dem Land ruhenden Deichlasten nicht aufbringen konnten, gaben ihr Land auf und überließen es dem Landesherrn.

Nur von den höheren Rändern her und von den wenigen gleichfalls überschwemmungsfreien „Halligen" aus (Mitte rechts) konnte ein Teil des Landes im Gotteskoog genutzt werden. Im See wurde Fischerei betrieben, mit Reusen fing man im Herbst den Aal in den großen Sielzügen. Im Winter wurde bei Frostwetter das Reet geschnitten.

Im übrigen blieb der Gotteskoogsee bis etwa 1930 eine Naturlandschaft. In den ausgedehnten Schilfbeständen, die den See umgaben, nisteten Wasser- und Sumpfvögel, unter anderem Rohrweihe, Rohrdommel, Sumpfohreule und Kranich, zahlreiche Entenarten und Regenpfeifer, darunter Kampfläufer und Säbelschnäbler. Im Herbst fielen Zehntausende von Zugvögeln auf den einsamen Wasserflächen ein. Im See lebten Aal, Hecht, Zander und Barsch, Plötze, Rotfeder, Brasse, Schlei und Quappe.

Im Jahre 1926 gab es im Gotteskoog noch 822 ha Wasserflächen, von denen 500 ha auf den Gotteskoogsee entfielen, dessen Tiefe rund 2 m betrug. Der Wasserspiegel lag im Sommer bei etwa NN −0,6 m, im Winter beträchtlich höher, ungefähr bei NN ±0,0 m.

In 350 Jahren war es trotz vieler Bemühungen – unter anderem mit Windmühlen – nicht gelungen, den Gottes-

koog so weit zu entwässern, daß die Überschwemmungsflächen landwirtschaftlich genutzt werden konnten. Erst nach dem Ersten Weltkrieg konnte diese Aufgabe gelöst werden. 1928 wurde das Schöpfwerk Hemenswarf bei Südwesthörn gebaut, es hatte 5 Pumpaggregate von je 2 m³/sek Leistung. Ihm folgte 1932/1933 das Schöpfwerk Verlath an der Wiedau mit zwei Aggregaten von je 5 m³/sek. Der Spiegel des Gotteskoogsees sollte auf etwa NN − 1,20 m abgesenkt werden. Während das Schöpfwerk Verlath zufriedenstellend arbeitete, erfüllte das in Hemenswarf die Erwartungen nur teilweise, vor allem wegen der langen Sielzüge, die den Wasserzufluß zu den Pumpen hemmten.

Der Erfolg dieser Entwässerungsmaßnahmen bestand darin, daß die Überschwemmungen verhindert wurden; große Flächen waren jedoch wegen des weichen Moorbodens und wegen des zu hohen Grundwasserstandes nicht ackerfähig. Der Gotteskoogsee wurde auf etwa 300 ha verkleinert; besonders im nördlichen Teil verlandeten große Flächen. Von den übrigen Seen verblieben nur noch 44 ha.

Um 1950 wurde der Wasserspiegel noch weiter (auf NN − 2,0 m) abgesenkt, indem man die Schöpfwerke auf insgesamt 35,5 m³/sek Pumpkapazität erweiterte. Damals kam es vor allem darauf an, möglichst viel Land für die Ansiedlung von Flüchtlingsbauern zu gewinnen. Seitdem ist der See nun bis auf Restflächen verschwunden, der Seeboden ist von Schilf besiedelt worden. Auch in die neuen Sielzüge, die man durch den Seeboden geführt hat, dringt das Schilf vor.

Das Wasser der Restflächen ist salzhaltig. Durch den Untergrund aus eiszeitlichen Talsanden steht der Gotteskoog unter der Wiedingharde hindurch mit dem Wattenmeer in hydrostatischer Verbindung. Früher schwamm auf dem schwereren Salzwasser die leichtere Süßwasserschicht des Sees und des mit ihm korrespondierenden Grundwassers. Nachdem die Süßwasserschicht abgepumpt war, konnte das Salzwasser empordringen. Zahlreiche Salzpflanzen gedeihen auf dem trockengelegten Seeboden.

Es wäre landschaftsökologisch sinnvoll, die ehemalige Seefläche wieder in einen See zu verwandeln. Die Versalzung würde dann rückgängig gemacht und der Landschaft ein ursprüngliches Element zurückgegeben.

Strandseen auf Fehmarn

Die Nordküste Fehmarns ist eine typische Ausgleichsküste, deren Strandwälle im Abschnitt Markelsdorfer Huk– Puttgarden jedoch nicht an Steilküsten ansetzen, sondern dem diluvialen Kern der Insel, der an den gelblichen Äckern im rechten Bildteil erkennbar wird, frei vorgelagert sind. Das Material für diese Strandwälle stammt überwiegend von der Abrasionsfläche, die vor dem Strand liegt, zum Teil aber auch von einer Insel bei Westermarkelsdorf, die schon vor mehr als 350 Jahren von der Brandung abgetragen worden ist.

Zwischen dem flachen Moränenhang und den Strandwällen sind auf 9 km Länge Strandseen vorhanden, die gemeinsam als „Nördlicher Binnensee" bezeichnet werden. Ein Blick auf eine alte Landkarte zeigt ebenso wie der einheitliche Name für diese Gewässer, daß hier ursprünglich ein großer, zusammenhängender Strandsee bestand. Der „Nördliche Binnensee" stand früher in offener Verbindung mit der Ostsee und hatte eine wesentlich größere Flächenausdehnung als heute. Seit dem Jahre 1955 hält ein Schöpfwerk den Wasserstand auf reduzierter Höhe. In der aus den zwanziger Jahren stammenden Seenstatistik von Schleswig-Holstein wird die Gesamtgröße der nördlichen Seenkette mit 341 ha angegeben. Heute dürfte die reine Wasserfläche kaum noch halb so groß sein. An der West- und Südküste Fehmarns sind die Verhältnisse ähnlich; auch hier liegen mehrere Strandseen an der Küste.

Im Vergleich zu unseren übrigen Binnenseen sind die Strandseen auf Fehmarn außerordentlich seicht. Ihre Wassertiefen liegen im allgemeinen nur zwischen 0,30–0,70 m. Es ist also keine ausgesprochene Boden- oder Tiefenregion vorhanden, sondern die gesamte Seenfläche besteht eigentlich nur aus Uferregion. Die geringe Tiefe ist jedoch in diesem Fall entgegen der Norm produktionsbiologisch nicht positiv zu bewerten. Infolge der trüben gelblich-braunen Wasserfärbung fehlen Unterwasserpflanzenbestände weitgehend, und das tierische Plankton wie auch die Besiedlung des Bodens der Gewässer mit Fischnährtieren sind meist nur spärlich entwickelt. Die natürliche fischereiliche Bonität dieser Strandseen ist daher gering, zumal sie bei nicht sachgemäßer Bewirtschaftung stark mit Weißfischen übervölkert

sind. Um die Produktionsmöglichkeiten in diesen Gewässern zu verbessern, hat man auf Fehmarn schon frühzeitig die teichwirtschaftliche Nutzung mit der Karpfenhaltung unter Anwendung von Düngung und Fütterung eingeführt. Die Entwicklung der Teichwirtschaft auf der Insel ist eng verbunden mit dem Namen der Familie Franck. Sie schuf im letzten Jahrzehnt des vorigen Jahrhunderts an der Westküste Fehmarns auf einer im Jahre 1864 neu eingedeichten Fläche das Teichgut Wallnau und verwandelte mit der Umstellung auf die Teichwirtschaft den zunächst trockengelegten und als Viehweide genutzten ehemaligen Kopendorfer See wieder in eine Wasserfläche zurück. Die Teichflächen erreichten teilweise eine Größe von 400 ha und ließen damit Wallnau zur größten Teichwirtschaft Schleswig-Holsteins werden. Heute wird ein wesentlicher Teil der flachen Teiche auch zur Reetgewinnung genutzt.

Das Vorbild des Teichgutes in Wallnau hat eine ähnliche Form der Karpfenteichwirtschaft auch an den meisten anderen Strandseen Fehmarns wie dem Sahrensdorfer Binnensee, der Sulsdorfer Wik und im Gammendorfer wie Wenkendorfer Teil der nördlichen Seenkette eingebürgert. Diese Ausbreitung der Teichwirtschaft ist deshalb bemerkenswert, weil für die Einrichtung von Teichen in den häufig unter Meeresniveau liegenden Niederungen das Gefälle fehlt, das allgemein als wichtige Voraussetzung für die Anlage von Teichen angesehen wird. Die teichwirtschaftlich genutzten Gewässer auf Fehmarn müssen deshalb alljährlich zur Abfischung im Herbst leergepumpt werden. Dafür eingesetzte Windturbinen oder Dieselpumpen ersetzen hier die fehlende Vorflut.

Die Binnengewässer und Strandseen Fehmarns mit ihren ausgedehnten Reetflächen sprechen in ihrer landschaftlich reizvollen Eigenart und mit dem reichhaltigen Vogelleben den Naturfreund besonders an. Namentlich das unter Landschaftsschutz stehende Wallnauer Teichgebiet ist ein Vogeldorado, in dem fast alle auf den Binnengewässern Mitteleuropas vorkommenden Wasservogelarten zur Brutzeit oder während des Durchzuges anzutreffen sind. Von den Strandwällen und Deichen aus kann man zur Zugzeit die Wasservögel gut beobachten.

36 *Im N Fehmarns ist die Ausgleichsküste fast „ausgereift".*
Hinter dem Strandwall liegt eine ganze Kette von flachen
Strandseen mit breiten Verlandungszonen. – Blickrichtung: O

37 *Der Barsbeker See ist erst durch den Menschen zum Binnengewässer geworden; der Haken Bottsand dahinter deutet die natürliche Entstehung eines Strandsees an. Im Hintergrund die Strander Bucht mit dem Olympiazentrum, rechts hinten Bülk. – Blickrichtung: W*

Der Barsbeker See in der Probstei

Der Barsbeker See ist Teil einer langgestreckten küsten-parallelen Niederung, die von Wendtorf bis Stakendorf reicht. Das moorige, großenteils unter NN liegende Gebiet wird im N durch einen Strandwall von mehr als 10 km Länge gegen die Ostsee abgeschlossen. Dieser Strandwall ist – weiter seewärts – in einem früheren Stadium der Küsten-entwicklung entstanden, und während er von O nach W wuchs, ist er gleichzeitig mit dem Anstieg des Meeres-spiegels auf dem flachen Strand immer weiter nach S ver-lagert worden. Deswegen finden sich landwärtsgebogene Haken nur ab Heidkate. Den jüngsten Haken – Bottsand – sehen wir in kräftigem Wachstum von rechts nach links.

Bei dieser Küstenentwicklung blieb nur im W, zur Kieler Förde hin, eine Öffnung, durch welche die Fernau in die Ostsee entwässerte und durch die sich andererseits bei Sturmfluten der Einfluß des Meeres bis nach Schönberg hin auswirkte. Der Name „Salzwiesen" deutet diesen einstigen Zustand noch an, ebenso die Tatsache, daß die alten Sied-lungen alle auf höherem, sturmflutfreiem Gelände liegen. Nach Johann Mejers Karte von 1649 endete die Küste bei Heidkate; zwischen Wisch und Wendtorf reichte eine Bucht, in der man den heutigen Barsbeker See schon erkennen kann, tief ins Land. Die zum Teil prielartig gewundenen Wasserläufe charakterisieren das Gebiet um den Barsbeker See noch heute als einen ehemaligen Grenzraum zwischen Meer und Festland.

Um die Salzwiesen besser ausnutzen zu können, baute man 1821 einen ersten Deich, der zwischen Wisch und Heid-kate die Niederung nach Westen hin abschloß. Zur Ostsee hin bot der Strandwall hinreichenden Schutz. Nach der Sturmflut von 1835, die den Deich weitgehend zerstörte, legte man weiter westlich den Barsbeker Deich an, von dem im Vordergrund rechts – durch den Feldweg markiert – ein Stück zu sehen ist. Der Barsbeker See stand weiterhin (in Bildmitte) mit der Ostsee in offener Verbindung.

Der Barsbeker Deich wurde, nachdem er schon vorher mehrmals beschädigt worden war, in der Sturmflut vom 13. 11. 1872 wiederum durchbrochen, blieb jedoch ausbesse-rungsfähig. Von dieser Sturmflut, die auch über die Strand-wälle hinwegging, wurde die gesamte Niederung mit Salz-

wasser überschwemmt. Nachdem 1880 der Deich- und Ent-wässerungsverband Probstei gegründet worden war, legte man 1882 einen neuen, dritten Deich an, der den Barsbeker See mit einschloß und ihn so zum Binnengewässer machte. Zugleich legte man im bisherigen Strandwall ein neues Siel an, zu dem vom See aus zwei Entwässerungskanäle (am Deich entlang und rechter Bildrand) führen; deutlich kann man Abfluß und Zufluß (mit Delta) unterscheiden. 1882 wurde außerdem der Strandwall zum Deich ausgebaut.

Seit 1920 begann man, die Probsteier Salzwiesen durch Schöpfwerke zu entwässern, seither dauert die Sackung des trockengelegten Moorbodens an. Trotz der Entwässerung herrscht die grüne Farbe vor, sie zeigt, daß die ehemaligen Salzwiesen heute noch überwiegend Dauergrünland sind.

Seit der Bedeichung ist der Barsbeker See etwa zur Hälfte verlandet; das Luftbild läßt noch deutlich seine alten Um-risse erkennen. Die Schilfgürtel, zum Teil mit Ansätzen von Bruchwaldvegetation, sind im Mittel 100 m breit. Der flache See (0,5–1,0 m) ist fischereilich nur von geringer Bedeutung.

Ebenso wie das Naturschutzgebiet Bottsand auf dem Sandhaken (Mitte rechts) ist der Barsbeker See, der durch die breiten Schilfufer praktisch unzugänglich ist, Ort eines rei-chen Vogellebens, das man mit dem Fernglas vom Deich aus nach beiden Seiten gut beobachten kann. Vom Standpunkt des Naturschutzes aus ist deshalb der Standort des Ferien-zentrums Wendtorf, das sich zur Zeit der Aufnahme (24. April 1972) noch im Bau befand, nicht sehr glücklich gewählt.

Das Niederungsgebiet der Probsteier Salzwiesen ist hin-sichtlich seiner Wasserversorgung, besonders für den stei-genden Bedarf der Erholungswirtschaft, auf Zufuhr aus dem Jungmoränengebiet (Wasserwerk Fiefbergen) angewiesen.

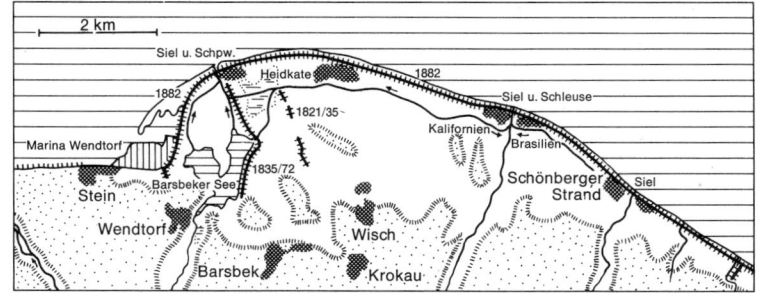

Der Nord-Ostsee-Kanal

In Bildmitte sieht man ein Stück des Schleswig-Holsteinischen Kanals, des ersten Seekanals zwischen Nord- und Ostsee, der mit einer Spiegelbreite von 31 m von 1777–1784 erbaut wurde. Deutlich erkennt man den Unterschied in der Größenordnung der beiden Wasserstraßen.

Der Nord-Ostsee-Kanal ist 98,7 km lang. In der ersten, 1887–1895 erbauten Ausführung hatte er die Maße (Spiegelbreite/Sohlenbreite/Tiefe): 67/22/9 m; 1907–1914 wurde der Kanal auf 102/44/11 m erweitert. Elf Weichen ermöglichten größeren Schiffen das Passieren des Gegenverkehrs.

Seit 1950 hat der Verkehr auf dem Kanal, ganz besonders mit großen Schiffen, so sehr zugenommen, daß man seit 1966 den Kanal nochmals beträchtlich erweitert. Nach Abschluß dieses Programms wird er auf 85 km Länge Abmessungen von mindestens 162/90/11 m und eine Gesamtfläche von rund 1620 ha aufweisen. Die hellen Ufer im Hintergrund markieren eine der Baustellen.

Der Kanalbau hat die Abflußverhältnisse, vor allem des Eidergebietes, sehr verändert (S. 90). Der Kanal schneidet die Eider ab und dazu zahlreiche kleinere Wasserläufe, die ehemals Eiderzuflüsse waren; weiter im SW zerschneidet der Kanal das Einzugsgebiet der Wilsterau/Stör. Insgesamt entwässern 158 000 ha in den Nord-Ostsee-Kanal, der damit einer der größten Vorfluter Schleswig-Holsteins geworden ist; von dieser Fläche werden 25 000 ha durch zwanzig Schöpfwerke künstlich in den Kanal entwässert.

Im Durchschnitt müssen rund 630 Mio. m³ im Jahr, das sind rund 20 m³/sek, durch den Kanal abfließen. Dies geschah bisher vorzugsweise in Brunsbüttel und nur in geringem Umfang in Holtenau, daher bewegt sich das Wasser im Kanal langsam von O nach W. In Holtenau dringt bei jedem Durchschleusen Ostseewasser mit etwa 1,8 % Salzgehalt in den Kanal ein. Von Holtenau in Richtung Brunsbüttel nimmt der Salzgehalt im Kanal ab; im gleichen Maß verschiebt sich auch der Bestand an Tier- und Pflanzenarten. Im ganzen Kanal gibt es Lebewesen des Brackwassers; östlich von Rendsburg kommen daneben auch marine Arten vor, wie die Miesmuschel und der Bohrwurm; im SW von Rendsburg treten zunehmend reine Süßwasserarten auf.

Seit kurzem bemüht man sich, den Kanal mehr als bisher in Holtenau zu entwässern, um ihn annähernd auszusüßen. Der Bohrwurm, eine Muschel, die Holz zerstört, würde aus dem Kanal verbannt, das Wasser könnte für industrielle und landwirtschaftliche Zwecke genutzt werden.

Der Nord-Ostsee-Kanal spielt auch als Fischereigewässer eine Rolle. Berufsfischer fangen Aal, Hering (vor allem bei Schirnau) und Zander. Außerdem ist der Kanal Pachtgewässer des Landessportfischerverbandes, der alljährlich rund siebzig Zentner Besatzfische, hauptsächlich Karpfen, in den Kanal einsetzt. Östlich von Rendsburg angelt man auf Flunder, Aal und Meerforelle, im südwestlichen Kanalabschnitt Aal, Zander, Karpfen, Hecht und Weißfischarten.

Wasserstand und Strömungen werden im Kanal durch die Zuflüsse und durch den Wind beeinflußt. Kurzzeitige Strömungen, die bis über 2 m/sek erreichen können, werden vom Sog der Schiffe hervorgerufen. Wegen des Schiffsverkehrs friert der Kanal nur selten zu. Die Verschmutzung durch organische Abwässer hält sich bisher in erträglichen Grenzen; aus Schiffen gelangen, besonders an Ölumschlagplätzen, des öfteren größere Ölmengen, als erträglich sind, ins Wasser, und ein Spaziergang am Ufer zeigt, daß immer noch viel über Bord geworfen wird.

Die Ufer des Kanals sind meist mit Steinböschungen befestigt, teilweise, wie an den ehemaligen Obereiderseen, sind sie auch als natürliche Schilfufer ausgebildet. Die Pfade entlang der Kanalufer bieten viele Möglichkeiten zu Spaziergängen, besonders auf den eingeschnittenen Strecken zwischen Kiel und Rendsburg. Von Rendsburg bis zur Fähre Breiholz kann man im Auto am Kanal entlangfahren.

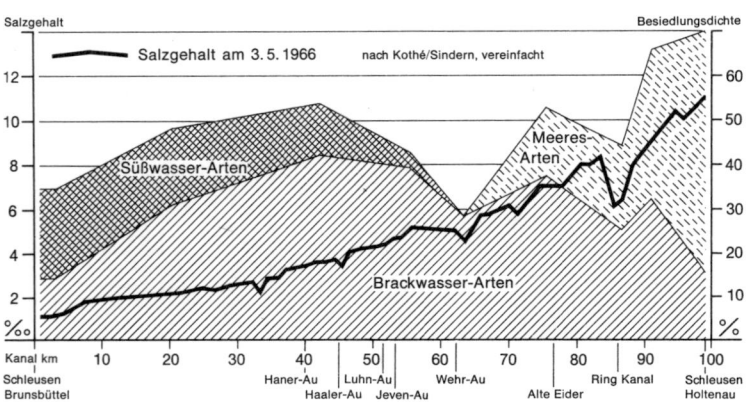

38 Das weitaus größte künstliche Binnengewässer des Landes verbindet die salzige Ostsee mit der – bei Brunsbüttel noch brackwasserführenden – Elbe. In der Weiche bei Groß-Nordsee begegnen sich Schiffe. Rechts das Gut Rosenkranz. – Blickrichtung: W

39 *Zwei mit Kies beladene Flußschiffe werden abgeschleust,*
ein leeres wartet in Gegenrichtung. Links hinter den drei
„Sparbecken" der Stecknitzkanal. Rechts oben die Elbe. –
Blickrichtung: SW

Der Elbe-Lübeck-Kanal

Die Lübecker Kaufleute nutzten seit dem 12. Jh. einen von einer eiszeitlichen Schmelzwasserrinne vorgezeichneten Wasserweg, um das zur Fischkonservierung (Salzhering) wichtige Lüneburger Salz heranzuschaffen. Man brachte es in Booten die Delvenau aufwärts bis in die Nähe von Mölln, von wo es mit Pferdefuhrwerken über die Wasserscheide gefahren und auf der Stecknitz und Trave wieder in Booten weiterbefördert wurde.

In den Jahren 1390–1398 wurde ein Schiffahrtsgraben zwischen Delvenau und Stecknitz ausgehoben, so daß man von da an mit den relativ kleinen Booten (10–20 m lang und 2–3 m breit) von Lüneburg direkt bis zu den Salzspeichern in Lübeck fahren konnte. Diese 93 km lange Wasserstraße erhielt den Namen „Stecknitzkanal", er gilt als älteste künstliche Binnenwasserstraße in Nordeuropa. Im Laufe der Zeit wurden siebzehn Stauanlagen eingebaut, um für die Kanalfahrt günstigere Wassertiefen und Strömungsgeschwindigkeiten zu erreichen. Die meisten Stautore wurden im 19. Jh. durch Kammerschleusen ersetzt. Die Palmschleuse bei Lauenburg ist aus dieser Zeit noch erhalten, sie steht unter Denkmalschutz. Der Schiffahrtsgraben wurde bis 1823 von 7,5 auf 12 m Spiegelbreite und von 0,85 auf 1,44 m Wassertiefe ausgebaut und 1845 nochmals erweitert, so daß die Kanalschiffe, die bis dahin nur 7,1 t faßten, nun 30 t laden konnten. Die Kanalfahrt zwischen Lauenburg und Lübeck dauerte um die Mitte des 19. Jh. zwei bis drei Wochen, in längeren Trockenwetterzeiten auch noch länger. In der Blütezeit, das heißt bis 1500, steuerten die Stecknitzfahrer bis zu 1200 Schiffsladungen (das waren etwa 1600 t) im Jahr durch den Kanal, ab 1764 waren es weniger als 100. Nach dem Bau der Lübeck-Hamburger Eisenbahn (1865) sank der Kanalverkehr gänzlich ab, der Kanal verfiel.

Obwohl man schon seit dem 17. Jh. weitergehende Verbesserungspläne ausgearbeitet hatte, kam es nicht zu deren Ausführung. Nach dem Bau des Nord-Ostsee-Kanals sah man jedoch in Lübeck die Wettbewerbsfähigkeit des Hafens stark bedroht und entschloß sich zum sofortigen Bau eines modernen Kanals.

Die Gesamtlänge der neuen 1896–1900 angelegten Wasserstraße, die etwa dem Lauf des alten Stecknitzkanals folgt, beträgt 67 km, darin sind die Endhäfen in Lübeck (5,6 km) und Lauenburg eingeschlossen. Unser Bild zeigt die Schleuse Lauenburg und die 1,5 km lange Verbindung zur Elbe (oben rechts). Die Anzahl der Schleusen wurde auf sieben vermindert und die Scheitelhaltung auf 30 km verlängert. Zugleich konnte der früher häufige Wassermangel behoben werden, denn das auf 420 km² erweiterte Niederschlagsgebiet der Scheitelhaltung liefert jetzt die für den Betrieb des Kanals erforderliche Wassermenge. Die Schiffe passieren den Kanal nun in 12 bis 14 Stunden. Um sie schnell und mit möglichst geringen Wasserverlusten durchschleusen zu können, wurden Sparkammern angelegt (im Bild links), von denen jede eine Wasserfläche von 2280 m² hat.

Der 1900 in Betrieb genommene Elbe-Trave-Kanal wurde 1936 in Elbe-Lübeck-Kanal umbenannt. Noch vor 20 Jahren lobte man diese Wasserstraße, weil sie in der Lage sei, die größten Elbkähne, das heißt Schiffe von über 1000 t, aufzunehmen. Damals war Lübeck der Ostseehafen für Sachsen-Thüringen. Nach dem Krieg hat der Verkehr auf dem Kanal wieder stark zugenommen (Lauenburg 1972: 2,5 Mio. t). Dabei handelt es sich jedoch zum größten Teil um Kies und Sand, die am Kanal billig gewonnen werden können und die dann – wie auch das Bild erkennen läßt – in Kähnen in Richtung Hamburg gebracht werden.

Der jetzt vorgesehene Ausbau steht im Zusammenhang mit dem in Bau befindlichen Elbe-Seitenkanal, der das Ruhrgebiet und den Industrieraum Hannover-Braunschweig mit der Elbe verbinden wird. Da der Elbe-Lübeck-Kanal dessen Fortsetzung zur Ostsee hin darstellt, ist es erforderlich, ihn auf die gleiche Leistungsfähigkeit zu bringen.

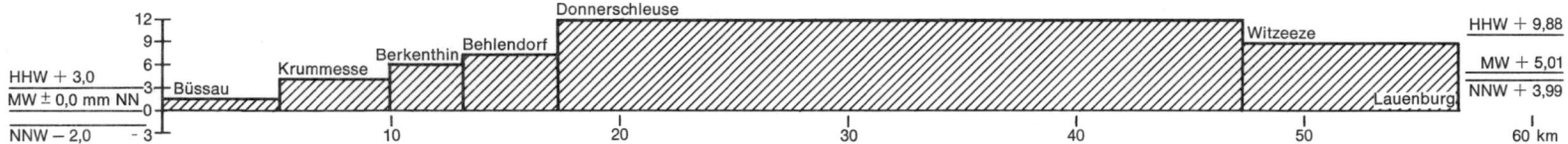

Baggersee an der Autobahn

Künstliche Gewässer wurden früher als Mühl- und Fischteiche meist durch Aufstau von Bächen angelegt. In unserer Zeit werden in zunehmender Zahl auch die Eintiefungen im Gelände künstlich geschaffen, in denen sich Wasser sammelt. In der Regel geschieht dies freilich nicht, um ein Gewässer zu erhalten, sondern als ein Nebeneffekt bei der Gewinnung größerer Rohstoffmengen wie Kreide, Ton, Mergel, Torf und vor allem von Kies und Sand.

Der Abbau hinterläßt mehr oder weniger tiefe Hohlformen, von denen sich viele mit Wasser füllen. Westlich von Felm blieb 1972 auf einem Acker, nachdem der Kies ausgebeutet und das Gelände wieder planiert war, ein großer, flacher Tümpel zurück, an dem man die Verlandung und eventuelle Moorbildung gut wird beobachten können.

Beim Bau der Bundesautobahn Hamburg–Kiel waren im Raum Neumünster erhebliche Bodenbewegungen erforderlich, schneiden doch hier drei Eisenbahnen und mehrere Straßen die Autobahntrasse, z. B. führt im Bild hinten die Bundesstraße 430 über die Autobahn bei Wasbek, während nach links die Autobahn zu einer Rampe ansteigt, um die Bahnlinie Neumünster–Hohenwestedt zu überqueren.

Insgesamt wurden für solche Rampen aus acht Entnahmestellen 3 Mio. m³ Sand gewonnen, der hier auf der Sanderfläche in fast beliebigen Mengen verfügbar ist. Der Sand wurde überwiegend im Naßverfahren gebaggert und mit Rohrleitungen kostensparend bis an den Ort des Einbaus gespült. Weil nicht genügend Schwimmbagger zur Verfügung standen, ist zum Teil auch trocken gebaggert worden. In diesen Fällen mußten allerdings Brunnen angelegt und das Grundwasser durch Pumpen abgesenkt werden.

Den Firmen, die den Bau ausführten, wurde auferlegt, daß eine landschaftliche Eingliederung der Entnahmestellen vorgenommen werden müsse. Der Autofahrer wird gewiß bestätigen, daß dies gelungen ist, er wird die Wasserflächen als eine Bereicherung der Landschaft begrüßen.

Inzwischen haben sich die Baggerseen mit Wasser gefüllt, bei Tiefen bis zu etwa 13 m kann man sie als kleine Seen ansprechen. An mehreren dieser künstlichen Seen sind Sommerhäuser oder Wohnwagenstellplätze entstanden, andere dienen der privaten Hobbyfischerei. Dies gilt auch

für das auf unserem Bild erfaßte, etwa 9 ha große Gewässer. Es ist in den Besitz der Firma Zenker übergegangen, die an seinem Südufer in günstiger Verkehrslage eine Fertigungsstätte errichtet hat. Auf unserem Luftbild, aufgenommen am 24. April 1972, ist diese Bebauung noch nicht vorhanden.

Ein ähnlicher Baggersee etwa 4 km weiter nördlich wird als Angelgewässer gewerblich bewirtschaftet. Die beiden Unternehmer setzen laufend Fische, vorwiegend Regenbogenforellen, in fangfähigen Gewichten ein, die aus Zuchtbetrieben bezogen werden. Gegen Gebühr darf geangelt werden. Es herrscht reger Zuspruch, weil die Fangchancen hier viel größer sind als in einem normalen Gewässer.

Die Besiedlung neuer Gewässer durch Kleinlebewesen, die als Fischnahrung dienen, erfolgt innerhalb von einigen Wochen oder Monaten, also sehr rasch, während sich die typische Ufervegetation erst allmählich einstellt.

Der Wunsch, ein kleineres Gewässer selbst oder zusammen mit Gleichgesinnten als Hobby zu bewirtschaften, ist heute weit verbreitet, während die Zahl der dazu geeigneten Weiher oder kleinen Seen nur gering ist. Die Gletscher der letzten Vereisung haben zwar in großer Zahl Vertiefungen für kleinere Gewässer hinterlassen, doch sind die meisten längst verlandet. Deswegen sind die Hobby-Fischer überwiegend darauf angewiesen, entweder Teiche wieder in Betrieb zu nehmen oder neu anzulegen oder aber nach Bodenentnahmestellen Ausschau zu halten.

Vielleicht kommt diesem Bedürfnis die technische Entwicklung entgegen. Bisher hat man Kies für Bauzwecke fast nur im Trockenbaggerverfahren gewonnen. Dabei entstehen jedoch meist keine Gewässer. Der steigende Bedarf an gewaschenem Kies für hochfeste Betonsorten macht jedoch neuerdings auch das Naßbaggerverfahren rentabel.

Ein doppelt rentabler Kiesabbau wird am Elbe-Lübeck-Kanal bei Güster betrieben (Luftbildatlas Schleswig-Holstein II, S. 100). Hier wird beim Abbau die Ausgestaltung zur Erholungslandschaft bereits mit berücksichtigt. Bei Oortkaten (S. 81) hat man den Campingplatz bei der Bodenentnahme eingeplant. Ein ähnliches Verfahren könnte vielleicht auch an anderen Orten der Erholungswirtschaft (S. 195) neue Wasserflächen erschließen.

40 *Die unregelmäßig umgrenzte Bodenentnahmestelle wirkt aus der Luft keineswegs künstlich, obgleich noch kein Schilf die Ufer säumt. Anschaulich zeigt das Bild den hohen Grundwasserstand in der Sanderlandschaft. – Blickrichtung: SO*

41 *Weiher an der Straße Giekau–Todendorf*
In Weihern ist der Wasserhahnenfuß häufig, er kann
sowohl schwimmende Blätter als auch zerschlitzte unter-
getauchte Blätter bilden; vorn Froschlöffel

Kleingewässer – Weiher und Tümpel

Flache, in Verlandung begriffene Restseen, Kiesgruben, Dorfteiche, Mühl- und Tränkteiche, Mergelkuhlen, Torflöcher und ähnliche Gewässer, die jedoch niemals völlig austrocknen, nennt man *Weiher*. Ihnen fehlt die Tiefenzone der Seen, so daß sie überall von Pflanzen besiedelt werden können. Als *Tümpel* werden dagegen solche Kleingewässer bezeichnet, die nur periodisch Wasser führen, die also in unregelmäßigen Abständen austrocknen.

Im Vergleich zu den Seen sind die Kleingewässer, ganz besonders die Tümpel, Lebensräume mit extremen Bedingungen. Schon in den *Weihern* (Tiefe 1–2 m) vollzieht sich der Temperaturgang anders als in tiefen Seen. Im Sommer bildet sich keine Sprungschicht aus (S. 25), weil der Temperaturunterschied zwischen Wasseroberfläche und Boden zu gering ist. Infolgedessen findet bei Wind eine Umwälzung des Wassers statt, wobei das Wasser an der Oberfläche mit Sauerstoff angereichert wird. Auch die zahlreichen Pflanzen liefern Sauerstoff. Die stark durchwärmten, licht- und sauerstoffreichen Weiher sind daher während des Sommers biologisch sehr produktiv.

Im Winter kühlt die dünne Wasserschicht rasch ab. Solange der Weiher nicht zufriert bzw. solange unter einer Eisdecke die Pflanzen noch assimilieren können, ist der Sauerstoffgehalt ausreichend. Wenn jedoch Schnee auf das Eis fällt und wochenlang liegenbleibt, tritt, vor allem durch die Sauerstoffzehrung der Bakterien im Schlamm, Sauerstoffmangel ein. Diese nur seltene und kurzzeitige Extremsituation schließt viele Tiere aus dem Lebensraum aus.

Vom Ufer aus dringen die Pflanzen des Röhrichts gegen die Wasserfläche vor; im Wasser gedeihen Laichkräuter, Wasserpest, Krebsschere, Froschbiß, Hornkraut und Teichrose. Der Wasserhahnenfuß kann sowohl schwimmende wie auch untergetauchte Blätter bilden und sich so an wechselnde Wasserstände gut anpassen. Die Zusammensetzung der Lebensgemeinschaft richtet sich nach Nährstoffgehalt, Säuregrad, Wasserstandsschwankung und eventueller Beschattung, im Bereich der Seemarschen auch nach dem Salzgehalt. Als wichtigste Typen ergeben sich daraus die Weiher (und Tümpel) der offenen Feldlandschaft, des Laubwaldes, der Moore und solche mit Brackwasser.

Im meist nährstoffreichen Wasser der Weiher gedeihen Mengen von pflanzlichem und tierischem Plankton, dazu treten jahreszeitlich die grünen *Watten* der Fadenalgen auf. Im freien Wasser zwischen den Pflanzenrasen bewegen sich Schwärme von Wasserflöhen, Mückenlarven und Wassermilben. An und zwischen den Pflanzen kriechen und schwimmen Würmer und Wasserschnecken, Strudelwürmer und Erbsenmuscheln, dazu die Larven von Eintagsfliegen, Köcher- und Schlammfliegen, Wasserjungfern, Libellen und Käfern. Der Süßwasserpolyp streckt seine Fangarme nach Wasserflöhen aus. Schwimmwanzen und Käfer tauchen zwischen Oberfläche und Tiefe hin und her. Am Boden leben Zuckmückenlarven. An Fischen sind Karausche und Stichling zu erwarten, eventuell Schlei, Aal und Hecht.

Im Schlamm der Weiher überwintern Frösche und Molche; zu diesen kommen im Frühjahr die Kröten, um wie jene hier zu laichen. Ungestört von Feinden können sich in den Krautbetten die wehrlosen Kaulquappen und Molchlarven entwickeln. So ist der Fortbestand unserer heimischen Amphibien an die Existenz der Weiher geknüpft.

Tümpel werden nur von solchen Pflanzen und Tieren bewohnt, welche die Austrocknung entweder überdauern oder das Gewässer rasch wieder neu besiedeln können. Viele Kleintiere, zum Beispiel die Bärtierchen und manche Fadenwürmer, können jahrelang im Zustand der Trockenstarre überleben. Bei anderen sind die Eier widerstandsfähig gegen Austrocknung (Wasserflöhe, Großblattfüßer). In neu entstandene Tümpel setzen Mücken, Köcherfliegen usw. ihre Eier ab, aus denen sich bald die Larven entwickeln. So kommt es, daß in Tümpeln oft nur wenige Tierarten, diese aber in sehr großer Individuenzahl, angetroffen werden. Auch Raubinsekten fliegen zu, vor allem bei Nacht.

Wegen der sehr geringen Wassertiefe erwärmen sich die Tümpel schon zeitig im Jahr; die Tagesschwankung der Temperatur ist in der dünnen Wasserschicht groß. Größere Wasserpflanzen fehlen meist ganz. Wo sich die Wasserlinse als dicke grüne Schicht auf der Wasseroberfläche ausbreitet, erstickt fast alles Leben darunter. Früher oder später trocknet der Tümpel ganz aus und hört auf zu existieren. Nur die „Flieger" können sich solchen Katastrophen entziehen.

Wehlen im Porrendeich bei Uelvesbüll

In der Sturmflut von 1362 war zwischen Eiderstedt und der Husumer Geest ein breiter Meeresarm entstanden, der von der Hever bis zur Eider und Treene reichte. Diese sog. „Nordereider" wurde 1489 mit dem Bau des Dammkooges abgeriegelt. Der nordwestliche Teil der ehemaligen „Nordereider" wurde damit zu einer langen und schmalen Wattbucht, die rasch verlandete und zur Bedeichung reizte. In Abständen von nur etwa je zehn Jahren entstanden hier der Legelichheitskoog, der Obbenskoog und der Adolfskoog.

Bei der Sturmflut vom 2. November 1532, der schwersten des 16. Jh., ist „benorden Ulesbüll eine große Wehle eingestöret". Fischer nimmt an, daß es sich dabei um die westlichste der vier Wehlen handelt. In Eiderstedt ertranken über tausend Menschen. Die anderen drei großen Wehlen im Porrendeich sind vermutlich 1561, vielleicht auch erst 1570 eingebrochen. In beiden Fällen bestand ja noch die Bucht zwischen Uelvesbüll und Simonsberg, in der sich das Wasser gefährlich staute und deren Südseite bei Nordwestwind einem starken Wellenauflauf ausgesetzt war.

Wenn das Wasser höher und höher steigt, läuft es an den niedrigsten Stellen über den Deich, zuerst als Schwall einzelner Wellen, dann als richtiger Wasserfall. Zu steil profilierte Deiche werden meistens zuerst durch Rutschungen an der Innenböschung zerstört, außerdem werden sie an der Außenseite durch den Wellenschlag ausgehöhlt, so daß auch hier ein Durchbruch eintritt. In beiden Fällen liegt die Überlaufstelle zunächst noch hoch. Der Wasserfall sägt sich nun in „rückschreitender Erosion" von der Binnenseite des Deiches rasch in seewärtiger Richtung durch den restlichen Deichkörper. Gleichzeitig wird auch an den Seiten Material mitgerissen und so der Durchbruch verbreitert. Schließlich strömt auf einer Breite von hundert und mehr Metern das Wasser durch den Deich. Aus dem weichen, von Grundwasser und Niederschlag meist tief durchfeuchteten Boden binnendeichs der Durchbruchstelle spült das Wasser, das mehrere Stunden lang mit einer Fallhöhe von einigen Metern herabströmt, einen tiefen Kolk von ovaler oder runder Gestalt, die Wehle, aus.

Die betroffenen Landbesitzer, die „Koogsinteressenten", mußten nun die Lücke im Deich wieder schließen. In der Regel wurde die Wehle auf der seewärtigen Seite umdeicht; auf diese Weise vermied man die gefährliche tiefe Stelle unmittelbar vor dem Deich. So ist man auch bei den drei westlichen Wehlen im Porrendeich verfahren. Die östlichste Wehle ist dagegen auf der Binnenseite umdeicht worden. Das Bild läßt deutlich erkennen, daß die hier zurückverlegte Deichpartie im Schutze des westlich davon gelegenen Vorsprunges 1561 nicht mehr so sehr gefährdet war. Denkbar wäre aber auch, daß diese Wehle erst später entstand, etwa in einer Sturmflut zu Anfang des 17. Jh. (1602, 1615, 1625, 1634). Dann wäre es nicht mehr notwendig gewesen, die Wehle zu umdeichen, da der Porrendeich seit der Gewinnung des Adolfskooges 1578 in die zweite Linie gerückt war.

Gegenüber ihrer ursprünglichen Tiefe, die etwa 8 m betragen haben mag, sind die Wehlen heute flach (1 bis 3 m), nur die östlichste und vermutlich jüngste, ist tiefer.

Als Gewässer stehen die Wehlen zwischen Seen und Weihern. Grundlos tiefer weicher Schlamm nimmt ihren Boden ein. Im Sommer ist das Wasser durch die reiche Planktonentwicklung stark getrübt. Laichkräuter und Wasserpest, in manchen Wehlen auch Teichrosen, sind die häufigsten Wasserpflanzen. Im Winter sind die Lebensbedingungen nur in den tiefen Wehlen günstig; in diesen können auch Barsche, Zander und Karpfen gedeihen. In den flachen Wehlen kommt es bei langer Eisbedeckung leicht zu Sauerstoffzehrung und Fischsterben. Karauschen und Schleie, Aale und Stichlinge, evtl. Hechte, Brassen und Plötzen können solche Situationen am ehesten überdauern. Manche Wehlen reichen bis in die Sandschichten unter der Marsch hinab, sie enthalten daher in der Tiefe salziges oder brackiges Wasser.

Wehlen gibt es an der ganzen schleswig-holsteinischen Nordseeküste und in den angrenzenden Flußmarschen. Am meisten verbreitet sind sie nördlich von Büsum sowie zwischen Bredstedt und der Wiedingharde. Sehr viele Wehlen sind schon verlandet und nur noch als feuchte Stellen, um die herum der Deich eine Krümmung macht, erkennbar.

In den Deichen des 19. und 20. Jh. findet man nur wenige Wehlen. Die letzte entstand in der Sturmflut vom 17. Februar 1962 im Deich des Uelvesbüller Kooges. Sie ist wieder zugeschüttet worden und deswegen nicht mehr zu sehen.

42 *Als die Wehlen entstanden, war nur die vordere linke Bildecke bedeichtes Festland; die große grüne Fläche links, der Adolfskoog, dessen Deich im Gegenlicht dunkel erscheint, war damals noch Teil einer Meeresbucht. Im Hintergrund, jenseits der Süderhever, liegt die Insel Nordstrand. – Blickrichtung: NW*

43 *Die zweite der im Luftbild erfaßten vier Wehlen sehen wir hier vom Boden aus. Hinter dem schilfumsäumten Wasser liegt auf dem Deich eine Kate unter einer windgeschorenen Esche: Am Ort der einstigen Katastrophe ist eine Idylle entstanden. – Blickrichtung: SO*

44 In vielen Teilen des Landes, besonders auf der Niederen Geest, sind Moore verbreitet; manche sind aus Gewässern durch Verlandung hervorgegangen. Der Abbau des Torfes schafft neue Gewässer, in denen bald die Verlandungsvorgänge wieder einsetzen. – Blickrichtung: SW

Moorgewässer bei Süderholm

Das Moorgebiet bei Süderholm-Ostrohe gehört wie der Mötjensee (S. 54) zu dem Niederungsraum hinter der Lundener Nehrung, der durch die Broklandsau (Bild 47, S. 76) entwässert wird. Das Niederungsmoor entstand erst im Zuge des nacheiszeitlichen Meeresspiegelanstiegs seit etwa 2000 v. Chr. Es ist durchaus möglich, daß zeitweise einzelne Seen hier bestanden haben.

Das Luftbild erfaßt einen charakteristischen Ausschnitt aus einer der größten ehemaligen Torfabbaulandschaften Schleswig-Holsteins mit fast 100 ha Wasserfläche. Als Maßstab kann der in der Mitte stehengebliebene schmale Streifen dienen, der 400 m lang ist. Der Torfabbau geschah in großem Umfang zuletzt in den Nachkriegsjahren, als Brennstoffe knapp, die zum „Ringeln", Umsetzen und Verladen der Torfsoden nötigen Arbeitskräfte dagegen reichlich waren. Der Torf wurde überwiegend in der Umgebung abgesetzt, in Heide und in der brennstoffarmen Marsch. Heute wird nicht einmal mehr für den eigenen Bedarf Torf gestochen, und nur noch selten riecht man den Torfrauch.

Während man in aufgelassenen Torfstichen im Hochmoor eine artenarme Vegetation findet, die Nährstoffarmut und Kalkmangel ertragen kann (Torfmoos, Mittlerer Wasserschlauch, Kleiner Igelkolben), gehört das Niederungsmoor einschließlich seiner Gewässer zum Typ der nährstoffreichen Moore mit einer artenreichen Flora.

Das Bild zeigt, daß die stehengebliebenen Moorflächen teilweise in grüne Wiesen umgewandelt wurden. Ebenso viele Flächen sind aber unbearbeitet geblieben. Sie sind noch mehr oder weniger feucht und tragen die ursprüngliche Vegetation, vorherrschend Pfeifengras, Schmalblättriges Reitgras, Schilf, Rohrglanzgras, Grauweide. An manchen Stellen wachsen ansehnliche Bestände des Gagelstrauches.

Die großen Torfstiche sind teils ohne Randbewuchs, teils haben sich schwimmende Rasen von Wasserschwaden oder Rohrkolben schon fünf bis zehn Meter weit in das Gewässer vorgeschoben.

Die Unterwasservegetation wechselt in Dichte und Zusammensetzung. In den überwiegend flachen Torfstichen können die Pflanzen den Boden meist leicht erreichen; stellenweise liegt schon in etwa 40 cm Tiefe der sandige feste Untergrund frei. Man findet Wasserpest, Hornblatt und verschiedene Laichkräuter. Kleinere Torfstiche sind im Sommer von der Krebsschere ausgefüllt. Unter den Schwimmblattgewächsen trifft man die Gelbe Teichrose, die Weiße Seerose, den Froschbiß und das schwimmende Laichkraut. Nahe am Ufer wächst der Fieberklee, ein Enziangewächs, das früher in der Volksheilkunde eine Rolle gespielt hat (Bild 15 und 16, S. 27).

Vom Hauptweg aus, der von Süderholm nach Ostrohe führt, kann man alle diese Erscheinungen gut beobachten. Daß der Weg auf schwankendem Moorgrund geschüttet ist, merkt man an der zitternd-schwingenden Bodenbewegung, wenn einem ausnahmsweise ein Auto begegnet.

An den Torfkuhlen kann man im Frühjahr noch Moorfrösche und Erdkröten zum Laichen versammelt sehen. Diese früher überall vorhandenen Lurche sind in vielen anderen Landschaften selten geworden, weil man ihre Laichgewässer mehr und mehr zuschüttet (S. 69) und vielleicht auch, weil sie durch Schädlingsbekämpfungsmittel indirekt vergiftet werden.

Aus den Wiesen hört man die Rufe der Bekassine, oder man sieht und hört ihren Balzflug. Das tiefe Brummen der Großen Rohrdommel gehört ebenfalls zu den Lauten dieser Röhrichtlandschaft. Auch die entsprechenden Kleinvögel wie die Rohrammer sind häufig. Auf abseitigeren Torfstichen lebt der Haubentaucher. Gern nehmen die Rehe in trockeneren Schilf- und Weidenbeständen ihren Einstand.

An einer ganzen Reihe dieser Moorgewässer haben sich die Sportfischer niedergelassen. Manche Kuhle ist von einem Hobbyfischer erworben worden. Die anderen werden von Sportanglervereinen aus Heide bewirtschaftet. Man fischt auf Aal, Barsch, Hecht, Karpfen, Schlei und verschiedene Weißfischarten. An Kleinfischen ist vor allem der Neunstachelige Stichling vertreten.

Das Ostrohe-Süderholmer Moor ist heute Landschaftsschutzgebiet, eine Maßnahme, die man als sinnvoll ansehen muß. Wenn es auch nicht mehr in seinem ursprünglichen Zustand ist, so sind hier doch die Möglichkeiten für die Weiterentwicklung oder sogar Regenerierung natürlicher Lebensgemeinschaften vorhanden.

Fließende Gewässer

Die mitteleuropäischen Fließgewässer werden in verschiedene, ineinander übergehende ökologische Abschnitte eingeteilt, die nach charakteristischen Fischarten benannt sind: Forellen-, Äschen-, Barben-, Brassen- und Brackwasser- oder Flunder-Region. Sie bilden eine kontinuierliche Reihe mit abnehmenden Werten für Fließgeschwindigkeit, Durchwirbelung, Sauerstoffgehalt, mit Zunahme der Pflanzenwelt, mit Übergang vom steinig-sandigen zum schlammigen Untergrund. In Schleswig-Holstein ist dieses Schema wegen des früher erwähnten flachen Geländereliefs und wegen der geringen Länge der Wasserläufe stark beschnitten. Es gibt – im Hinblick auf Strömung und Sauerstoffhaushalt – kleine Bäche mit dem Charakter des Mittelgebirgsbaches, vor allem im Bungsberggebiet, zum Teil sogar mit steinigem Untergrund und Felsen im Bachbett; allerdings wird die Temperatur hier im Sommer höher als im echten Gebirgsbach, und echte Kaltwassertiere sind hier ausgeschlossen (solche gibt es nur in einigen Quellen).

Man kann etwa sagen, daß *Forellen- und Äschenregion* bei uns zusammenfallen (die Äsche ist kein einheimischer Fisch). Die beiden Bilder der Treene entsprechen etwa dieser Region. – Die *Barbenregion* als Gewässertyp ist höchstens als kurze Laufstrecke in den wenigen genügend großen Gewässern (Trave, Treene, Stör) – soweit diese noch nicht ausgebaut sind – zu finden. Die Unterläufe unserer größeren Auen und Flüsse sind *Brassenregion,* wovon das Bild 47 ein Beispiel zeigt. Die Broklandsau liegt samt ihren Quellbächen ganz im Niederungsgebiet hinter der Lundener Nehrung. Die Unterläufe unserer Marschgewässer sehen alle ähnlich aus. Sie fließen großenteils durch Grünlandgebiet.

Die *Brackwasserregion* ist von Natur aus besonders an der Westküste, weniger an der Ostküste ausgeprägt. An der Nordsee sind allerdings bis auf Eider und Elbe heute alle Flußmündungen durch Deiche und Siele oder Schleusen so abgeschlossen, daß kein allmählicher Übergang vom Salz- zum Süßwasserbereich mehr besteht. Auch an der Ostküste ist das mehrfach der Fall (Oldenburger Graben), oder diese Zone ist wegen des steilen Gefälles sehr kurz (Hohenfelder Mühlenau), oder sie ist abgewandelt insofern, als Auen in Strandseen münden (Schwansener See, Großer Water-

neversdorfer Binnensee, Sehlendorfer See). Doch findet man junge Flundern zum Beispiel in der Langballigau (Flensburger Förde) bis über die Mündungsniederung hinauf.

Die gesamte Fischfauna ist in einer Tabelle im Anhang zusammengestellt. Man kann in Schleswig-Holstein mit etwa 42 Fischarten in den Binnengewässern rechnen; dabei sind einige künstlich in die Gewässer eingesetzte Arten nicht mitgezählt. Für ganz Deutschland beläuft sich der Gesamtbestand auf 62 Arten.

Fische sind oft deutliche Anzeiger für die Auswirkungen menschlicher Eingriffe und Einflüsse an den Gewässern. Sie sind nicht nur durch Gewässerverschmutzung bedroht; sie sind ebenso durch wasserbauliche Maßnahmen gefährdet, besonders an den kleinen Bächen, wo ihnen keine Aufstiegshilfen gegeben werden. Man kann im Frühjahr an den durch Abstürze unterbrochenen kleinen Wasserläufen in Küstennähe oft Scharen von Fluß- und Bachneunaugen (neben Massen von Stichlingen und Gründlingen) sehen, die sich vergeblich bemühen, über die 30 bis 40 cm hohen senkrechten Schwellen hinwegzukommen, um an geeignete Laichplätze zu gelangen. Wenn sie derart dauernd an der Fortpflanzung gehindert werden, läßt sich absehen, wann sie in diesen Gewässern ganz verschwunden sein werden.

Als meeresnahes Land hat Schleswig-Holstein im Fischbestand einige „Pendler"-Arten, die aus dem Meer kommen und im Süßwasser laichen (Neunauge, Lachs, Meerforelle, Stör). Der Stör gehörte früher zu den typischen alljährlichen Einwanderern in die Elbe, die untere Stör und die Eider. Der Vater des Gründers des Hagenbeckschen Tierparks konnte als Hamburger Fischhändler zeitweise regelmäßig Störe verkaufen. Heute ist dieses Tier in der Elbe verschwunden. In der Eider hielt sich der Stör länger und wurde noch vor dem letzten Krieg regelmäßig gefangen. Dabei mußte, als die Zahl der laichreifen Weibchen immer geringer wurde, die Tötung jedes einzelnen Exemplars zu einer Bestandsgefährdung führen. Es ist deshalb bedauerlich, daß auch in den letzten Jahren (1967, 1969) gefangene Störe wegen des Fleisches und Kaviars getötet wurden. In der Eider ist es nicht wie in der Elbe die schlechte Wasserqualität, die den Bestandsschwund verursacht, sondern es

45 Treene bei Fröruphof
Der Fluß windet sich durch
eine vom Menschen wenig
umgestaltete Landschaft. Das
Wasser ist flach und klar.
Aufnahme im späten Frühling
(Laubaustrieb).

46 Treene bei Tarp
Im Sommer bilden sich lange
Fahnen und Krautbetten von
Unterwasserpflanzen aus. Auf
den Uferwiesen gedeiht eine
üppige Vegetation.

47 *Die Broklandsau südlich Buttermilchskrug*
In den gefällsarmen Moor- und Marschniederungen fließt
trübes Wasser in breiten Wasserläufen, die vielfach von
Deichen eingefaßt sind, langsam dahin. – Blickrichtung: N

sind, zusammen mit der Verminderung des Gesamtbestandes in der Nordsee, die Ausbaumaßnahmen im Fluß (Abdämmung Nordfeld 1935). – Die Meerforelle (Bild 11), in Aussehen und Verhalten dem echten Lachs sehr ähnlich, gilt als edelster unserer Flußfische. Über ihre Laichwanderungen wird auf Seite 75 berichtet.

Von den ständigen Bewohnern der schnell fließenden, sauberen Bäche ist der Gründling allgemein verbreitet, dagegen sind Ellritze, Hasel (Bild 49) und Sandschmerle auf bestimmte Flußsysteme beschränkt. Ähnlich ist es mit dem anderen typischen Begleitfisch der Bachforelle, der Groppe. Diese war anscheinend schon immer auf das Travegebiet beschränkt. Ihre Wohngewässer sind aber für sie offenbar nicht nur durch Verschmutzung, sondern auch durch Ausbau weitgehend zerstört. So war sie noch im Anfang der sechziger Jahre in der Brandsau, einem Nebenbach der Trave, vorhanden, konnte aber nach deren Ausbau nicht mehr festgestellt werden. Die beiden Stichlingsarten sind in vielen Gewässern des Landes häufig. Der Dreistachlige bewohnt die Brackwasserregion, er geht weit die Bäche hinauf. Der Neunstachelige ist die für Moorgewässer typische Art. Doch leben beide vielerorts nebeneinander.

Im botanischen Sektor geht der Wechsel der einzelnen Gewässerregionen vom Quellmoosabschnitt im obersten Bereich (bei uns nicht überall vorhanden) über die Zone der Berle, des Flutenden Hahnenfußes und einer Reihe untergetauchter Laichkrautarten, der Schilf-, Wasserschwaden- und Rohrglanzgrasbestände im Tiefland zu den Brackwasserröhrichten der Westküste, wie sie in Elbe und Eider noch ziemlich gut ausgeprägt sind, und auch – in kleinerem Ausmaß – der Ostseeküste. Hier spielen die Hauptrollen (vom süßen zum salzigen Bereich hin) Schilf, Rohrkolben, Teichbinse, Steinbinse, Strandbinse und schließlich das 1927 künstlich angesiedelte Spartinagras.

Viele andere Tiere sind den Lebensbedingungen ihrer Wohnorte ebenfalls mehr oder weniger speziell angepaßt – sei es, daß sie imstande sind, durch die Körpergestalt, Haftfähigkeit u. ä. sich vor dem Weggeschwemmtwerden in der Quellregion zu schützen, sei es, daß sie besondere Einrichtungen haben, in den ruhigen Unterläufen mit dem vorhandenen Sauerstoff auszukommen. So ist unter den Kleinkrebsen der Bachflohkrebs (Bild 48) ein Bewohner des gut mit Sauerstoff versorgten, schnell fließenden Baches, die langsam sich bewegende Wasserassel hingegen in den ruhigen Bach- und Grabenabschnitten zu Hause. Köcherfliegenlarven der Quellregion bauen aus kleinen Steinchen flache Gehäuse, mitsamt denen sich die Larven – oft sicherheitshalber im Stromschatten – an Steinen festhalten können. Die Köcherfliegenlarven der ruhigen Unterläufe können sich sperrige Gehäuse leisten.

Auch bei den Eintagsfliegenlarven gibt es vielerlei Varianten der Anpassung. In den sauberen, rasch fließenden Bächen finden wir die ganz flach gebauten Heptagenia-Larven (an Steinen) und Larven von Baëtis-Arten. An den ruhigeren Stellen und in Weihern leben die recht ähnlich aussehenden Larven der Gattung Cloëon (Bild 10 auf S. 23). Aber ihre physiologischen Unterschiede sind groß: Die Cloëon-Larven haben an den Hinterleibsabschnitten je zwei Kiemenblättchenpaare, welche meist in schwirrender Bewegung sind. Hierdurch wird anscheinend dem Körper ständig neues Wasser zugefächelt; das Tier erzeugt also im kleinen die Wasserströmung, die das Gewässer selbst nicht in genügendem Maße bietet. Die Baëtis-Larven aus dem sauerstoffreichen schnell fließenden Bach haben dagegen ihre Kiemenblättchen einzeln an der Seite der Körperabschnitte, und diese Blättchen werden stillgehalten. Die unscheinbaren Larven der Steinfliegen beanspruchen fast ausnahmslos sehr sauberes, sauerstoffreiches Wasser, dazu meist eine niedrige Wassertemperatur als Lebensbedingungen. Es sind also Wesen der Bergbäche und sogar der Gletscherbäche; bei uns kommen daher nur wenige Arten vor. Ihre Anwesenheit ist aber ein wichtiger Anzeiger für Wassergüte. Die Vertreter der Gattung Nemoura, zu der das abgebildete Tier gehört, sind noch am wenigsten empfindlich.

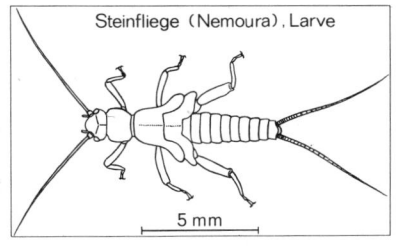

Steinfliege (Nemoura), Larve

5 mm

An unseren Fließgewässern, soweit sie sauber sind, fallen einige Libellenarten auf, besonders die beiden Arten der

Gattung Calopteryx. Meist sieht man die Art C. splendens, deren Männchen einen dunkelblau schimmernden Leib und einen großen dunklen Fleck auf den glasklaren Flügeln haben. Ihre Larven halten sich zwischen den untergetauchten Wasserpflanzen auf.

Die Vegetation der stehenden und der fließenden Gewässer weist viele Übergänge auf. Sie soll deswegen zusammen besprochen werden.

Mehrere Wasserpflanzen können sowohl auf dem Lande als auch in der Uferregion und sogar ganz unter Wasser wachsen und entwickeln dann jeweils passendes Blattwerk und Sprosse. Dies gilt zum Beispiel für den Wasserschwaden, den Igelkolben, das Pfeilkraut, die alle im untergetauchten Zustand bandförmig flutende Blätter entwickeln und dann schwer voneinander zu unterscheiden sind. Diese bandblätterigen Exemplare sind, im Gegensatz zu den steif aus dem Wasser herauswachsenden, praktisch kein Abflußhindernis, da sie jedem Strömungsdruck nachgeben.

Die Gelbe Teichrose, die in anderen Gegenden Deutschlands eher eine Seltenheit ist, kommt in Schleswig-Holstein sowohl in stehenden als auch in fließenden Gewässern in Massen vor; flache Bäche kann sie nahezu verstopfen. – In Tümpeln und größeren, auch moorigen Gewässern, besonders der Erlenbruchwälder, findet man hauptsächlich im Lauenburgischen in einigen schönen Beständen die Schlangenwurz. – In der Nähe der Ostseeküste, auch in flachen Strandseen sowie in Kleingewässern der Westküstenmarsch wächst der Tannenwedel. – Ferner bilden nahe der Westküste in Gräben und Niedermoorgewässern oft die Krebsschere und die Wasserfeder alles überwuchernde Bestände. Alle diese Pflanzen stehen oft in der Verlandungszone der Gewässer, zu deren Vorposten auch die Weiße Seerose gehört. Ist erst die Wassertiefe geringer geworden als 0,50 m, dann geht auf schlammigem, nährstoffreichem Untergrund das Zuwachsen einer Wasserfläche oft erstaunlich schnell. Nicht selten bilden geschlossene Bestände solcher über das Wasser ragender Pflanzen durch das fast verfilzte Wurzelwerk schwimmende Decken auf solchen verlandenden Gewässern, die sogar über mehrere Meter tiefem Wasser als eine Art Hydrokultur schwimmen kön-

nen. In manchen Fällen siedeln sich darauf sogar noch Holzgewächse, Weidenbüsch, Jungerlen u. ä. an. Das Betreten solcher Schwingrasen kann sehr gefährlich sein.

In den wenigen nährstoff-, besonders kalkarmen Seen kommen noch heute die Wasserlobelie, das Brachsenkraut und der Pillenfarn vor, meist in Gesellschaft des häufigeren Strandlings und stellenweise des Wechselblütigen Tausendblatts; doch sind angesichts der zunehmenden Eutrophierung die Tage dieser botanischen Kostbarkeiten gezählt.

Eine typische untergetauchte Pflanze unserer Strandseen (z. B. im Behrensdorfer Kleinen Binnensee) ist das Nixenkraut mit seinen eigentümlichen glasig wirkenden und zerbrechlichen, fleischigen Blättern und den stacheligen Blatträndern. Man entdeckt es oft nur dadurch, daß es von den Schwänen abgebissen und dann massenhaft ans Ufer gespült wird.

Auf den Hochmooren finden sich zahlreiche alte Torfstiche. In diesen tümpelartigen künstlichen Moorgewässern gedeihen Torfmoose, Kleiner und Mittlerer Wasserschlauch und eventuell Froschbiß; an ihrem Rand steht, oft dicht gedrängt, der Sonnentau. Bei fortschreitender Verlandung siedelt sich das Vielblütige Wollgras an. Vielleicht stellen sich auf einzelnen Hochmooren im Laufe der Zeit wieder natürliche Kleingewässer ein, wenn der Mensch in diese Landschaft nicht mehr eingreift.

Die reichen Bestände von Schilf und Teichbinse wurden besonders früher genutzt. Alle Bauernhäuser trugen Dächer aus Reethalmen (Schilf). Diese Reetdächer verschwinden zwar heute an ihren ursprünglichen dörflichen Stellen weitgehend. Sie sind andererseits für Ferien- und Landhäuser neu in Mode gekommen. Die alte Dachdeckerkunst ist also noch nicht ausgestorben. Auch die Verwendung der Teich- und Steinbinsenhalme ist im Lande altgewohnt, wie alte Bilder aus dem ländlichen Bereich zeigen. So wurden die Binsen in Nordfriesland im Gebiet des (heute verschwundenen) Aventofter Sees und an der Treene in Friedrichstadt gewonnen. Daraus wurden Stuhlbespannungen und Matten hergestellt; auch zum Festbinden der Reetbündel an den Dachsparren benutzte man Binsen. Nach dem Krieg lebte die Binsenmöbelherstellung zeitweise wieder auf.

48 *Die seitlich zusammengedrückten Bachflohkrebse sind typische Bewohner kleiner Fließgewässer. Die Wasserassel (oben) bevorzugt ruhiges Wasser. Vergr. 2,5✕*

49 *Der Hasel ist ein Bewohner der Geestwasserläufe. Vergr. 2,5✕*

50 *Wie ihre wasserbewohnende Larve weist die Eintagsfliege drei Hinterleibsanhänge auf. Eintagsfliegen können keine Nahrung aufnehmen. Vergr. 3✕*

51 *Der Sumpfkrebs, der in manchen unserer Gewässer eingebürgert worden ist, unterscheidet sich vom Flußkrebs durch die schmaleren Scheren*

52 *Die Elbe oberhalb Hamburgs wird vor der Fertigstellung*
des Elbe-Seitenkanals noch wenig von Schiffen befahren. –
Blickrichtung: SO

Die obere Tideelbe bei Oortkaten

Die Vier- und Marschlande auf dem rechten Elbufer zwischen Hamburg und Geesthacht liegen in dem eiszeitlichen Elburstromtal, das hier etwa 10 km breit ist. Die Sohle des Urstromtals liegt 15 bis 20 m unter NN, weil während der Eiszeit auch·der Meeresspiegel sehr viel tiefer lag als heute. Mit dem nacheiszeitlichen Meeresspiegelanstieg vermoorte das Urstromtal. Seit etwa 2000 v. Chr. kam es im Bereich der Vierlande zur Schlickablagerung und zur Ausbildung eines Deltas.

Das Bild erfaßt die Elbe oberhalb des Hamburger Stromspaltungsgebiets. Von hier bis zum Wehr Geesthacht reicht die obere Tideelbe, in der sich die „Flutstromgrenze" je nach Tide und Oberwassermenge verschiebt. Unterhalb Hamburgs nimmt der Einfluß des Oberwassers ab, der der Gezeiten zu.

In der Sturmflut vom 16./17. Februar 1962 wurden nicht nur in dem Gebiet von Hamburg, sondern auch oberhalb davon große Schäden angerichtet. Zwar blieben die Vierlande verschont; auf dem niedersächsischen Ufer brachen jedoch die Deiche, und das Land wurde überschwemmt.

Nach der Flut wurde der „maßgebende Sturmflutwasserstand" für das Deichverstärkungsprogramm auf NN + 6,70 m, das heißt um 1,10 m über der Flut von 1962, festgesetzt. Man erkennt im Bild den neuen Deich zwischen Oortkaten und Warwisch, der gegenüber dem alten Elbdeich verkürzt wurde. In der Bucht links der Bildmitte lag bis 1962 ein ausgedehntes Vorland, auf dessen äußerem Rand man den neuen Deich entlangführte. Zwischen dem alten und dem neuen Deich entstand ein Baggersee von 65 ha Größe und außendeichs das Hafenbecken, aus denen der Boden für den Deichbau entnommen wurde.

Das Deichprofil ist dadurch besonders wehrhaft geworden, daß man den 7 m breiten Deichverteidigungsweg in der Binnenberme auf 0,5 bis 0,2 m unter der Deichkrone anordnete. Von dieser gut befestigten Straße aus geht der Blick auf der einen Seite über die Vierlande mit ihren stattlichen Bauernhäusern, ihren Treibhäusern und Gemüsebeeten – auf der anderen Seite sieht man den breiten Elbstrom.

Irgendwo wird man auch eine Schafherde treffen, die eigens für die Beweidung des Deiches vom Fiskus gehalten wird. Die Schafe werden von einem Hirten langsam über die Weideflächen getrieben, damit die Grasnarbe kurz und dicht gehalten und so die Deichsicherheit gewährleistet wird. Je Hektar Grasdeichfläche rechnet man 4 bis 5 Schafe.

Die Buhnen rechts sollen den Strom vom Ufer abhalten und in die Mitte zwingen. Um den Hafen herum liegt die Straße tiefer. Sie führt direkt am Baggersee entlang, wo auf dem jenseitigen Ufer am alten Wehrdeich bei Hohedeich der große Campingplatz zu sehen ist. Der Hafen Oortkaten, der der Binnenschiffahrt dient, ist auch für Sportboote ausgerüstet. Man kann Treibstoff, Wasser und Lebensmittel nehmen und in der Sportbootwerft mit Slip Reparaturen ausführen lassen. Nach Fertigstellung der neuen Hochwasserschutzanlage um 1965 hat dieser Flußabschnitt einen wesentlich höheren Verkehrs- und Naherholungswert erhalten.

Die fortschreitende Erosion des Flußbettes der oberen Tideelbe als Folge der Fahrwasservertiefung der Unterelbe führte zum Bau der Staustufe und Schiffahrtsschleuse bei Geesthacht. Somit hat man die Tidegrenze hier festgelegt. Es muß damit gerechnet werden, daß der Oberwasserzufluß besonders in längeren Trockenperioden durch gleichzeitige Nutzungen (Kanalspeisungen, landwirtschaftlichen und industriellen Verbrauch und durch den Betrieb von Kraftwerken und dergleichen) verringert werden kann .Wegen der kleineren Strömungsgeschwindigkeiten würden sich dann vermehrt Feststoffe ablagern, wodurch zusätzliche Arbeiten für die Unterhaltung oder Erhaltung der Wasserstraße in der oberen Tideelbe erforderlich würden. In Verbindung mit der intensiven Nutzung spielen biologisch-chemische Veränderungen in der Elbe eine zunehmende Rolle.

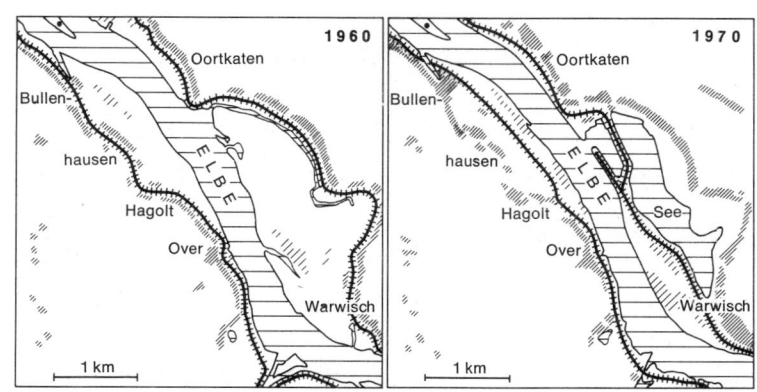

Haseldorfer Binnenelbe und Niederelbe

Die wesentlichen landschaftsgestaltenden Kräfte in der Unterelbe, unserem größten offenen Tidefluß, sind Ebbe und Flut. Demgegenüber ist der Einfluß des Oberwassers gering. Von Natur aus hatte die Elbe bei der Hetlinger Schanze ein Niedrigwasserbett von etwa 4000 m² Querschnittsfläche; die größten Wassertiefen lagen bei etwa 6 m unter NW. Der Stromstrich pendelte in längeren Zeiträumen hin und her, wobei Sandbänke und Inseln aufgebaut wurden und wieder verschwanden. Die Elbsände bei Haseldorf waren um 1200 vorhanden, sie wurden in den folgenden Jahrhunderten wieder zerstört und entstanden ab etwa 1700 neu. Heute hat der Elbestrom hier eine Durchflußfläche von etwa 10 500 m² und eine Breite von 1440 m. Im Bereich der Binnenelbe finden wir ausgedehnte Süßwasserwatten mit Prielen. Bei der Entstehung der hochwasserfreien Sände wirken Pflanzen mit.

Parallel mit der Entwicklung des Hamburger Hafens ist die Unterelbe zu einer Schiffahrtsstraße geworden. Das Fahrwasser war bis um 1850 für die Schiffe breit und tief genug, so daß man sich darauf beschränken konnte, den günstigsten Wasserweg durch Tonnen und Baken zu kennzeichnen. Auch zwischen den Inseln fuhren Schiffe.

Weil der Verkehr immer mehr zunahm und – besonders seit Aufkommen der Dampfer – die Schiffe immer größer wurden, erweiterte man den Hamburger Hafen durch Hafenbecken (ab 1866) und räumte die Untiefen im Elbfahrwasser durch Bagger (um 1850). Der erste Eimerkettenbagger auf der Elbe arbeitete mit einer Leistung von 10 PS.

Ab 1887 wurde der Hamburger Hafen großzügig ausgebaut. Bis 1915 entstanden künstliche Wasserflächen für Hafenbecken und Zufahrten in der Größenordnung von rund 850 ha. Bald waren Regulierungsmaßnahmen notwendig, die auf eine Festlegung des Hauptfahrwassers hinzielten. Leitwerke und Buhnen wurden gebaut und die Fahrtiefen vergrößert: Um 1910 auf 8 m, um 1970 auf 12 m und in Vorbereitung auf 13,5 m unter Kartennull für das 100 000-t-Schiff; dabei wird eine Sohlenbreite von 300 m hergestellt. Diese Veränderungen im Hauptstrom wirken auf die Entwicklung der Binnenelbe und der Elbsände zurück: In diesem Raum wird die Verlandung beschleunigt.

Die Haseldorfer und die Hetlinger Nebenelbe hatten im SO bereits keine offene Verbindung mit der Elbe, als man mit dem Ausbau des Hauptfahrwassers begann.

Die Elbinseln und die Querrinnen zwischen ihnen wurden mit Leitwerken und Buhnen in der Weise festgelegt, daß die Fahrwasserrinne sich nicht mehr verlagern kann. In der Nebenelbe tritt bei auflaufender Flut ein Stau ein, weil die Breiten und Tiefen hier schneller abnehmen als in der Hauptelbe und sich der Querschnitt rasch verengt. Somit entstehen bei höheren Tiden Fallhöhen bis 0,75 m, die starke Querströmungen verursachen. Da andererseits der Ebbstrom schneller ablaufen kann, kehrt das Gefälle um, und die Querströmung zwischen den Inseln läuft in entgegengesetzter Richtung.

Mit dem Baggergut hat man die nur wenige Dezimeter über MThw gelegenen Flächen aufgehöht, die zum Teil eingedeicht oder auch in der nun günstigeren Höhenlage landwirtschaftlich genutzt werden können. Die noch offenen Querrinnen wie zum Beispiel das Koopmannsloch zwischen Auberg im Bild vorn rechts und Drommel werden zugebaut, weil solche Nebenarme die Wasserführung des Hauptstroms schwächen und ihm unerwünschte Feststoffe zuführen. Die nächste Querrinne ist das Dwarsloch, hinter dem der Juelsand und der Hetlinger Schanzensand anschließen.

Auf den Elbinseln spielt in den niedrigen Lagen die Reetnutzung eine Rolle. Weite Flächen hat man mit Obstbäumen bepflanzt. Kleinere Gebiete der schleswig-holsteinischen Domänenverwaltung in Sommerkögen dienen als Weide- und Ackerland. Die großen Korbweidenkulturen haben ihre wirtschaftliche Bedeutung verloren.

Auf dem Gelände der staatlichen Domäne Hetlinger Schanze entsteht z. Z. das Zentralklärwerk, das in seiner ersten Ausbaustufe für eine Abwassermenge von 54 000 m³ pro Tag ausgelegt worden ist. Hierher führt man in einer Rohrleitung das mechanisch vorbehandelte Oberwasser von zunächst 16 Städten und Gemeinden, um es vor Abgabe in die Elbe biologisch zu reinigen. Von dieser Abwasserreinigungsanlage erwartet man, daß die Beschaffenheit des Wassers in der Elbe und ihren Nebenflüssen Wedeler Au, Pinnau und Krückau wesentlich verbessert wird.

54 *Die Alster bei Rethfurt windet sich in natürlichen Mäandern durch eine Parkland-schaft mit schönen Wander-wegen. – Blickrichtung: SW*

55 *Etwas weiter unterhalb, bei Wulksfelde, ist die Alsterland-schaft vom Boden aus erfaßt. Deutlich kann man Prall- und Gleithang unterscheiden*

Die Alster

Die Alster hat ein unausgeglichenes Gefälle. In ihrem oberen, W–O-gerichteten Abschnitt (bis zum Gut Stegen) ist es sehr gering, im N–S-gerichteten Abschnitt dagegen groß. Im ganzen kommen auf 56 km Lauflänge 27 m Gefälle bis zum Spiegel der Binnenalster. Ab Wohldorf verläuft die Alster im Stadtgebiet von Hamburg. Das gesamte Niederschlagsgebiet umfaßt 58 700 ha, davon gehören 16 800 ha zu Schleswig-Holstein.

Die stormarnsche Eiszunge drang von NO bis zur Linie Rahlstedt – Berne – Bergstedt – Duvenstedt – Wilstedt vor. Bei Trillup (SW Ohlstedt, NN + 13 m) lag ein Gletschertor, von dem aus das Schmelzwasser zur Elbe abfloß; wegen des großen Gefälles entstand hier kein breiter Sander, sondern ein Rinnensander: das Tal der Alster. Dessen unterer Abschnitt wurde schon in der Warthe-Eiszeit von Schmelzwasser durchflossen.

Bis etwa Naherfurt, wo der Fluß scharf nach S abknickt, kennzeichnen vernäßte Wiesen am stark mäandernden Alsterlauf die Niederungslandschaft. Hier fließt die Alster mit sehr geringem Gefälle in einem flachen Becken, von dessen hohen Rändern das Niederschlagswasser rasch herabkommt. Deswegen treten hier häufige und lang anhaltende Überschwemmungen auf; schon ein gewöhnlicher sommerlicher Gewitterregen setzt die Niederung unter Wasser und schädigt die Kulturen.

Man hat deshalb erwogen, die Entwässerung zu verbessern, um die betroffenen Flächen landwirtschaftlich intensiv nutzen zu können. Solchen Plänen begegnen jedoch Bedenken. In der Alsterniederung steht 0,60 bis 7,60 m tiefes Moor an, der Kolk des Wakendorfer Moores reicht sogar fast bis 20 m tief hinab. Wenn hier scharf entwässert wird, sackt die Bodenoberfläche ab, und die obere Humusschicht unterliegt einer stärkeren Zersetzung, so daß der beabsichtigte wasserwirtschaftliche Erfolg für die Landwirtschaft bald in Frage gestellt oder gar nicht erst erreicht wird.

Es muß weiter berücksichtigt werden, daß sich eine bessere Entwässerung der Oberalster auf die Wasserstände in der Außen- und Binnenalster auswirkt.

In diesem rund 200 ha großen Alsterbecken sind größere Wasserstandsschwankungen nicht zulässig. Mit Rücksicht auf die Schiffahrt darf das niedrigste Niedrigwasser nur kurzfristig höchstens auf NN + 2,80 m absinken. Bei Hochwasser von NN + 3,30 m beginnt die Ausuferung im Stadtgebiet. Deshalb darf dieses Maß nicht überschritten werden. Man strebt daher in Hamburg einen möglichst gleichbleibenden Wasserstand um NN + 3,05 m an.

Untersuchungen für das 8000 ha große Wassersammelgebiet der Oberalster haben ergeben, daß bei einer mittleren Abflußspende von etwa 10 l je sec vom km² am Pegel Naherfurt 0,7 m³/sec abfließen. Bei Starkregen mit Abflußspenden von 180 l/sec je km² fließen 14,3 m³/sec ab. Wollte man die obere Alster ausbauen, dann würde sich der Maximalabfluß etwa verdoppeln; dies würde jedoch für das Stadtgebiet eine starke Gefährdung bedeuten.

Die Häufigkeit und Dauer der Alsterhochwasser und die damit gefährlich hohen Wasserstände in der Außen- und Binnenalster haben in den letzten Jahrzehnten zugenommen, und zwar im gleichen Maße, wie sich die Millionenstadt ausdehnte. Wenn die Stadt wächst, wird der Boden mit Häusern, Straßen und Plätzen bebaut und dadurch versiegelt. Der Abflußvorgang wird nicht mehr auf natürliche Weise verzögert, nur noch ein sehr geringer Teil des Wassers kann versickern und verdunsten, der größte Teil fließt durch ein Rohrsystem schnell der Alster zu.

Man hat deswegen einerseits den Abfluß künstlich verzögert und dazu zahlreiche Rückhaltebecken in der Alster und ihren Nebenflüssen neu geschaffen, andererseits hat man aber auch die Schleusen zwischen der Binnenalster und der Elbe ausgebaut, so daß sie mehr Wasser als bisher ableiten können. Die drei Pumpen des Alsterschöpfwerkes Schaartorschleuse können bei hohen Elbwasserständen 36 m³/sec Wasser aus der Alster in die Elbe fördern. In Verbindung mit dem Speicherraum, der durch die Alsterschleusen zwischen Naherfurt und der Schaartorbrücke besteht, kann man nun den Abflußvorgang einer Hochwasserwelle in der Weise steuern, daß Überschwemmungen der Innenstadt vermieden werden.

1528 wurde der Alster-Beste-Kanal fertiggestellt, der Hamburg und Lübeck verband, aber wegen chronischen Wassermangels schon nach 20 Jahren aufgegeben werden mußte.

Stör und Wilsterau

Ausgeprägte Mäander kennzeichnen den Lauf der Wilsterau und der unteren Stör, die in der flachen Elbmarsch ähnliche Formen zeigen wie die Flüsse in der Eiderniederung (94). Stör und Wilsterau sind ursprünglich offene Tideflüsse; sie unterliegen dem Gezeiteneinfluß, der von der Störmündung bis Rensing, 52 km stromauf, reicht. Die Wilsterau ist an ihrer Mündung bei Kasenort abgeschleust, um einerseits ein Eindringen der Fluten zu verhindern und um andererseits den Schiffsverkehr nach Wilster zu ermöglichen.

An der Mündung der Stör bei Wewelsfleth passieren täglich durchschnittlich 22 Schiffe störaufwärts oder umgekehrt. Davon sind 70 bis 90 % Binnenschiffe, der Rest Seeschiffe. Die meisten Schiffe fahren leer ein und nehmen an den Portlandzementwerken bei Itzehoe und Lägerdorf ihre Ladung auf. Lägerdorf ist seit 1877 durch den Breitenburger Kanal mit der Stör verbunden. Die Wilsterau wird nur von kleineren Schiffen befahren.

Die Stör entwässert ein Niederschlagsgebiet von rund 170 000 ha. Die meisten ihrer zahlreichen Quellbäche entspringen nahe am Westrand der Jungmoränen und sammeln sich auf dem großen „Störsander" zwischen Kisdorf-Kaltenkirchen und dem Aukrug. In die sanft abfallende Sanderfläche haben sich diese Geestwasserläufe nach W hin stärker eingeschnitten (Stör bei Wittorf NN +16,5 m, an der 9 km entfernten Bünzener-Au-Mündung um NN +10 m).

Beiderseits der Stör reicht die Marsch in großer Breite bis Kellinghusen. Aus der Marsch erhebt sich die Geestinsel von Münsterdorf (Hintergrund links). Bei Kellinghusen liegt die Marsch etwa auf NN +1,5 m, die Kremper Marsch (im Bild jenseits der Stör) auf +0,50 und die Wilstermarsch (rechts der Stör) in großen Teilen auf NN −1,5 m. Die tiefsten Flächen der Wilsterauniederung sind heute schon auf −3 m und tiefer gesackt. Bei dem mittleren Tidehochwasser von rund 1,5 m über NN bedeutet dieses Höhenverhältnis, daß im Falle eines Deichbruches an der Stör oder der Elbe die Wilstermarsch bei normaler Tide, also zweimal täglich, bis 4,50 m und höher überflutet würde und daß die tiefsten Gebiete auch während der Niedrigwasserzeit weithin überschwemmt bleiben würden. Über die Ursachen der Sackung siehe S. 85.

Die Wilstermarsch wurde im 12. Jh. von den Holländern bedeicht und mit den „Wettern" genannten Sielzügen (Mitte rechts) und mit den zahllosen, regelmäßigen Gräben entwässert. Frühzeitig stellten sich Entwässerungsschwierigkeiten ein, schon 1572 wurde die erste Wind-Wasser-Mühle errichtet, der bald weitere folgten. 1788 gab es deren 33.

Im 19. und 20. Jh. wurden Windmotore aufgestellt, und heute wird die Wilstermarsch durch kombinierte Siele und elektrisch betriebene Schöpfwerke entwässert. Letztere pumpen das Wasser teils in die Elbe, teils in die Wilsterau, in der es zwischen den Flußdeichen gespeichert wird, bis es durch Siele in die Stör fließen kann.

Nachdem die Sturmflut vom 17. Februar 1962 Teile der Stadt Itzehoe und der Münsterdorfer Marsch überschwemmt und die Bahnlinie Hamburg–Itzehoe unterbrochen hatte, entschloß sich die Landesregierung Schleswig-Holstein, an der Störmündung ein Sturmflutsperrwerk zu schaffen. Die Aufgabe des Sperrwerkes ist – wie jetzt schon an der Pinnau und Krückau –, künftig den Einstau von Sturmfluten in den Fluß zu verhindern. Die Anlage wird z. Z. gebaut, und zwar sollen zwei je 22 m breite Schiffahrtsöffnungen mit Stemmtoren und drei je 29 m breite Sielöffnungen mit Kreissegmentschützen betrieben werden.

Beim Bau des Nord-Ostsee-Kanals wurden die beiden nordwestlichen Quellflüsse der Wilsterau, die Burger Au und die Holstenau abgetrennt. Die Holstenau wurde zudem in mehrere unzusammenhängende Altwasser zerschnitten, weil wegen der Bodenverhältnisse der Kanal im Zuge des Bachlaufes trassiert werden mußte.

Etwas unterhalb der großen Störschlinge von Hodorf (auf dem linken Störufer über der Bildmitte) wurde von W. Haarnagel eine frühgeschichtliche Siedlung ausgegraben, die um 100 n. Chr. als Flachsiedlung (also ohne Warf) etwa 1,40 m unter der heutigen (bei NN liegenden) Marschoberfläche angelegt wurde. Im Laufe des 3. und 4. Jh. hat man die Siedlung zweimal durch Warfbau höher gelegt (oberer Siedlungshorizont bei NN). Wir können daraus schließen, daß der Wasserspiegel gegenüber der Marsch schon damals angestiegen ist. Die Siedlungen scheinen jedoch seinerzeit nicht besonders sturmflutgefährdet gewesen zu sein.

56 *Die Wilsterau (vorn) mündet durch eine Schleuse in die große Störschlinge bei Hodorf. Im Gegenlicht blinken die zahllosen Gräben und „Wettern" der Wilstermarsch. – Blickrichtung: SO*

57 *Die Osterau und ein Nebenbach im natürlichen Zustand mit Mäandern. Luftaufnahme*

58 *Eine naturbelassene Bachstrecke vom Boden aus. Links ein unterhöhltes Ufer*

59 *Der Fluß ist „reguliert", das heißt begradigt und tiefergelegt. Die Zuflüsse sind ebenfalls begradigt oder sogar verrohrt. Luftaufnahme*

60 *Ein regulierter Abschnitt vom Boden aus*

Osterau - Problematik der Gewässerregulierung

Die natürlichen Fließgewässer verlaufen meist in flachen Talauen, die von feuchtem Grünland eingenommen werden. Vielfach stehen Gehölze an den Ufern, unter deren Wurzeln sich an den Prallhängen tiefe Höhlen bilden. Über die Teillebensräume eines solchen Gewässers wird auf Seite 93 berichtet.

Der Abfluß des Wassers erfolgt langsam, er wird verzögert durch die zahllosen Windungen, durch welche die Fließstrecke beträchtlich länger ist als die entsprechende Luftlinie. Durch die Kurven, durch die ungleichmäßige Tiefe und auch durch Hindernisse wird die Fließgeschwindigkeit vermindert. Auch bei Trockenheit bleibt eine verhältnismäßig große Wassermenge im Flußbett.

Nach starken Niederschlägen und entsprechendem Zufluß steigt der Wasserspiegel an, und der Fluß ufert schließlich aus: Die Talaue wird mehr oder weniger unter Wasser gesetzt. Auch viele Lebewesen des Flusses besiedeln den neuen Lebensraum; zum Beispiel bevorzugt der Hecht Überschwemmungsflächen als Laichplatz.

Wenn der Zufluß nachläßt, sinkt der Wasserspiegel im Fluß allmählich wieder ab. Es dauert aber lange, bis die letzten Wasserflächen verschwunden sind und der Boden oberflächlich trocken wird. Aus dem sumpfigen, schwammartig vollgesogenen Boden sickert dem Fluß noch längere Zeit Wasser zu. Die Wasserführung eines unregulierten Gewässers ist ausgeglichen, weil die ganze Talaue als natürlicher Hochwasserspeicher zur Verfügung steht.

Die landwirtschaftliche Nutzung wird durch die Überschwemmungen sehr behindert. Die Talauen sind Zwangsgrünland, sie können für andere Kulturen nicht verwendet werden. Der Intensivierung, etwa durch Ansaat wertvoller Futtergräser, sind enge Grenzen gesetzt, weil sich die bodengemäßen Sauergräser bald wieder durchsetzen. Das Grünland ist ertragsunsicher, denn Überschwemmungen können auch im Sommer, zur Zeit der Heuernte, auftreten. Lang überstaute Flächen sind durch Leberegel gefährdet (S. 109). Ein weiterer Nachteil ist es, daß sich die Parzellengrößen fortlaufend verändern, wenn sich der Flußlauf verlagert.

Die Regulierung soll diese Mißstände überwinden. Zu diesem Zweck wird der Lauf zunächst annähernd begradigt,

die dabei abgeschnittenen Flächen werden ausgetauscht. Dem berechneten Wasserabfluß entsprechend wird das neue Bett profiliert, wobei sich dessen Querschnitt nach oben verbreitert. Die Sohle wird gegenüber dem bisherigen Bett oft um mehrere Dezimeter, hier und dort bis um 2–3 m tiefergelegt. Dies kommt auf Bild 60 deshalb nicht zum Ausdruck, weil es eben oberhalb einer Stauanlage aufgenommen ist.

Die Sohle wird seitlich befestigt, um ein neues Mäandrieren zu unterbinden. Kleinere Fließgewässer von der Größenordnung wie auf Bild 57 unten stellen auch in begradigtem Zustand ein Hindernis für die maschinelle Bearbeitung des Kulturlandes dar. Sie werden daher in Rohre unter der Erdoberfläche verlegt, so daß sie nun ganz oder streckenweise unterirdisch verlaufen.

Nun kann das Wasser auf kurzem Wege rasch abfließen. Die Flutwelle, die einer geringeren Verzögerung unterliegt, trifft allerdings jetzt mit – vorher unbekannten – Wassermassen auf die Unterlieger, die ihrerseits auf Abhilfe sinnen müssen. In den verrohrten Abschnitten erlischt fast alles Leben. Während der Trockenzeiten fließen schließlich nur noch sehr geringe Mengen ab, die den ebenen Boden des begradigten Baches kaum noch bedecken. Für viele Organismen ist hier deshalb kein Lebensraum mehr vorhanden.

Wenn Abwässer eingeleitet werden, verödet das begradigte Gewässer gänzlich. Das Ausmaß der Belastung ist ja um so größer, je weniger Wasser im Bach fließt. Nur noch wenige Spezialisten: Bakterien, unter ihnen viele Krankheitserreger; Bachröhrenwürmer und Schlammfliegenlarven (Bild 3, S. 20) können in der stinkenden Brühe gedeihen. In den kurzen Hochwasserzeiten wird zwar einiger Schlamm fortgespült und in das nächstgrößere Gewässer getragen, der Gewässerzustand wird aber ganz von den langen Trockenzeiten bestimmt.

Solche Begradigungen erschienen nur so lange nicht fragwürdig, als andere Nutzungsarten gegenüber der Landwirtschaft ganz oder doch weitgehend zurücktraten. Heute gilt es, die relative Berechtigung der verschiedenen Interessen an der Gewässernutzung von Fall zu Fall abzuwägen (S. 17), wobei dem Gemeingebrauch im weiteren Sinne unbedingte Priorität gebührt.

Die Eider

Die Eider, mit 190 km Länge der größte Fluß Schleswig-Holsteins, hat in den letzten 400 Jahren einschneidende Veränderungen hinnehmen müssen. Das natürliche Niederschlagsgebiet umfaßte rund 325 000 ha in der Mitte des Landes. Es wird etwa markiert durch die Orte Tönning – Wanderup – Sörup – Schuby – Kiel – Kirchbarkau – Einfeld – Hohenwestedt – Tönning. Mehr als fünfzig Seen nahmen ursprünglich etwa 4000 ha ein.

Am Ende des Mittelalters war die Eider noch in einem natürlichen Zustand. Die Obereider (östlich von Rendsburg) nahm einen windungsreichen Lauf durch zahlreiche Seen (S. 33). Die Untereider war ein offener Tidefluß, das heißt Ebbe und Flut strömten in der Eider und in allen Nebenflüssen hin und her. In den Niederungen der Eider, Treene und Sorge lagen Moore und flache Seen; Sturmfluten und Perioden hoher Niederschläge führten jedesmal zu Überschwemmungen. Dieses Sumpfland war verkehrsfeindlich, es war landwirtschaftlich nicht nutzbar.

1. Der erste große Eingriff in das natürliche Flußsystem der Eider erfolgte 1570, als man die Treene bei Friedrichstadt abriegelte und 78 000 ha dem unmittelbaren Tideeinfluß entzog. Man wollte damit das Treenegebiet gegen Sturmfluten schützen und zugleich die Vorflut verbessern.

2. Nur 50–60 Jahre später wurde die Sorge mit 31 000 ha abgedämmt und vom Tideeinfluß ausgeschlossen (S. 94).

3. Die dritte Abdämmung geschah 1777/1784 mit dem Bau des Schleswig-Holsteinischen Kanals. Die Schleuse in Rendsburg schnitt das Obereidergebiet (61 000 ha) vom Tideeinfluß ab; ein Teil der Niederschläge aus dem Obereidergebiet wurde über Holtenau abgeleitet.

4. Bei dem Bau des Nord-Ostsee-Kanals 1888/1895 trennte man das Niederschlagsgebiet der Obereider und die Nebenflüsse Wehrau, Jevenau, Luhnau, Haalerau, Hanerau und Gieselau ab, der Eider verblieben nur noch 200 000 ha.

Diese vierte Eiderabdämmung wirkte sich außerordentlich nachteilig aus: Das Flußbett verengte sich, die Flut staute, der mittlere Tidenhub bei Rendsburg stieg in den Jahren 1895 bis 1936 von 1,10 m auf 1,80 m.

Die Abdämmungen hatten zur Folge, daß häufiger als früher Überschwemmungen eintraten; man versuchte sie mit Deichen abzuwehren. Diese führten aber – durch Stau – besonders bei Sturmfluten zu höheren Wasserständen. Erhöhungen einzelner Deichstrecken verursachten Deichbrüche an anderen, bis dahin für sicher gehaltenen Abschnitten. Die immer schwerer werdenden Deiche sanken in den moorigen Untergrund ein und verloren ihre Sollhöhen.

Als Folge der Austrocknung und Zersetzung von Moorböden begannen die bedeichten Niederungen zu sacken. Entwässerung auf niedrigere Wasserstände wurde notwendig. Siele mußten tiefer gelegt werden. Hier und dort war der Übergang zur Schöpfentwässerung nicht mehr zu vermeiden. Unser Bild zeigt Siel und Schöpfwerk Steinschleuse für das 12 300 ha große Sorgegebiet, zu dem 8230 ha Niederungen gehören. Das Schöpfwerk hat man 1915 gebaut, 1938 umgebaut und 1956 erweitert. Zwei Pumpen können 11,50 m³/sek Wasser um 2,45 m heben.

5. Die Aussichten auf eine intensivere landwirtschaftliche Nutzung wurden durch die häufigen Deichbrüche und Überschwemmungen wieder zunichte gemacht. Diese unhaltbaren Zustände wurden 1934/1936 mit dem Bau der fünften Eiderabdämmung bei Nordfeld beendet. Das Hauptziel, den Schutz gegen Sturmfluten, hat man erreicht, wie es sich 1936, 1938 und 1962 bestätigte. Die zunächst auch günstigen Vorflutverhältnisse dauerten jedoch nur wenige Jahre. Als Nebenwirkung der Abdämmung Nordfeld versandete die Tideeider, weil von dem weitverzweigten Flutraum nur noch der Mündungstrichter mit einem 30 km langen Flußschlauch übriggeblieben war. Während die Flut in verhältnismäßig kurzer Zeit in einen Flußtrichter eintritt, läuft die Ebbe nur langsam ab. Vom Wasser bewegter feiner Sand wird deshalb in größerem Umfang stromauf als stromab transportiert. Und die Wasserstände in der Tideeider (oberhalb Nordfeld) und in der Treene stiegen so hoch an, daß man zwangsläufig überall von der Sielentwässerung zur kostspieligen Schöpfentwässerung übergehen mußte.

6. Mit dem neuen Eidersiel (5 Öffnungen zu je 40 m lichter Weite) in der sechsten Eiderabdämmung bei Hundeknöll-Vollerwik steht ein Instrument zur Verfügung, mit dem man sowohl das Eintreten der Flut nach Bedarf regeln als auch die herkömmliche Sielentwässerung wählen kann.

61 *Eider bei Hamdorf-Breiholz*
Der Gegensatz zwischen der
Eiderniederung und der Alt-
moränenlandschaft beherrscht
das Bild. An der Brücke ein
privater Campingplatz. –
Blickrichtung: NO

62 *Schöpfwerk Steinschleuse an*
der Eider bei Süderstapel
Siele und Schöpfwerke sind in
regelmäßigen Abständen an der
Untereider anzutreffen; sie
zeigen, daß das Hauptproblem
der Eiderniederung die Ent-
wässerung ist. Die Alte und
Neue Schlote (rechts) wurden
im 17. Jh. von Holländern
angelegt. – Blickrichtung: N

63 *In dem breiten Treenetal beschreibt der Fluß klassische Mäander. Das gestreckte Bett links ist vom Hochwasser ausgeformt. – Blickrichtung: NO*

Die Treene - ein wenig verändertes Fließgewässer

Die Treene ist das größte Fließgewässer des schleswigschen Landesteiles. Ihre Quellbäche vereinigen sich im Treßsee (S. 53) noch im Jungmoränengebiet.

Die Treene entwässert ein Einzugsgebiet von 80 000 ha, von denen 7000 ha zum Eider-Treene-Sorge-Niederungsgebiet gehören (S. 94); der Rest verteilt sich auf die Geest und das östliche Hügelland.

Auf der Geeststrecke von Oeversee bis unterhalb Treia fließt die Treene in einem 200 bis 300 m breiten und 6 bis 10 m tiefen Tal, in dem sie in zahlreichen Mäandern hin- und herpendelt. Nur gelegentlich – zweimal auf unserem Luftbild – wird dabei der durch krattartige Gebüsch- und Gehölzstreifen markierte Talrand angeschnitten. Man erkennt deutlich, wie an diesen Punkten die Böschung zurückverlegt, das Tal also erweitert wird. Von einer solchen Stelle aus wurde Bild 78 auf Seite 119 aufgenommen.

Die Mäander verändern ihre Lage dadurch, daß auf der Außenseite jedes Bogens, dem „Prallhang", Abtragung, auf der Innenseite, dem „Gleithang", dagegen Ablagerung stattfindet. Wenn der Mäanderhals sehr schmal geworden ist, kann es bei einem Hochwasser zum Durchbruch kommen. Die abgeschnittene Schlinge, die allmählich verlandet, ist aus der Luft noch lange Zeit zu sehen. Bei dem zugewachsenen Flußarm links handelt es sich anscheinend nicht um ein solches Altwasser, sondern um ein Hochwasserbett, das vom Fluß nur dann benutzt wird, wenn der Fluß ausufert und den ganzen Talboden überschwemmt. Für diese Deutung spricht, daß der Nebenarm oben blind beginnt, unten jedoch offen in die Treene mündet.

Zusammen mit dem Unterlauf ihres größten Nebenbaches, der Bollingstedter Au, ist die Treene das natürlichste und biologisch reichhaltigste Gewässer des schleswigschen Raumes. Durch unzulänglich gereinigte Abwässer aus dem Raum Tarp–Eggebek ist die Treene merklich belastet. Dennoch ist die Fischfauna, die diesem Gewässertyp entspricht, noch vorhanden mit Bachforellen und Äschen, die hier teilweise eingesetzt werden, mit Elritzen, Gründlingen und Sandschmerlen, die ebenfalls den guten Gewässerzustand kennzeichnen; das gleiche gilt für die in diesem Gebiet standortgemäßen Insekten. Der Eisvogel findet in diesem Raum noch seine Brutplätze. Kolkrabe und Gabelweihe horsten im Treenegebiet. Meerforellen und einzelne Lachse steigen im Herbst aus der Nordsee in die Treene auf, um hier zu laichen.

In einem solchen natürlich fließenden Gewässer gibt es eine Menge verschiedener Teil-Lebensräume: An den Gleithängen ist das Wasser flach, es fließt langsam; Krautbetten mit langen Fahnen (Bild 46, S. 75) siedeln sich an, die einer großen Zahl von Kleintieren (Insekten und Larven, Schnecken, Flohkrebse, Jungfische) Schutz und Halt bieten. Solche Zonen erscheinen im Luftbild hell (vorn). Zum Prallhang hin wird das Wasser rasch tiefer, der Strom geht unmittelbar am Ufer entlang, das oft unterhöhlt wird und dann in großen Schollen abbricht. Am Prallhang lauern die Raubfische auf Beute, die ihnen von der Strömung zugetragen wird. In engen Bögen bildet sich oft ein Rückstrom aus, der mit Wirbeln an den Hauptstrom grenzt. Schattige Waldstrecken (Bild 45, S. 75) und versunkene Baumstämme bieten weitere Teil-Lebensräume.

In einem solchen Fluß bleiben auch bei niedrigem Wasserstand immer noch genügend Plätze für Verstecke, wie sie die Forellen und andere Tiere dieses Gewässertyps nun einmal brauchen, und wie sie ein schnurgerades, gleichmäßig flaches Kanalbett niemals bieten kann.

Die Treene ist das Pachtgewässer mehrerer Angelvereine. Die Angler sind hier, dem Bestand an Edelfischen entsprechend, ganz auf sportliche Fangmethoden eingestellt. Auf der Strecke bis Sollerup abwärts ist ohnehin das Fischen mit dem Wurm nicht erlaubt.

Auf den feuchten Wiesen des Talbodens gedeihen Süßgräser und Seggen in bunter Mischung, dazu gesellen sich zahlreiche Stauden wie Kohldistel, Wiesenschaumkraut, Spierstaude, Kuckuckslichtnelke und Klappertopf. Am Talhang findet sich stellenweise noch die Kuhschelle. Charakteristisch für diesen Lebensraum ist das Heupferd Mecostethus grossus, ein hellgrün gefärbtes Tier mit zinnoberroten Hinterschenkeln. Es ist nicht leicht zu erspähen, verrät sich aber durch sein knipsendes Zirpgeräusch.

„Regulierende" Eingriffe in die obere Treene und in ihre noch nahezu natürliche Landschaft sollten unterbleiben.

Die Sorgemäander

Die Sorge floß ursprünglich in Blickrichtung der Eider zu, die oben rechts im Bild erkennbar ist. Die Sorgemäander sind entstanden, als die untere Eider, Treene und Sorge noch offene Tideflüsse waren, das heißt, als in ihnen Ebbe und Flut täglich zweimal hin- und herströmten. Daher erklärt es sich auch, daß die Sorge mit einer Breite von etwa 100 m die gleiche Größenordnung hat wie die Eider an der Sorgemündung (120 m), obgleich an diesem Punkt die Sorge nur ein Niederschlagsgebiet von 8360 ha gegenüber ursprünglich 200 000 ha der Eider entwässerte.

Die Mäander genannten Flußschlingen treten bei großen wie kleinen Fließgewässern (B) auf, wenn bei geringem Gefälle relativ große Wassermengen bewegt werden. Da infolge der Zentrifugalkraft die Zone größter Geschwindigkeit, der „Stromstrich", nach außen gedrückt wird, findet an der Außenseite des Bogens Abbruch, auf der Innenseite dagegen Ablagerung statt. Die Bogen vergrößern und verlagern sich, bis schließlich der schmale Mäanderhals durchbricht und der Fluß sich einen neuen – vorübergehend kürzeren – Weg schafft. Eine solche Situation zeigt unser Bild: Der Hals des Mäanders ist nur noch 15 m breit, bei einer Länge der Schleife von 700 m.

Aber der Durchbruch kann nicht mehr eintreten, weil die Kräfte, die den Lauf verlegen könnten, aufgehört haben zu wirken: Seit 1629 ist die Sorge kein offener Tidefluß mehr.

Vor diesem Zeitpunkt war die 8400 ha große Sorgeniederung mit mehreren flachen, insgesamt 1400 ha großen Seen ein natürliches Speicherbecken für überschüssiges Wasser auch der Treene und Eider gewesen, das sich bei hohen Niederschlägen und auch bei Rückstau durch Sturmfluten hier sammeln und ausbreiten konnte.

In diesen Raum griff nun der Mensch ein. Große Landgewinnungsprojekte waren in den Niederlanden durch Deichbau und durch Trockenlegung von Binnengewässern erfolgreich durchgeführt worden. Es lag nahe, solche Methoden nach Schleswig-Holstein zu übertragen; von dem Gottorfer Herzog Friedrich III. wurden kapitalkräftige Holländer, die sich schon an der Gründung Friedrichstadts (1621) beteiligt hatten, privilegiert (1623), die Sorgeniederung trockenzulegen. Sie ergriffen folgende Maßnahmen:

1. Die Sorge wurde nahe ihrer Mündung abgedämmt, den Damm bezeichnet die Pappelreihe im Hintergrund.

2. Der von der Geest herabkommende Oberlauf mit einem Einzugsgebiet von 26 700 ha wurde in einen neu angelegten Kanal und durch ein Siel, die „Sandschleuse" (am linken Ende der Pappelreihe), in die alte Mündung geleitet.

3. Die untere Sorge erhielt zwei neue Abflüsse zur Eider bei der Steinschleuse (Bild 62). Die Laufrichtung der Sorge im Bildfeld wurde umgekehrt.

4. Der Zufluß von der Treene her wurde 1626 abgedämmt und damit eine Wasserscheide zwischen beiden Gewässern künstlich geschaffen.

5. Die Seen, zuerst der Meggersee, wurden einzeln umdeicht; man versuchte dann, sie mittels Windmühlen trockenzulegen.

Die hochgesteckten Ziele wurden nicht erreicht. Vielmehr traten Konkurse und häufige Besitzerwechsel ein. Schuld an dem Mißerfolg waren Kriegseinwirkung, Sturmfluten, die teuren und störungsanfälligen hölzernen Mühlen, wohl auch der Neid der Eingesessenen, die sich in ihren Rechten an dem Sumpfland geschmälert sahen, vor allem aber eine zu optimistische Einschätzung der naturgegebenen Möglichkeiten des Raumes.

Erst in der Mitte des 19. Jh. zeichnete sich eine Besserung ab, als Hinrich Tiedemann mit der ersten Dampfmühle an unserer Westküste den Meggerkoog trockenlegte. Die Entwässerungstechnik des 20. Jh. (Schöpfwerk Steinschleuse s. S. 91; Schöpfwerk Sandschleuse, 1950, 22 m³/sec) hat in der ganzen Sorgeniederung, heute „Sorgekoog" genannt, die Überschwemmungen beheben können.

Damit sind aber die Probleme keineswegs beseitigt worden. Die 5–8 m mächtigen Moorschichten beginnen dort, wo sie oberflächlich trockengelegt und der Luft zugänglich werden, infolge teilweiser Zersetzung der organischen Substanzen stark zu sacken, das heißt, die Bodenoberfläche wird tiefer gelegt. Durch diesen „Inversion" genannten Vorgang liegen im Eidergebiet heute bereits große Flächen unter dem MTnw der Außeneider. Bei verstärkter Entwässerung dürfte der Erfolg durch zunehmende Sackung bald wieder in Frage gestellt werden.

64 *Diese großartigen Schlingen entstanden in einer Zeit, als die Sorge noch ein offener Tidefluß war, der im Hintergrund rechts mit der Eider in Verbindung stand. Am Bildrand rechts die Geestinsel von Erfde. – Blickrichtung: SO*

65 Von der Sandergeest kommen zahlreiche Bäche herab, die sich bei Knorburg vereinigen und als Soholmer Au in die Marsch fließen. – Blickrichtung: N

66 Das Entwässerungssystem in der Bongsieler Marsch hat die doppelte Aufgabe, das Niederschlagswasser der Marsch und auch das der Geest aufzunehmen und abzuleiten. Links der Lecker-Au-Kanal, rechts der Bongsieler Kanal. – Blickrichtung: NO

Entwässerungsprobleme: Soholmer Au und Bongsieler Kanal

Die fast ebene Niedere Geest entstand während der letzten Vereisung durch die Schmelzwasser, welche die im Untergrund anstehenden Altmoränen weitgehend zuschütteten. Den losen Sand wehte der Wind zu flachen Dünen zusammen. Auf einer solchen Düne liegt zum Beispiel das Gehöft Spölbek in Bildmitte. Den breiten Schmelzwasserrinnen, die in die Sanderfläche um 1 bis 2 m eingetieft sind, folgen die heutigen Geestwasserläufe, die zwischen dem Langenberg und der Lütjenholmer Geest fächerförmig zusammenströmen: die Spölbek (links), der Schafflunder Mühlenstrom (Mitte), die Rodau (Mitte rechts) und ein kleinerer Wasserlauf (vorn); nur wenig weiter unterhalb münden die Linnau und der Goldebeker Mühlenstrom. Von dort an führt der Fluß den Namen Soholmer Au.

Wie die eiszeitlichen Schmelzwasserströme entspringen diese Geestwasserläufe nahe an den Endmoränen auf der Linie Wanderup–Handewitt–Flensburger Marienhölzung. Die Bäche fließen in ihren oberen Abschnitten ziemlich rasch, mit einem Gefälle von 1 ‰ oder mehr, so daß sie Wassermühlen treiben konnten. Im Bereich des Bildausschnittes beträgt das Gefälle nur noch etwa 0,3 ‰. Im Gebiet des Zusammenflusses sind die Geestwasserläufe ansehnliche Bäche, zum Beispiel ist der Schafflunder Mühlenstrom in Bildmitte etwa 6 m breit.

Mehrere ähnliche, aber etwas kleinere Bäche sammeln sich nördlich des Langenberges zur Lecker Au.

Alle diese Bäche sahen noch um 1850 erheblich anders aus: In zahlreichen Windungen, ähnlich der Treene (S. 93), flossen sie langsam dahin, bei starken Niederschlägen wurden die Schmelzwasserrinnen überschwemmt. In mehreren Bauphasen sind die Geestwasserläufe ausgebaut worden. Der Abfluß vollzieht sich heute rascher als früher. Niedrige Deiche verhindern Überschwemmungen. Um den Wasserstand regulieren zu können, hat man Stauwerke eingebaut, ein solches sehen wir im Schafflunder Mühlenstrom an der Spölbekmündung; dennoch sind die Unterschiede zwischen den extremen Wasserständen heute größer als früher.

Die Begradigung hat auch die Bedingungen für die Lebewesen verändert. Die Flußschlingen mit ihren Prall- und Gleithängen, mit wechselnden Wassertiefen, mit Sandbänken, Kolken und unterhöhlten Ufern sind verschwunden (S. 93). In den Geestwasserläufen leben Forelle, Stichling, Hasel (S. 79), Plötze und Aal, ferner Bachneunauge, Schmerle und Gründling; im Winter steigen einzelne Meerforellen in die Bäche auf.

15 km weiter westlich wiederholt sich das Bild des Zusammenflusses. Die größere Breite ist weniger durch eine größere Wassermenge, mehr durch das geringere Gefälle bedingt. Beide Wasserläufe sind künstlich; Altwasser, Lecker Au und Soholmer Au sind nur in Resten erhalten.

Der Störtewerkerkoog (Bildmitte) wurde im 16. Jh. bedeicht, er war wie der Gotteskoog (S. 57) noch nicht überall hoch aufgeschlickt und wies im Untergrund weithin eine Moorschicht auf. Nach der Bedeichung sackte das Moor in sich zusammen, so daß weite Flächen heute in Höhen von NN −0,25 bis −1,5 m liegen (zum Vergleich: MThw in Schlüttsiel +1,40 m). In diese Niederungen ergoß sich nicht nur das Niederschlagswasser der Marsch, sondern vor allem auch das von der Geest herabfließende Wasser. Und die alljährlich eintretenden riesigen Überschwemmungen zu bekämpfen, baute man den Bongsieler Kanal (1860) und den Lecker-Au-Kanal (1921). Zwischen Deichen floß nun das Geestwasser ab, und eine extensive Halbkultur (Seggenheugewinnung) wurde in den Niederungen möglich, die im Winterhalbjahr ein Eldorado für Zugvögel blieben.

Später begann man, einzelne Köge durch Schöpfwerke zu entwässern, zuerst den Herrenkoog (1927). Diesem Verfahren waren allerdings Grenzen gesetzt, weil der Stauraum zwischen den Deichen zu gering war; auch konnte man die Deiche wegen des Mooruntergrundes nicht beliebig erhöhen.

Erst 1948 wurden wirksame Maßnahmen zur Entwässerung der tiefliegenden Marsch ergriffen und seit 1953 im Rahmen des Programm Nord weitergeführt: die Kanäle wurden verbreitert und vertieft, die Deiche verstärkt, Schöpfwerke (S. 90) heben das Wasser aus den Kögen in die Kanäle, das Grabensystem wurde verbessert. Straßen erschlossen die abgelegenen Niederungsgebiete, die mit neuen Bauernhöfen besiedelt wurden.

Über die Probleme, die mit der Ableitung des Wassers in die Nordsee zusammenhängen, wird auf Seite 98 berichtet.

Schlüttsiel und Arlaumündung

Vermutlich seit Beginn des Deichbaus gibt es in den Marschniederungen während des Winterhalbjahres ausgedehnte Überschwemmungen. Sie treten immer wieder bei lang andauernden Sturmfluten auf, die so oft mit starken Niederschlägen zusammenfallen. Das bedeutet dann für die Siele in den Deichen, daß sie so lange geschlossen bleiben, bis das Wasser aus dem Wattenmeer abgeflossen ist und sich die Sieltore unter dem Überdruck des Binnenwassers öffnen können. Durch den gleichzeitigen Zufluß von Geestwasser wird die Entwässerung der Marsch erschwert.

Diese Bedingungen liegen sowohl an der Soholmer Au/ Lecker Au wie an der Arlau vor. Beide Flüsse führen Wasser aus großen Geestniederschlagsgebieten in die niedrige Marsch herab. In beiden Räumen hat man die Hauptgewässer kanalisiert und mit Deichen eingefaßt, um Überschwemmungen zu vermeiden. Nun kann das Wasser, vermehrt um die gepumpten Niederschläge der Marsch, schadlos bis an das Siel im Landesschutzdeich fließen. Oft liegt der Wasserstand in den bedeichten Vorflutern hoch über der Marsch.

Um das Wasser in die Nordsee zu leiten, sind in Schlüttsiel und an der Arlaumündung zwei sehr verschiedene Möglichkeiten verwirklicht worden. Man kann das überschüssige Niederschlagswasser während der Sielschlußzeiten entweder speichern (Schlüttsiel) oder es durch ein Schöpfwerk in das Wattenmeer pumpen (Arlau). Im ersten Fall sind große Speicherräume erforderlich, bei der Schöpfentwässerung schlagen die Kosten für die Pumpen zu Buch.

Bei Schlüttsiel mündet seit 1959 der Bongsieler Kanal. 56 900 ha Geest und 17 400 ha Marsch (Verhältnis 4:1) ergeben ein Niederschlagsgebiet von 74 300 ha. Die Marschen liegen bis zu 3,70 m unter dem MThw der Nordsee. Da Sielschlußzeiten bis zu 35 Stunden gemessen worden waren, wurde eine Speicherkapazität von 11 Mio. m³ errechnet. Vorhanden war ein Raum von 3,7 Mio. m³ zwischen den Deichen der Hauptvorfluter und in dem umdeichten 200 ha großen Bottschlotter See neben dem Bongsieler Kanal (Bild oben links).

Die fehlenden Speicherräume konnten 1957–1959 ohne Kosten für Grunderwerb durch Vorverlegung des Deiches ins Watt hinaus geschaffen werden. Zu beiden Seiten des vor dem Siel stark verbreiterten Bongsieler Kanals entstanden die Becken (zusammen 700 ha und 7 Mio. m³ Rauminhalt), die durch Ein- und Auslaßbauwerke nach Bedarf geflutet und dann möglichst bald wieder entleert werden.

Die unmittelbar vor dem alten Landesschutzdeich gelegenen hohen Vorland- und Wattflächen eigneten sich nicht für Speicherzwecke; hier fiel als Nebenprodukt einer wasserwirtschaftlichen Maßnahme ein neuer Polder von 500 ha ab: der Hauke-Haien-Koog mit 21 Siedlungen.

Die Speicherbecken bei Schlüttsiel sind Seevogelschutzgebiet. Neben Pflanzen des Meeresstrandes haben sich Schilf- und Seggenbestände ausgebreitet. Vom Deich aus kann man auf den seichten Wasserflächen Wasser- und Sumpfvögel, darunter im Herbst viele Zugvögel beobachten.

An der Arlaumündung, wo das Niederschlagswasser von 22 900 ha Geest und 6300 ha Marsch (3,5:1) abzuführen sind, konnte man hinter dem Landesschutzdeich keine ausreichenden Landflächen für die Herrichtung des erforderlichen Speichers zur Verfügung stellen. Da die Sielschlußzeiten hier sogar bis zu 70 Stunden beobachtet wurden, hat man das alte, strömungstechnisch unzureichende Siel umgestaltet und 1953 zusätzlich ein Hochwasserentlastungsschöpfwerk mit einer Leistung von 25,6 m³/sec errichtet. Auf diese Weise kann der höchstzulässige Binnenpeil von NN +0,80 m eingehalten werden (MThw = NN +1,50 m).

Dennoch sind die Vorflutverhältnisse des Arlaugebietes, des Sönke-Nissen-Kooges und auch auf der nahe gelegenen Insel Nordstrand nicht ausreichend. In Verbindung mit der Deichverkürzung in der Nordstrander Bucht sollen nach dem Generalplan Deichverstärkung, Deichverkürzung und Küstenschutz in Schleswig-Holstein vom 20. Dezember 1963 5400 ha Vorland- und Wattgebiet bedeicht werden. Dabei fallen hinreichend aufnahmefähige Speicherräume an, mit denen, ähnlich wie in Schlüttsiel, alle Hochwasser gefahrlos abgeführt werden können.

Arlauschleuse und Schlüttsiel sind typische Sielhäfen, die von Krabbenkuttern und auch von Sportbooten aufgesucht werden. Von Schlüttsiel aus laufen Fahrgast- und Versorgungsschiffe regelmäßig die Halligen Hooge und Langeneß sowie die Insel Amrum an.

67 *Entwässerungskanal, Speicherbecken, Seedeich, Siel und Außentief bilden eine funktionale Einheit. – Blickrichtung: O*

68 *Um den Anschluß an einen Priel zu finden, hat man die Arlau nicht auf dem kürzesten Wege in das Wattenmeer geführt. Im Seedeich liegen nebeneinander Schöpfwerk (links) und Siel. Ein Vergleich der beiden Auslaufbetten zeigt, daß nur selten gepumpt wird. Oben rechts eine Wehle. – Blickrichtung: NO*

69 *Im Gewässernetz der ältesten Marschen sind Natur-*
strukturen fixiert, die sich bis heute erhalten haben. –
Blickrichtung: SW

Marschgräben und Tränkkuhlen in Eiderstedt

Wie ein Ausschnitt aus einem Mosaikspiel wirkt dieses Grünland bei Medehop nordöstlich von Tating. Die Flureinteilung ist aber nicht das Ergebnis einer barocken Spielerei, sondern sie geht auf ein natürliches Gewässernetz zurück, das noch vor der Bedeichung als Werk der Gezeiten hier entstand. Die krummlinigen Gewässer sind ehemalige Halligpriele, wie sie noch heute im Vor- oder Halligland angetroffen werden (Küsten, S. 34). Nach der Bedeichung ließ man diese Priele aus Gründen der Arbeitsersparnis bestehen und legte nur zusätzlich einige annähernd geradlinige Gräben neu an, um etwa gleich große Parzellen zu erhalten. Die Gräben sind etwa 2–3 m breit, sie dienen in der Marsch der Besitzabgrenzung, der Entwässerung und als Einfriedigung für das Weidevieh. Nur dort, wo die Gräben zu schmal und zu flach geworden sind, weil man das Marschgebiet zu tief entwässerte oder weil die Gräben nicht mehr „gekleit" werden, sind Pfähle und Draht erforderlich.

Der Viehhaltung dienen auch die Tränkteiche, die sich auf jeder „Fenne" befinden. Als Gewässer können sie zu den Tümpeln gerechnet werden (S. 69).

Die Fennen sind in Beete gegliedert, von deren flach gewölbter Oberfläche das Niederschlagswasser besser abfließen kann. Auf dem schweren Tonboden der alten Marsch, in den das Wasser nur wenig einsickern kann, würde sonst stauende Nässe eintreten. Das Gefälle in den Gräben der Marsch ist fast gleich Null. Lange Zeit steht das Wasser in den Gräben still, es entspricht etwa dem Grundwasserstand. Nur wenn bei starken Regenfällen der Wasserstand steigt, tritt „Sielzug" ein, das heißt, das Wasser bewegt sich langsam dem Meer zu. In Eiderstedt gibt es nicht so komplizierte Entwässerungsprobleme wie im Bongsieler Raum (S. 98), weil die Marsch hoch liegt (etwa NN $+1,0$ m), weil kein Geestwasser zufließt und weil die Deichsiele in der Nähe liegen. Die Schleuse war früher nur 2 km entfernt; seit dem Bau des Tümlauer Kooges (1935) sind es 3 km.

Die Marschgräben und Tränkteiche sind Lebensräume, die großen Schwankungen unterworfen sind. Nach starken Regenfällen ist der Wasserstand hoch, und das Wasser ist sauerstoffreich. In langen sommerlichen Trockenzeiten sinkt das Wasser, und in dem schlammigen flachen Restgewässer, das oft von einer dicken Schicht von Wasserlinsen bedeckt ist, tritt Sauerstoffmangel ein. Im Winter stellt lang dauernde Eisbedeckung eine andere extreme Situation dar; nicht selten frieren flache Gräben bis auf den Grund aus.

Nur solche Tiere können hier leben, die diese Bedingungen überstehen oder die nach einer „Katastrophe" den Lebensraum rasch neu besiedeln können. An Fischen kommen vor: drei- und neunstacheliger Stichling, Karausche, Schlammbeißer und Aal; in tieferen Gräben und in den Sielzügen eventuell auch Hecht und Schlei. Der Schlammbeißer ist neben der Kiemenatmung auch zur Darmatmung fähig; bei Austrocknung kann er sich in den Schlamm eingraben. Die Karausche und der dreistachelige Stichling können in schlammigen Restpfützen und selbst unter dickem Eis überleben. Das Heer der Insekten und Kleinkrebse kann auf dem Luftweg das Gewässer neu besiedeln oder sich aus den widerstandsfähigen Eiern entwickeln. Hecht, Aal und Stichling wandern von den tieferen Vorflutern her wieder ein.

Die Marschgräben sind ein Eldorado für Frösche, die als erwachsene Tiere im Schlamm überwintern; im Frühjahr legen sie in den Gräben ihre gallertigen Eiklumpen ab, aus denen bald die Kaulquappen schlüpfen. Mögen auch viele vom Gelbrandkäfer und seiner Larve, von Wasserskorpionen (S. 20) und Fischen gefressen werden, im Juli kriechen und hüpfen Tausende junger Frösche an den Grabenrändern.

Nicht selten nisten Wildenten zwischen den Binsenbülten; Storch und Fischreiher stehen gern am Grabenrand, auch Rotschenkel und Bekassine, während sich Kiebitz, Star und Feldlerche mehr auf den Grasflächen der Fennen aufhalten. Auch Möwen und Austernfischer sieht man hier oft.

Marschgräben und Tränkkuhlen müssen in Abständen von etwa zehn bis zwanzig Jahren „gekleit" werden, weil sie sonst verlanden. Schilf, Rohrkolben, Igelkolben, Knäuelbinse, Wasserschwaden und Hundsstraußgras wachsen von den Ufern her gegen die Mitte vor, während der Boden durch die abgestorbenen Reste von Wasserpest, Hornblatt, Froschlöffel, Froschbiß, verschiedenen Laichkräutern und Algen aufgehöht wird. Schwarz und übelriechend ist dieser schwefelwasserstoffhaltige, saure Schlamm, der heute mit Spezialbaggern ausgehoben wird.

Die Trave

Die Trave stellt den Vorfluter für rund neunzig Seen mit fast 7000 ha Wasserfläche dar. In der benachbarten Schwentine sind es etwa 8000 ha. Das Quellgebiet der Trave befindet sich etwa 9 km südwestlich von Eutin und nur etwa 15 km von der Lübecker Bucht entfernt in einer Höhe von 50 bis 76 m über NN. Der Bach hat anfangs ein Gefälle von 3 %, bis er in das langgestreckte Becken des Heidmoores eintritt. Diese fast ebene Moorlandschaft war während der letzten Vereisung Teil eines großen Eisstausees, der nach W, zum Ricklinger Sander hin, entwässerte. Bei Travenhorst mündet die Berliner Au, der ursprüngliche Abfluß des Kembser Sees (Höhe NN +30,7 m), des Seedorfer Sees und des Seekamper Sees. Für diese Seen hat man zum Betrieb einer Wassermühle am Anfang des 19. Jh. den Glindgraben, einen künstlichen Abfluß in den nahe gelegenen Großen Plöner See (NN +21 m), angelegt, in den sie seitdem entwässern.

Nach einer Lauflänge von 25 km hat die Trave den Wardersee (S. 41) erreicht; das Gefälle ist sehr gering geworden (0,3 %). Von hier aus wendet sich die Trave nach W und beschreibt dann einen Bogen, der um den westlichen Stadtrand von Bad Segeberg herumführt. Zugleich schneidet sie sich in einem schmalen Wiesental etwa 20 m tief in die Moränen bei Segeberg ein. Erst nachdem das Eis im O des Landes abgeschmolzen war, konnte sich die Trave hier einen Weg zur Ostsee hin schaffen. Von Segeberg bis Oldesloe geht das Gefälle allmählich auf 0,75 % über.

Bei Oldesloe beträgt das Niederschlagsgebiet der Trave 72 700 ha, nachdem die Beste 14 100 ha herangeführt hat. Das Quellgebiet dieses Wasserlaufs liegt bei Sülfeld nur wenige Kilometer von der oberen Alster entfernt. Hamburger und Lübecker Kaufleute versuchten hier 1448, fünfzig Jahre nach dem Bau des Stecknitzkanals, den Alster-Beste-Kanal anzulegen, allerdings ohne Erfolg.

Im Jahre 1955 hat man die untere Beste ausgebaut, um die Wasserstände abzusenken und die häufigen Überschwemmungen im Beste-Mündungsgebiet zu verringern.

Im Stadtgebiet von Bad Oldesloe wurde die Trave mit einem Durchstich verkürzt. Außerdem hat man in der Trave etwa 1 km unterhalb der Stadt einen „Sohlenabstieg" hergestellt. Modellversuche im Franzius-Institut der Technischen Hochschule Hannover hatten ergeben, daß der Absturz von 1,15 m mit einem 4,75 m langen Tosbecken ausgestattet werden müsse. Das Bauwerk soll eine allzu große Absenkung bei Niedrigwasser verhindern und bei Hochwasser den ungestörten Abfluß ohne Aufstau gewährleisten.

Von Bad Oldesloe wendet sich die Trave nach O; sie nimmt etwa 1 km östlich des Bildausschnittes den Elbe-Lübeck-Kanal auf und durchfließt das Stadtgebiet von Lübeck, hier mündet die kanalartige und für Boote schiffbare Wakenitz mit einem Niederschlagsgebiet von 44 500 ha. Diese kommt aus dem Küchensee (20 ha), dem auch Schaalseewasser über das Kraftwerk (S. 122) zufließt, und durchläuft dann den 9,5 km langen und im Mittel 1,5 km breiten Ratzeburger See (12 900 ha). Die Wakenitz ist in Lübeck seit dem 13. Jh. zum Mühlenbetrieb gestaut, und zwar liegt der Sommerstau auf NN +3,35 m und der Winterstau auf NN +3,65 m. Der Spielraum ist also gering. Aber da die Seeflächen 8 % des Niederschlagsgebietes ausmachen, findet eine wirksame „Seeretention" (Abflußverzögerung) statt. Dennoch kann eine Gefahrenlage entstehen: Wenn der Wasserstand die Höhe von NN + 3,85 m übersteigt, treten im Stadtgebiet von Lübeck Überschwemmungen ein. Das Hochwasser am 2./3. Januar 1966 erreichte NN +3,80 m.

Die Untertrave hat man zu einem leistungsfähigen Seekanal ausgebaut. Schiffe bis zu einer Größe von 8000 t können den Hafen Lübeck anlaufen. Unterhalb der Herrenbrücke reicht die Wassertiefe sogar für Frachter mit einer Tragfähigkeit von fast 13 000 t. An der Untertrave haben sich deshalb viele Industriebetriebe angesiedelt. In die Untertrave münden die Schwartau (20 900 ha) und die Stepenitz (70 700 ha) ein. Unterhalb der Herrenbrücke fließt die Untertrave durch mehrere Seen, die der einstigen „Traveförde" entsprechen. Die schmale seestrategisch wichtige Mündung, die zwischen Priwall und westlichem Fördeufer offenblieb, hat sich die Stadt Lübeck beizeiten gesichert.

Der Ostseespiegel bei Travemünde liegt bei NN ± 0 m. Das Niedrigwasser fällt extrem um 2 m, und die höchste Sturmflut stieg schon bis NN +3,30 m. Wegen des gefällsarmen Unterlaufes kann der Einfluß der Ostseewasserstände bis an das Wehr von Bad Oldesloe heranreichen.

71 *Auf dem Boden einer eiszeitlichen Schmelzwasserrinne fließt die Kossau in natürlichen Windungen durch eine anmutige Parklandschaft bei Rantzau. – Blickrichtung: N*

Die Kossau

Die Kossau, einer unserer größeren Ostseezuflüsse, entwässert bei einer Länge von etwa 22 km ein Einzugsgebiet von 13 000 ha. Man sieht als ihr Ursprungsgewässer den Rixdorfer Teich an. Durch bewegtes Jungmoränengelände fließt sie durch den Rottensee zum Tresdorfer See; vom Gut Schönweide kommend, folgt die Kossau einer tief in das Gelände eingesenkten eiszeitlichen Schmelzwasserrinne, jedoch in umgekehrter Fließrichtung. Dicht an Lütjenburg vorbei gelangt sie in den Großen Waterneverstorfer Binnensee, einen unserer größten Strandseen, aus dem die Kossau durch ein Siel in die Ostsee mündet.

Von der Straße Plön–Lütjenburg aus, die ebenfalls das Schmelzwassertal benutzt, kann man die Kossau gut beobachten. In der 100–200 m breiten Talaue wechseln mehr oder weniger feuchte Wiesenflächen mit Erlen- nud Eschenwäldchen, die – zusammen mit Röhricht – die natürliche Vegetation der Talsohle bilden. Aus dieser Parklandschaft erfaßt unser Bild einen als Weide genutzten Abschnitt; die vom Vieh zertretenen Bachränder sind mit Disteln bewachsen. An anderen Stellen verschwindet der Bach fast ganz unter dem üppigen Pflanzenwuchs von Riedgräsern und Stauden (Brennessel, Spierstaude, Engelwurz), von Wald und Gebüsch.

Lange Zeit hat man sich damit begnügt, die Erlenbrüche in Wiesen umzuwandeln, ließ aber den Bach laufen, wie er wollte. Neuerdings sind aber doch einige Abschnitte begradigt, die nassen Wiesen mit Abzugsgräben versehen worden. So ist jetzt die schönste Mäanderstrecke unterhalb des Gutes Rantzau bei der Straße nach Dannau verschwunden.

Die Kossau bietet einer reichen Organismenwelt Lebensraum. Im Sommerhalbjahr wachsen im Wasser üppige Pflanzen, vor allem Laichkrautarten, Wasserpest, Tausendblatt und auch Wasserhahnenfuß. Nahe dem Ufer sieht man dichte, hellgrüne Bestände der Berle, eines Doldengewächses. Häufig sind auch Sumpfpflanzen wie der Wasserschwaden, der flutende Schwaden, der Froschlöffel und der Igelkolben im und am Wasser anzutreffen.

Zoologisch ist die Kossau dementsprechend reichhaltig besiedelt. Alle in solch einen Bach gehörigen Kleinlebensräume sind vorhanden. Nietzke nennt 328 Arten makroskopisch sichtbarer Tiere; sicher ist seine Liste noch nicht vollständig. Am reichsten vertreten sind die Zuckmücken (96 Arten), Köcherfliegen (45), Milben (31), Weichtiere (30), Käfer (29), Würmer (24). Doch heißt das nicht, daß diese Gruppen immer die Hauptmasse der tierischen Produktion darstellen. Zum Beispiel werden manche Eintagsfliegen (15 Arten) in viel größerer Masse auftreten als die Käfer. An einem solchen Bach kann man bei günstiger Gelegenheit die Wechselwirkung mit der Umgebung beobachten. Die Insekten, deren Larven in ihm leben, schlüpfen meist massenhaft innerhalb weniger Tage. Dann werden z. B. die Larven der Großen Eintagsfliege, die im sandigen Boden lebten, an die Oberfläche getrieben. Die Larvenhaut platzt auf, und innerhalb weniger Sekunden schlüpft ein flugfähiges Stadium, das von der Wasseroberfläche wegflattert. Doch bald haben das die Lachmöwen bemerkt, die in der Gegend herumfliegen. Sie nehmen eins der Insekten nach dem andern von der Wasseroberfläche weg. Die noch größere Masse der Zuckmückenlarven wird von den herbeieilenden Schwalben dezimiert oder von den Laubsängern und Grasmücken an den Ufergebüschen später abgepickt.

In früheren Zeiten wurde die Kossau an mehreren Stellen aufgestaut und zum Mühlenbetrieb oder zur Karpfenzucht genutzt, so bei Altmühle oberhalb des Rottensees, bei der Rantzauer Papiermühle, in Helmstorf und in Lütjenburg.

Im Einzugsgebiet der Kossau liefern Abwässer die Güter Rixdorf, Schönweide, Rantzau, Helmstorf und Neudorf, die Dörfer Dannau und Engelau sowie die Stadt Lütjenburg. Der Zustand des Gewässers zeugt größtenteils von geringer Belastung. Nur vor dem Einlauf in den Rottensee ist die Kossau so mit Abwasserpilzen bewachsen, daß die normale Bachfauna nicht gedeihen kann. Die Hauptverschmutzung kam aber jahrelang aus Lütjenburg, wo die Abwässer der Kleinstadt und die einer großen Meierei mehr oder weniger ungereinigt in die Aue liefen und sie bis hinab zum Binnensee zu einem Abwasserbach machten. Das ist anders geworden, als Lütjenburg 1963 eine richtig bemessene Kläranlage erhielt, neuerdings sogar mit chemischer Stufe zur Entfernung der Phosphate. Seitdem ist die Kossau unterhalb des Ortes wieder lebensfähig.

Die Schwentine

Die Schwentine entwässert die ostholsteinische Seenplatte zur Ostsee hin. Auf dem Höhepunkt der Würm-Vereisung sammelten sich die Schmelzwässer im Gebiet der Plöner Seen über dem Toteis in einem Niveau von NN + 37 m und flossen durch die Tensfelder Au nach SW zur Nordsee hin ab. Erst nach dem Abtauen des Eises konnte sich das heutige, zur Ostsee gerichtete Flußsystem der Schwentine ausbilden (vgl. Trave S. 102). Mit dieser Entstehung hängen die heutigen Gefällsverhältnisse der Schwentine eng zusammen: Im Bungsberggebiet ist die Schwentine nur ein kleines Rinnsal von großem Gefälle. Im Bereich der Seenplatte ist das Gefälle gering; der gefällsreiche „junge" Unterlauf der Schwentine hat sich von der Kieler Förde aus kräftig eingeschnitten. Im Hinblick auf den Abfluß des Wassers wirken sich die 8000 ha Seeflächen im 72 800 ha großen Niederschlagsgebiet als Rückhaltebecken sehr günstig aus. Die Schwentine kennt keine katastrophalen Hochwasser; in Trockenwetterperioden fließt im Verhältnis zu anderen Flußsystemen ähnlicher Größe gleichmäßig viel ab.

Das höchste HW in Preetz (Niederschlagsgebiet 445 km²) stieg nicht ganz einen Meter über den mittleren Wasserstand, und das niedrigste Niedrigwasser fiel nur 54 cm unter MW. Der Längenschnitt läßt die zahlreichen Stauanlagen erkennen; sie sind auch in den Nebenflüssen vorhanden. Es dürfte in Norddeutschland kein Flußgebiet von so kurzer Längen- und Breitenausdehnung geben, das mit so vielen künstlichen Stromhemmnissen (56) versehen ist wie das Schwentinegebiet, das sich wegen der gleichmäßigen Wasserführung für den Mühlenbetrieb hervorragend eignet. Um die Jahrhundertwende verzeichnete man zwanzig Mühlen. Mit der Wasserkraft wurde Korn gemahlen und Papier hergestellt; ab 1904 wurde auch elektrischer Strom erzeugt (S. 122). Weitere 36 Staue dienen zum Teil auch heute noch zur Bewässerung von Wiesen, als Anlagen zum Betreiben von Fischteichen oder als Aalfänge.

Dieses System von Wasserstauen in der Schwentine und ihren Nebenläufen ist nach und nach seit dem Mittelalter entstanden. Es funktioniert gut und sollte deshalb nicht verändert werden. Weil das Wasser der Schwentine in einem ständigen Austausch mit den Seen steht, wirkt sich das Ein- leiten von Abwässern und Düngestoffen und auch das Einbringen von festen Stoffen wie Abfällen, überschüssigen Bodenmassen und dergleichen auch auf die Seen aus.

Die Schwentine fließt durch das frühmittelalterliche slawische Siedlungsgebiet, und da die Slawen gern am Wasser siedelten, wird der Fluß von einer Reihe slawischer Ortsnamen begleitet: Eutin (Utin), Gremsmühlen (Gremenze), Plön (Plune), Dörnick (Dwornik), ferner Wittmoldt, Lanker See und Preetz; auch der Name Schwentine selbst ist slawisch, swentana – heiliger Fluß.

Der im Bild erfaßte Flußabschnitt unterhalb des Gutes Rastorf ist – ebenso wie die ganze Strecke zwischen Kiel und Preetz – durch schöne Wanderwege erschlossen, während die kurzen Flußstrecken zwischen den Seen oberhalb von Preetz nur teilweise von Land aus erreichbar sind. Wer die Schwentine in ganzer Länge vom Wasser aus kennenlernen will, kann nur mit einem leichten Paddelboot die vielen Stauanlagen überwinden.

Weitere Beiträge zum Flußgebiet der Schwentine sind in den Themen Plöner Seen (S. 34), Lanker See (Wanderung des Namens Schwentine, S. 37), Bornhöveder See (S. 38) und Energiegewinnung (S. 122) enthalten.

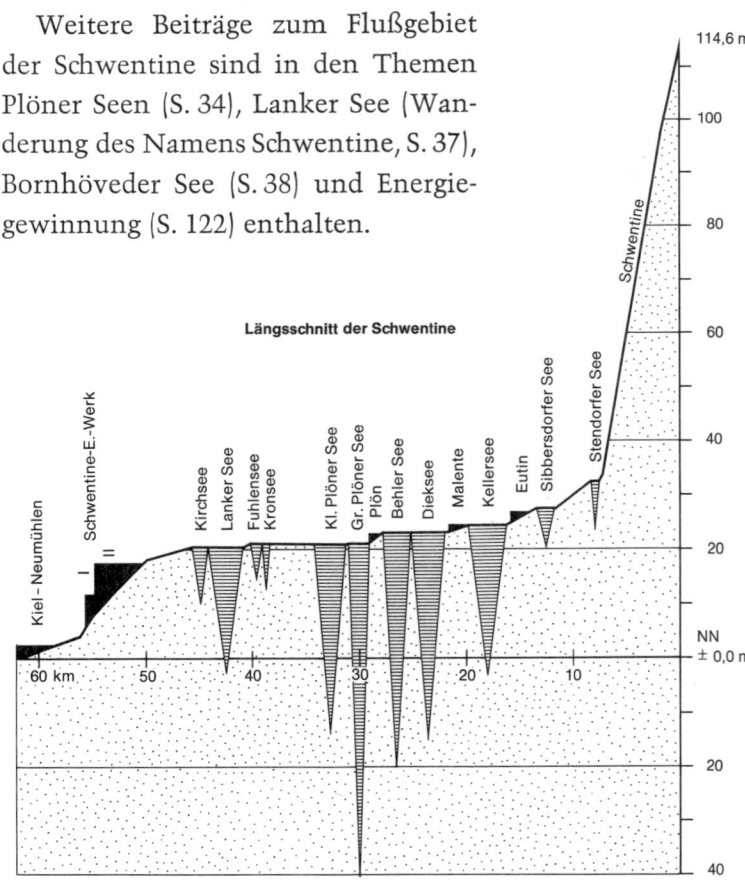

Längsschnitt der Schwentine

72 *Unterhalb des Gutes Rastorf ist die Schwentine zum Rosenfelder See aufgestaut, dessen flacher oberer Teil bereits verlandet ist. Der See wird von der B 202 gequert. – Blickrichtung: NW*

73 *Die Technik der Bachregulierung kann man aus dem*
Luftbild ablesen. Rechts der Holmer See, ein Strandsee. –
Blickrichtung: N

Die Osterbek bei Fleckeby

Die Osterbek entwässert das hügelige Land zwischen dem Windebyer Noor und dem Wittensee. Mit einem Einzugsgebiet von 2700 ha ist sie nur ein kleines Fließgewässer. Ihr Lauf wird durch die Orte Osterby–Gut Möhlhorst/Kochendorf–Götheby/Holm (Vordergrund) bezeichnet; er folgt überwiegend den Senken, die zwischen den nordsüdlich orientierten Endmoränen des Hüttener Gletschers verlaufen. Dies gilt sinngemäß auch für die weiter westlich annähernd parallel fließende Hüttener Au.

Um 5000 v. Chr. lag der Meeresspiegel noch um 12 m tiefer als heute; die Osterbek floß auf der diluvialen Oberfläche, also einem in Bildmitte um etwa 1,0 m niedriger gelegenen Niveau als heute, und weiter auf dem noch trocken liegenden Boden der „Großen Breite" der damals flußartigen Schlei zu. Als dann der Meeresspiegel anstieg und um 1000 v. Chr. die heutige Höhe annähernd erreichte, wurde der Bereich des vorderen Bildausschnittes mit Ausnahme einiger Inseln und Halbinseln überflutet.

Seither hat eine Verlandung stattgefunden, bei der drei verschiedene Vorgänge zusammenwirkten: 1. Die Osterbek brachte aus ihrem Oberlauf Sinkstoffe mit und setzte sie im flachen, ruhigen Wasser an ihrer Mündung ab. 2. Schilfsümpfe – wie noch jetzt am Ufer des Holmer Sees – und Bruchwald lieferten organisches Material. 3. Sand, der vom bewaldeten Steilufer bei Weseby stammte (Bildmitte oben), wurde im Uhrzeigersinn am Schleiufer entlangtransportiert. Die dabei entstehenden Strandwälle haben den Holmer See von der Schlei abgetrennt. Ein Vergleich dieses Strandsees mit dem Gebiet der Osterbekmündung zeigt, daß im Bereich des Baches die Verlandung rascher vor sich gegangen ist.

Das niedrige moorige Land, welches die Verlandungsvorgänge zwischen Moränenrand, -inseln und Strandwall geschaffen haben, ist Zwangsgrünland, das heißt, es kann wegen des hohen Grundwasserstandes nicht beackert werden. Außerdem wurde es bei hohem Schleiwasserstand (S. 50) häufig überschwemmt. Dies wirkte sich nicht nur wegen der Vernässung und Versauerung des Bodens ertragsmindernd aus, sondern vor allem, weil das Weidevieh oft von Leberegeln befallen wird, wenn sich deren Larven im flachen Wasser überschwemmter Weiden entwickeln können.

Ähnliche Verhältnisse lagen an der unteren Hüttener Au vor, deren Mündung nur 600 m weiter westlich lag. Um die landwirtschaftliche Nutzbarkeit der betroffenen Niederungsflächen (Hüttener Au 76 ha, Osterbek 48 ha) zu verbessern, hat man folgende Maßnahmen durchgeführt, die auf dem Bild (Aufnahme am 27. 8. 1972) erst teilweise zu sehen sind:

1. Die Mündung der Hüttener Au ist nach O verlegt worden, wobei sich für die Trassenführung eine schmale Moorzone zwischen zwei Hügeln anbot (Textkarte).

2. Für den Abfluß der beiden künstlich zusammengeführten Bäche wurde ein neuer Auslauf mit einem entsprechend dimensionierten Klappsiel angelegt. Neben dem Siel befinden sich ein kleiner Parkplatz und eine Badestelle.

3. Um eine Überflutung von der Schlei her auszuschließen, ist der Strandwall vor der ganzen Niederung auf etwa 2 m über dem mittleren Schleiwasserspiegel erhöht, also bedeicht worden.

4. Der Abfluß des Holmer Sees ist ausgebaut, der Unterlauf der Osterbek außerdem begradigt worden. Man erkennt deutlich die dabei angewendete Technik. Erfreulicherweise ist dem Bach eine gewisse Schwingung belassen worden. Der Holmer See soll als natürliches Speicherbecken das überschüssige Binnenwasser aufnehmen, wenn das Siel bei hohen Schleiwasserständen geschlossen bleibt.

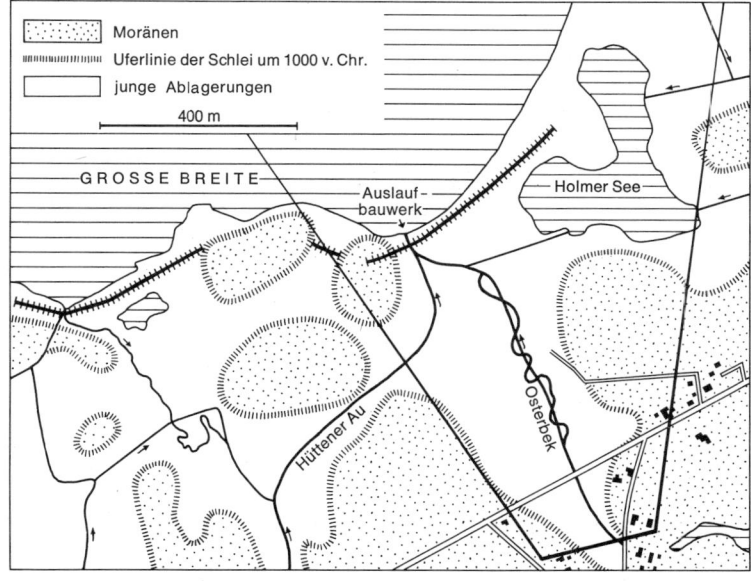

Die Loiter Au in Angeln

Von den Fließgewässern der Ostabdachung Schleswig-Holsteins haben nur die Trave und die Schwentine die Größenordnung von Flüssen. Unter den Bächen ist die Loiter Au der bedeutendste.

Allerdings gibt es für dieses Gewässer und für seine Quellbäche keine einheitliche Benennung: bei jedem größeren Ort wird der Name gewechselt. Die beiden Hauptzuflüsse benutzen die Schmelzwasserrinne Süderbrarup–Langsee. Der aus dem Langsee kommende westliche Zufluß heißt erst Wellspanger Au, dann Boholzer Au, der östliche Mühlenau und Oxbek (vgl. dazu die Textkarte auf S. 30). Bei Loit vereinigen sich die beiden Bäche auf einer Höhe von NN +12,5 m zur Loiter Au, die auf 17,5 km Lauflänge noch zwei weitere Namen führt: Scholderuper Au und Füsinger Au. Der Bach hat wohl ursprünglich nur „Au" geheißen.

Die Loiter Au strebt mit beachtlichem Gefälle (Langsee NN +16,3 m) der Schlei zu. In ihrem Einzugsgebiet lagen mehrere Wassermühlen. Die Karte auf S. 30 läßt erkennen, wie ein solcher Bach aus vielen kleinen Wasserläufen, an die sich noch kleinere (Parzellengräben, Dränungen) anschließen, Wasser empfängt. Aus Quellhorizonten, also aus dem Grundwasser, aus Mooren, verlandeten Seen, aus den feuchten Talauen sickert auch nach langer Trockenzeit noch Wasser hervor und speist das Gewässer. Auf die Wasserführung der Loiter Au wirkt der Langsee mit dem Idstedter See ausgleichend.

In Westerakeby wurde 1957 eine Abflußmeßstation eingerichtet, wo die Wasserstände laufend registriert und die Fließgeschwindigkeiten bei unterschiedlichen Wasserständen gemessen werden. Von den 724 mm Niederschlag, die als Mittel der Jahre 1961–1970 gefallen sind, sind jährlich 308 mm durch die Loiter Au bei Westerakeby abgeflossen. Im Mittel fließen hier 1,96 m³/sec, bei Hochwasser bis 23 m³/sec ab. Solche Messungen sind für alle wasserwirtschaftlichen Maßnahmen eine wichtige Grundlage.

Da bei Schleihochwasser Rückstau eintritt, wurden die Niederungen bei Füsing öfter überschwemmt; sie brachten den Landwirten nur wenig Nutzen. In den fünfziger Jahren haben sie sich zu einem Wasser- und Bodenverband zu-sammengeschlossen. Dieser hat die Au geräumt sowie Deiche (auf NN +1,20 bis 1,50 m), Brücken und zwei kleine Schöpfwerke gebaut. Die 8–10 m breite Füsinger Au diente bis 1914 als Schiffahrtsweg zu Ziegeleien und Torfwerken.

In die Fließgewässer steigen im Spätherbst aus der Nordsee und Ostsee die Meerforellen auf. In den klaren, sauerstoffreichen Quellbächen suchen sich die Fische genügend tiefe Stellen mit sandig-kiesigem Untergrund, um dort zu laichen. Für die Entwicklung der Jungfische aus den Eiern ist frisches, sauberes Wasser notwendig.

Ursprünglich waren alle Fließgewässer auch Laichgewässer für die Meerforelle und den in seiner Lebensweise ähnlichen Lachs. Die Zahl der Laichgewässer hat aber sehr abgenommen. Manche sind schon seit langem durch Wehre, welche die aufsteigenden Fische nicht überwinden konnten, abgeschlossen, wie die Kossau, andere, wie die Lippingau in Nordangeln, sind durch Ausbau ungeeignet geworden, viele wurden durch Verschmutzung unbewohnbar. Von den noch vorhandenen Laichgewässern sind die Treene (S. 93) und die Loiter Au die wichtigsten.

Noch vor einigen Jahrzehnten, als Verschmutzung und Überfischung die Bestände noch nicht dezimiert hatten, fand in jedem Jahr in der Loiter Au eine ausgiebige Jagd auf die Meerforellen statt. Mit zum Teil recht primitiven Methoden wurden die aufsteigenden Fische von den Anliegern in Massen gefangen. An diese Zeit erinnert noch das Lachswehr in Scholderup; es ist 19 m breit und mit 15 Schütztafeln ausgestattet. Wenn die Fische das Wehr übersprangen, gerieten sie in die Fanganlage, aus der es kein Entrinnen mehr gab.

Heute ist der Fang der Salmoniden in den Laichgewässern, also auch in der Loiter Au, während der Laichzeit durch die Schleswig-Holsteinische Fischereiordnung verboten.

Trotzdem hat der Bestand an Meerforellen abgenommen, in der Schlei wohl hauptsächlich wegen der Verschmutzung. Daß die Fische sogar in der Loiter Au gefährdet sind, zeigte sich vor einigen Jahren, als aus einem Bauernhof mehrere tausend Liter Jauche in den Wasserlauf gelangten, wodurch fast der gesamte Bestand an sauerstoffbedürftigen Salmoniden vernichtet wurde.

74 *Die stattliche Loiter Au entwässert den südlichen Teil Angelns. Vorn und im Hintergrund die Schlei. – Blickrichtung: O*

Teichwirtschaft in Kletkamp

Neben der Fischerei in den Seen und Flüssen hat Schleswig-Holstein auch eine im Vergleich zu anderen Bundesländern ganz ansehnliche Teichwirtschaft. Es sind, wenn man von den zahlreichen kleinen Teichen unter 1 ha absieht, rund 120 teichwirtschaftliche Betriebe, die etwa 960 künstlich angelegte, ablaßbare Teiche mit einer Gesamtfläche von rund 2200 ha umfassen. In diesen Teichen wird als Hauptwirtschaftsfisch der Karpfen gehalten und gezüchtet. Nach der Art der Produktion unterscheidet man in der Karpfenteichwirtschaft Vollbetriebe, die Karpfenzucht betreiben und den Karpfen vom Ei bis zum Speisefisch produzieren, Aufzuchtbetriebe, die gekaufte Karpfenbrut zum ein- oder zweisömmerigen Satzkarpfen, dem sog. K_1 oder K_2, heranziehen, und Abwachsbetriebe, die den Satzkarpfen, zumeist den K_2, in weiteren ein oder zwei Jahren zum verkaufsfähigen Speisefisch von durchschnittlich 1500 bis 2000 g, ausnahmsweise auch 2500 g, heranwachsen lassen. Bei noch größeren Karpfen, die auf den Markt kommen, handelt es sich meist um Fische aus den hiesigen Seen und Flüssen, in denen der Karpfen nicht von Natur aus vorkommt, sondern in die er als Satzfisch aus Teichwirtschaften eingesetzt worden ist.

Die Zucht des Karpfens, der im wärmeren Klima Südosteuropas zu Hause ist, erreicht in Schleswig-Holstein ihre nördliche Verbreitungsgrenze. Trotz dieser Grenzlage, die erschwerende Produktionsbedingungen mit sich bringt, ist die Karpfenteichwirtschaft in Schleswig-Holstein schon seit langer Zeit heimisch. Ihr Ursprung geht auf klösterliche Anlagen zurück, die in Schleswig-Holstein bereits gegen Ende des 12. Jh. entstanden und zum Teil noch heute existieren, zum Beispiel in Reinfeld in Holstein, das sich, der alten Tradition bewußt, „die Karpfenstadt" nennt. Nach dem Niedergang der Klöster in der zweiten Hälfte des 16. Jh. fand die Teichwirtschaft ihre Hauptpflegestätte bei den Gütern. So erklärt es sich, daß noch heute, namentlich in Ostholstein, die Teichwirtschaft vielfach als Nebenbetrieb größeren landwirtschaftlichen Betrieben angeschlossen ist. Als Beispiel für diese Gutsteichwirtschaften sehen wir auf dem Luftbild in einer bewegten, reizvollen Landschaft den mit 33,5 ha größten Teich der Teichwirtschaft Kletkamp bei Lütjenburg, die

insgesamt 75 ha Teichfläche umfaßt. Zu diesem Betrieb gehören noch vierzehn weitere Teiche zwischen 0,5 bis 15 ha Größe, die im hügeligen Gelände verstreut zwischen land- und forstwirtschaftlichen Flächen liegen. Erzeugt werden in dieser Teichwirtschaft Karpfen in den verschiedenen Altersklassen vom K_1 bis zum K_4, außerdem Satzhechte und Schleie. Der abgebildete Teich war bis 1900 Fischteich, dann bis 1945 Grünland, seitdem ist er wieder Fischteich. Er wird alle zwei Jahre mit 40 000 K_1 besetzt, die mit Zufütterung eine Ernte von 250–330 Zentner Speisekarpfen liefern, was einem jährlichen Zuwachs von 190–250 kg/ha entspricht.

Die Teichwirtschaft ist der Betriebszweig der Fischerei, der in seiner Wirtschaftsform der Landwirtschaft am nächsten kommt. Wie bei der landwirtschaftlichen Nutzung werden auch bei der Bewirtschaftung der ablaßbaren Teiche die Bodenpflege und die Bodenverbesserung mit Kalkung und Düngung als produktionsfördernde Maßnahmen angewendet. Der Weidewirtschaft vergleichbar, wird der Fischbesatz auf die Ertragsfähigkeit des Teiches abgestellt. In früherer Zeit fand vielfach ein Wechsel zwischen teich- und landwirtschaftlicher Nutzung statt dergestalt, daß der Teich nur einige Jahre bespannt, das heißt unter Wasser blieb und dann für zwei bis drei Jahre trockengelegt wurde, um in dieser Zeit als Wiese oder Ackerland genutzt zu werden. Diese wechselweise Bewirtschaftung, die speziell in Schleswig-Holstein üblich war, weist schon frühzeitig die Grundzüge moderner Teichbewirtschaftung auf, bei der die alljährliche winterliche Trockenlegung der Teichfläche den Erfordernissen einer Bodenmelioration Rechnung trägt.

Als Ergebnis von umfassenden Leistungsprüfungen und systematisch betriebener, züchterischer Auslese ist in den letzten zwanzig Jahren ein im Exterieur einheitlicher Typ des „Holsteiner Karpfen" entstanden, er ist ein schwach beschuppter Spiegelkarpfen von mittlerer Hochrückigkeit.

Der Name „Holsteiner Karpfen" hat über Schleswig-Holstein hinaus einen für Kenner und Freunde dieses Edelfisches guten Klang. Diese Wertschätzung verdankt er vor allem dem Umstand, daß er nicht mit Mastfuttermitteln in der Gewichtszunahme forciert wird, sondern weitgehend auf der Grundlage von Naturnahrung aufwächst.

Teichwirtschaft in Waldhütten/Aukrug

Die Teichanlagen in Schleswig-Holstein bilden keine ausgesprochenen Zentren. Es finden sich aber doch Häufungen von Betrieben, besonders in Ostholstein, im Kreise Stormarn, auf der Insel Fehmarn und im Raum Rendsburg–Neumünster–Itzehoe. Namentlich in der Umgebung von Hohenwestedt bieten sich mit den dort vorhandenen geeigneten Geländeformen und Wasserverhältnissen die naturgegebenen Voraussetzungen für die Schaffung von Teichen. Von den Kuppen der warthezeitlichen Moränen verlaufen hier vielfach nach allen Seiten Erosionsrinnen, die sich für den Ausbau aneinandergereihter Teichketten anbieten. Während in der Jungmoränenlandschaft Ostholsteins die größeren verstreut im Gelände liegenden Teiche den Charakter von Seen haben, zumal die meist kurzen Abschlußdämme im Landschaftsbild kaum auffallen, sind für die Moränenlandschaft der vorletzten Vereisung die meist aus kleineren Teichen bestehenden terrassenförmigen Anlagen kennzeichnend.

Eine typische Anlage für dieses Gebiet in landschaftlich sehr reizvoller Lage ist die Teichwirtschaft Waldhütten bei Innien, die inmitten einer 200 ha großen Forstwirtschaft rund 25 ha Teichfläche umfaßt. Sie wurde um 1880 gegründet. Zu dieser Zeit erlebte die Binnenfischerei durch den Impuls der wiederentdeckten künstlichen Fischzucht, von der noch später die Rede sein wird, allgemein einen starken Aufschwung. Die Teichwirtschaft Waldhütten besteht aus zwei Teichketten, die aus einer Anzahl von kleinen Quellen gespeist werden. Ursprünglich war die Anlage speziell für die Forellenhaltung bestimmt, da hierfür jedoch die Wassermenge nicht ausreichte, wurde die Fischproduktion auf Karpfen, Schleie und Zander umgestellt. In den kühlen, hartgründigen Waldteichen findet namentlich der Zander ihm zusagende Lebensbedingungen. Der jetzige Besitzer, H. H. Ebeling, dessen Familie den Betrieb 1936 übernommen hat, konnte die Zanderzucht mit einer Produktion von jährlich etwa 100 000 einsömmerigen Zandersetzlingen von 8 bis 15 cm Größe und dazu 100 000–150 000 Zanderbrut von 3–4 cm Größe zu einem bekannten Spezialbetrieb ausbauen. Die erforderlichen laichreifen Zander werden im Frühjahr aus Seen und dem Kanal bezogen.

In den letzten Jahrzehnten des vorigen Jahrhunderts sind im Raum Hohenwestedt noch mehrere Teichwirtschaften entstanden, die, zunächst als Forellenzuchten gegründet, ihr Produktionsziel dann auf Karpfen und Schleie ausdehnten und sich bis heute zu vielseitigen Fischzuchten oder zu interessanten Spezialbetrieben entwickelt haben. Eine solche Teichwirtschaft in Sarlhusen gehört mit der Aufzucht von Karpfen, Schleien, Forellen, Hechten und Zandern zu den besonders leistungsfähigen Zuchtbetrieben.

Weiterhin sind bemerkenswert zwei Freilandfischzuchten in Hohenwestedt (Teichfläche je 10–15 ha), die schon vor 40–50 Jahren zusätzlich zur ursprünglichen Karpfen- und Forellenproduktion die Aufzucht von Kaltwasserzierfischen in ihr Programm aufnahmen. Das umfangreiche Angebot dieser Betriebe besteht unter anderem aus den goldfarbenen Varietäten von Orfen, Karpfen, Plötzen, Schleien, aus Bitterlingen, Gründlingen, Karauschen und verschiedenen nordamerikanischen Barscharten wie Sonnen-, Mond-, Stein- und Pfauenaugenbarsch. Hauptfisch im Absatz ist die Goldorfe, deren Versand in Plastikbeuteln nicht nur per Expreß in den Westen des Bundesgebietes und nach West-Berlin geht, sondern die in größerem Umfang auch per Flugzeug nach Holland und England exportiert wird.

Zu den fischereiwirtschaftlichen Besonderheiten im Bundesgebiet gehört ein weiterer Fischereibetrieb in diesem Raum. Es ist die einige Kilometer nördlich von Nortorf gelegene Fischbrutanstalt Altmühlendorf, in der jährlich 10–15 Mio. Fischbrut erzeugt werden. Unter dem Verfahren der künstlichen Fischzucht versteht man das vom Menschen vorgenommene Abstreifen und Vermischen der Geschlechtsprodukte von Fischen sowie die Erbrütung der auf diese Weise gewonnenen befruchteten Eier. Die Brutanstalt wurde im Jahre 1877 von dem zur gleichen Zeit gegründeten Central-Fischerei-Verein für Schleswig-Holstein erbaut. Während in den ersten vier Jahrzehnten ihres Bestehens ausschließlich Salmonideneier, und zwar im wesentlichen Meerforelleneier, zur Erbrütung kamen, sind heute Hechte und Maränen die Hauptfischarten der Fischbrutanstalt, die damit als Lieferant für den Edelfischbesatz unserer Seen unentbehrlich geworden ist.

77 *Die Binnenfischerei wird heute mit modernen Spezial-*
fahrzeugen betrieben. Am Ausfluß der Schirnau aus dem
Wittensee wird eine Aalreuse geleert

Binnenfischerei

Im gewässerreichen Schleswig-Holstein hat die beruflich ausgeübte Binnenfischerei noch lebenskräftige Existenzmöglichkeiten, die an die Verhältnisse in Mecklenburg, Pommern und im früheren Ostpreußen erinnern. Von den insgesamt 27 000 ha Binnengewässern werden 20 500 ha von 82 Berufsfischern bewirtschaftet (nach Erhebung 1972). Die fischereiliche Nutzung und Gewässerbewirtschaftung liegt dabei zum überwiegenden Teil in der Hand von geprüften Fischermeistern. Diese üben das Fischereirecht zumeist als Pächter aus. Die Pachtungen befinden sich vielfach seit mehreren, jeweils 12–18 Jahre dauernden Pachtperioden im Besitz ein und derselben Familie. An dem fiskalischen Wittensee liegt die fischereiliche Nutzung schon in dritter Generation in den Händen der Familie Bening.

Als Grundlage für eine hauptberufliche Existenz gilt in Schleswig-Holstein eine fischereilich nutzbare Wasserfläche von mindestens 150–200 ha. Für die fast durchweg zum eutrophen Typus gehörenden Holsteiner Seen sind als nachhaltig erzielbarer durchschnittlicher Fischertrag 30 kg je Hektar und Jahr zu rechnen. Die Ertragsbreite reicht dabei von 20–80 kg und mehr je Hektar und Jahr. Mit zunehmender Größe der Seen nimmt der Hektarertrag in der Regel ab.

Zu den wichtigsten Wirtschaftsfischen unserer Binnengewässer gehören der Aal, Hecht, Barsch, Zander, Schlei und die Kleine Maräne (Coregonus albula), am Markt auch Silbermaräne genannt. Ziel der Gewässerbewirtschaftung ist es, den Anteil der geringwertigen Weißfische (etwa 40–50 % des Gesamtfanges) mittels intensiver Befischung zugunsten der Edelfische zu reduzieren.

Als Hauptwirtschaftsfisch kommt der Aal in allen von Berufsfischern bewirtschafteten Seen vor. Im Bemühen um eine Steigerung der Aalerträge wird dem Besatz der Gewässer mit Jungaalen von den Fischereibetrieben besondere Beachtung geschenkt. So gelangten in die Seen Schleswig-Holsteins in letzter Zeit im Jahresdurchschnitt 20 000 kg Satzaale (1 kg = 50–60 Stück), außerdem 200–300 kg Glasaale (1 kg = 3000 Stück) zum Einsatz. Das sind im Mittel je Hektar Seenfläche 50–60 Stück Satzaale und 30–45 Stück Glasaale. Die intensiv betriebene Aalwirtschaft kann den vollen Erfolg nur in einem geschlossenen Gewässer bringen, das mit einem fest eingebauten Aalfang am Seenabfluß abgesperrt ist. Ein großer Teil der hiesigen Seenbetriebe besitzt solche stationären Aalfänge.

Gefördert werden außerdem der Hecht und die Kleine Maräne. Zur Verbesserung des Hechtbestandes werden in unseren Seen seit langer Zeit Besatzmaßnahmen durchgeführt. In zwei Brutanstalten werden jährlich 15–18 Mio. Hechteier erbrütet. Der Hechtbesatz erfolgt überwiegend mit Junghechten, die bis zu einer Länge von 6–7 cm in Aufzuchtteichen herangezogen werden. Mit diesem Besatz wird unter günstigen Voraussetzungen ein Wiederfangergebnis von 10–20 % der eingesetzten Stückzahl erzielt.

Der Wittensee, der wie unsere anderen großen und tiefen Klarwasserseen, insbesondere Selenter See, Schaalsee, Großer Plöner See, zum fischereilichen Typus des Maränensees gehört, bietet ein Beispiel für die erfolgreiche Einbürgerung der Kleinen Maräne. Mit dieser Edelfischart wurde erstmalig im Jahre 1921 ein Besatzversuch mit einer Kanne Brut (etwa 30 000–50 000 Stück) gemacht. Als man zwei bis drei Jahre danach einige gut gediehene Fische wiederfing, erfolgte Mitte der zwanziger Jahre ein erneuter, stärkerer Besatz mit 15–20 Kannen Brut. Im Jahre 1929 hatte sich auf Grund dieser Besatzmaßnahmen dann bereits ein so guter Maränenbestand entwickelt, daß im Spätsommer Nacht für Nacht mehrere Zentner Maränen gefangen werden konnten. Seit dieser Zeit gehört der Wittensee mit nachhaltig erzielten Erträgen von 10–15 kg/ha zu den besten Kleinen-Maränen-Seen in Schleswig-Holstein. Zum Ausgleich der intensiven Befischung wird der See allerdings jährlich mit 2–4 Mio. Stück Maränenbrut besetzt.

Der Fischfang in den hiesigen Binnengewässern wird während des Frühjahrs und Sommers hauptsächlich mit Reusen, Stellnetzen und der Aalschnur, mit den Geräten der sog. stillen Fischerei, ausgeübt. Die früher als Fangart vorherrschende Zugnetzfischerei hat in letzter Zeit als Mittel zur Regulierung der Weißfischbestände an Bedeutung wieder zugenommen, seitdem die Zugnetze allenthalben mit Motorwinden ausgerüstet sind. Die Elektrofischerei wird fast nur im Frühjahr zum Aalfang angewendet, sie hat aber nicht die ursprünglich erwartete Bedeutung erreicht.

Sportfischerei

Unter den zahlreichen Tätigkeiten, die Johannes Mejer in seinem Atlaswerk 1652 anschaulich dargestellt hat, fehlt das Angeln nicht. Da der von Mejer – beim Grundriß von Hamburg – abgebildete junge Mann mit Angel durchaus nicht den Eindruck eines Berufsfischers macht, dürfen wir annehmen, daß die Sportangelei in unserem Lande schon mindestens 350 Jahre, wahrscheinlich aber sehr viel älter ist.

Damals war das Recht zum Angeln – außer in Fischteichen – noch allgemein. Heute muß man dieses Recht – für jedes Gewässer einzeln – erwerben, doch ist das für die weitaus meisten Gewässer Schleswig-Holsteins ohne Schwierigkeiten möglich. Manche Gewässer werden heute nicht mehr von Berufsfischern bewirtschaftet, weil sie für eine Existenz zu klein sind. Überall kommen Fischer und Angler partnerschaftlich miteinander aus.

Es gibt in Schleswig-Holstein 161 Angelvereine mit 238 000 Mitgliedern, die im Landessportfischerverband zusammengeschlossen sind, zu diesen kommen im Rahmen des Fremdenverkehrs noch etwa 8000 Gastangler aus anderen Bundesländern, für die der Angelsport eine wichtige Urlaubsbeschäftigung ist.

Die Sportfischerei kann auf sehr unterschiedliche Weise betrieben werden, wobei einerseits die Art des Gewässers, andererseits das Temperament des Petrijüngers die Zahl der Möglichkeiten begrenzen.

Seßhafte Naturen ziehen die Grundangelei vor, für die sich die Seen, Kanäle und die langsam fließenden Flüsse anbieten; auch an Wehlen und Kiesgruben, Bodenentnahmestellen, Moorkuhlen und Mühlenteichen sieht man die Grundangler sitzen. Meist wird vom Ufer aus geangelt – auf manchen Gewässern, zum Beispiel dem Nord-Ostsee-Kanal, sind Boote überhaupt verboten – auf größeren Gewässern, vor allem Seen, auch vom Boot aus. Das Verfahren, mit einem natürlichen Köder (Wurm, Maden, Teig, Kartoffeln und anderes) den Fisch zum Anbiß zu verleiten, ist im Prinzip einfach. In der Praxis kommt es aber sehr darauf an, die bevorzugten Standorte der zu beangelnden Fischart(en) ausfindig zu machen und außerdem die Fische durch geeignete Anfüttermethoden zum längeren und freßbereiten Verweilen an der Angelstelle zu verlocken. Den Raubfischen

(Hecht, Barsch, Zander, Raubaal) stellt der Grundangler mit lebenden Ködern nach. Je nach Fischart, nach Jahres- und Tageszeit, nach der Art des Gewässers, nach Wasserstand, Wetterlage usw. muß das Angelverfahren abgewandelt werden, um zum Erfolg zu gelangen.

Dort, wo Raubfische zu erwarten sind, wo nicht zu viele Pflanzen hinderlich sind und wo das Wasser leidlich klar, also durchsichtig ist, kann der Spinnangler tätig werden. Er angelt mit künstlichen Ködern aus Metall, Holz oder Kunststoff, die in den meisten Fällen ein verletztes Fischchen imitieren sollen. Treffsichere Wurftechnik mit den eigenschweren Spinnern und Wobblern und geschickte Köderführung geben dem Spinnfischen einen betont sportlichen Charakter. Während der Grundangler wartet, bis der Fisch zu ihm kommt, kann der Spinnangler eine große Zahl möglicher Standorte absuchen und dort seinen Köder anbieten.

Der Flugangler benutzt künstliche Köder, die so leicht sind, daß sie nicht selbst die Schnur von der Rolle ziehen. Vielmehr hat die Schnur ein so hohes Eigengewicht, daß sie durch den Schwung der Rute in Bewegung gesetzt wird. Nach mehreren vor- und rückwärts gerichteten „Luftwürfen" ist schließlich die Schnur so weit ausgebracht, daß sie an der richtigen Stelle über die Wasseroberfläche geworfen werden kann, wobei sich der Köder, meist eine künstliche Fliege, geräuschlos hinabsenkt. Es gibt schwimmende „trockene" und sinkende „nasse" Schnüre und Fliegen. Weil die Beute, fast ausschließlich Fische aus der Gruppe der Salmoniden (Forelle, Meerforelle, Lachs, Äsche), meist nur in der Lippe gehakt, also kaum verletzt wird, können untermaßige Fische leicht zurückgesetzt werden. Im wesentlichen ist die Flugangelei auf die rasch fließenden Bäche beschränkt, von denen einige (obere Treene, S. 93, Schafflunder Mühlenstrom, S. 97) als Salmonidengewässer nur mit Fliege oder Spinner befischt werden dürfen.

Die Sportangler suchen nicht in erster Linie die Beute, sondern das Erlebnis der Natur in der Landschaft. In ihrem Kampf gegen die Umwandlung der natürlichen Fließgewässer in öde Abflußkanäle, gegen die Verrohrung kleiner Wasserläufe, gegen jede Art von Verschmutzung der Gewässer und ihrer Ufer dienen sie zugleich der Allgemeinheit.

79 *Mit elektrisch angetriebenen Kreiselpumpen wird das aus den Brunnen gehobene, durch Filterung gereinigte Wasser in die Leitung gedrückt*

Grundwasser und Wasserversorgung

In der Marsch ist das Grundwasser fast überall versalzen, es eignet sich deshalb weder als Trink- noch als Tränkwasser. Die Marschbevölkerung deckte ihren Bedarf – wie heute noch auf den kleineren Halligen – aus Kuhlen, Gräben, Zisternen und in der Nähe der Geest aus Flachbrunnen. Dieses Wasser ist nur in gekochtem Zustand genießbar.

Nach dem Zweiten Weltkrieg ging man in ganz Schleswig-Holstein daran, hygienisch einwandfreie Einrichtungen zur Wasserversorgung zu schaffen. Allein an der Westküste entstanden sechzehn Wasserbeschaffungsverbände (WBV), deren Wasserwerke alle auf der Geest liegen.

Beispielhaft zeigt die Textabbildung das Verteilungsnetz des 1954 gegründeten WBV Eiderstedt: man könnte das Rohrnetz als ein unterirdisches Fließgewässer bezeichnen, das am Anfang mit großem Querschnitt und am Ende an den Zapfstellen in den Wohnungen, Betrieben und öffentlichen Gebäuden am engsten ausgebildet ist – also gerade umgekehrt wie bei Bächen und Flüssen.

Das Wasserwerk Rantrum trat an die Stelle des früheren Tönninger Wasserwerkes in Platenhörn. Dieses konnte nicht erweitert werden, weil die unterirdische Salz-Süßwasser-Grenze schon bis 1,5 km an das Brunnengelände vorgedrungen war. Man mußte bis auf die Geest ausweichen, wo ein ergiebiger Grundwasserleiter in einer Tertiärrinne erbohrt wurde. Aus drei Bohrbrunnen, deren Filter zwischen 62,5 und 102 m unter Gelände die Wasserleiter erfassen und in die Unterwassermotorpumpen eingebaut worden sind, fördert man das Rohwasser.

Im Wasserwerk wird das Rohwasser zu Trinkwasser aufbereitet. Dieses muß vor allem hygienisch einwandfrei sein. Außerdem soll es die Rohrleitungen und sonstigen Bauteile, die das Wasser berührt, nicht zerstören. Deshalb entfernt man die aggressive Kohlensäure. Man bedient sich ferner der chemischen Fällung, um durch Belüften oder Oxydationsmittel lösliche Verbindungen (Eisen, Mangan) in unlösliche zu verwandeln. Durch Sandfilter wird das gereinigte Wasser in Speicherbehälter geleitet.

Die in unserem Bild gezeigten Pumpen drücken täglich fast 5000 m³ Trinkwasser in das 575 km lange Eiderstedter Rohrnetz. Der größte Wasserbedarf tritt während des Sommers auf in den Fremdenverkehrsgebieten St. Peter-Ording und Westerhever, etwa 40 km vom Wasserwerk entfernt. In den Raum Tönning–Eiderdamm wurden für den dort erwarteten Bedarf leistungsfähige Leitungen verlegt. Mit Hilfe der Druckerhöhungsstation Garding wird sichergestellt, daß überall der erforderliche Wasserdruck herrscht.

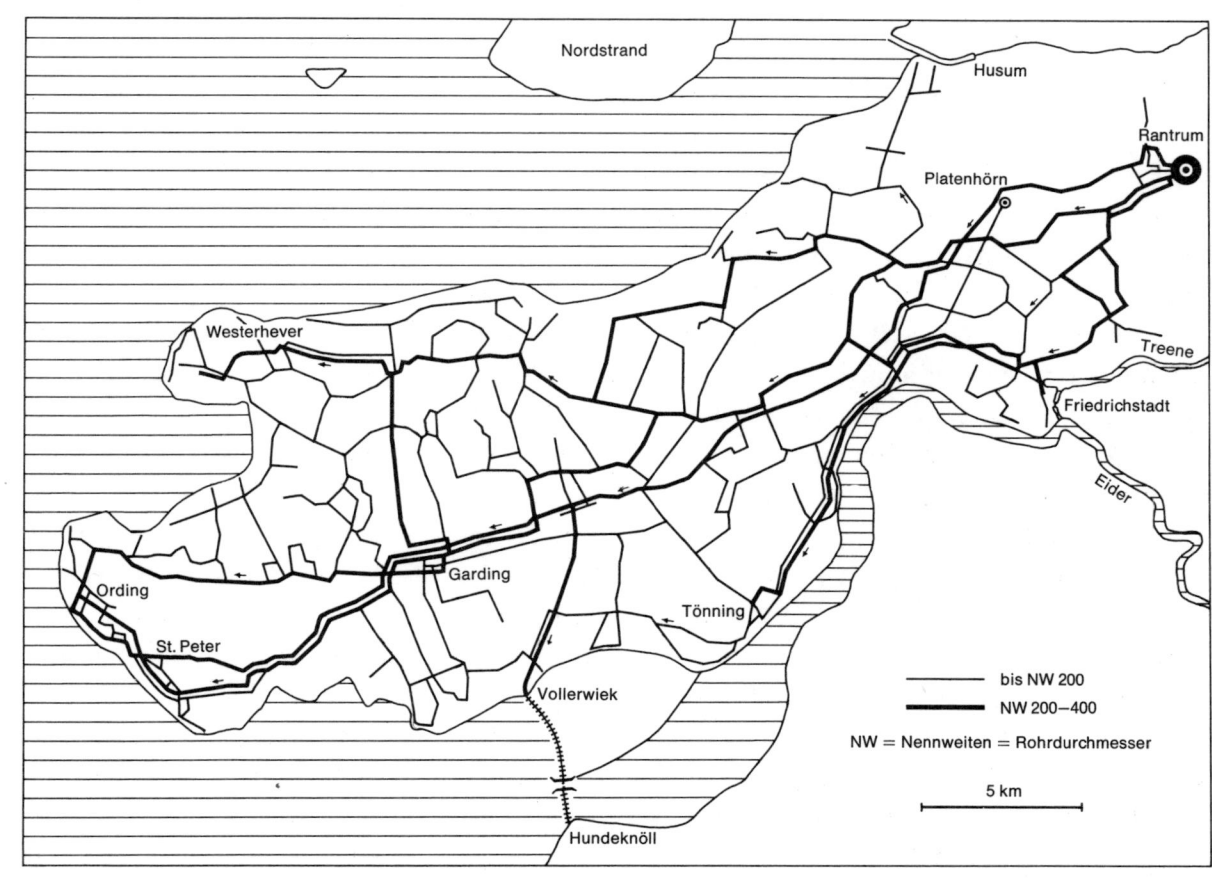

Energiegewinnung

Die Wasserkraft hat man nachweislich schon im 12. Jh., vermutlich schon einige hundert Jahre früher, genutzt, um leistungsfähige Kornmühlen an Stelle der Handmühlen, den sog. „Queren", zu errichten. Die Natur des Landes bot dafür viele günstige Gelegenheiten, und jedes kleine Gewässer wurde zum Antrieb einer Mühle in Anspruch genommen. Die Müller in der Nähe der Mündung wurden bei Trockenheit durch Wassermangel öfter behindert. An der Schwentine gab es um 1900 noch zwanzig Mühlen. H. Rantzau besaß auf seinen Gütern 39 Mühlen, im alten Kreisgebiet Eckernförde sind dreißig Wassermühlen urkundlich belegt.

Zu den Kornmühlen kamen später industrielle Mühlen hinzu, wie Papier-, Malz-, Kupfer-, Stampf- (für Lederfabrikation), Öl- und Walkmühlen.

Die Wassermühlen haben heute keine nennenswerte Bedeutung mehr. Deshalb sind auch nur noch einige mit ihren großen Rädern erhalten, wie in Heidmühlen und die seit 1238 bestehende Grander Mühle. Die Rothenmühlenau, die das Antriebswasser in Heidmühlen liefert, gehört zum Niederschlagsgebiet der Stör und deren Nebenfluß Bramau. Die Achse des unterschlächtigen Wasserrades aus dem 19. Jh. trieb in dem zweigeschossigen Bau das Mahlwerk an.

Im Jahre 1904 baute der Ingenieur Bernhard Howaldt (Sohn des Gründers der Howaldtswerke) bei der Rastorfer Papiermühle ein Wasserkraftwerk, mit dem er elektrischen Strom erzeugte. Es war das erste Drehstromkraftwerk Schleswig-Holsteins mit 600–700 Kilowatt. Howaldt schloß einen Stromlieferungsvertrag mit der Stadt Kiel. Er gab die Kilowattstunde für 10 Pf ab; das war billiger, als die städtische Zentrale den Strom herstellen konnte, und er deckte die Hälfte des damaligen Bedarfs der Stadt an elektrischer Energie. Man nutzte ein Wassergefälle von 6 m aus und leitete die Schwentine über einen 300 m langen Betonkanal in die Turbinenkammern. Durch das alte Flußbett wird nur so viel Wasser abgegeben, daß Fische über diesen Weg in die Seen gelangen können.

Da der Strom gleichmäßig geliefert werden mußte, aber an diesem Kraftwerk kein Wasser gespeichert werden konnte, baute Howaldt bereits 1908 etwa 1 km flußaufwärts ein weiteres gleich großes Wasserkraftwerk. Er riegelte die Schwentine hier durch eine Staumauer ab und schuf auf diese Weise eine neue Staustufe von 6 m. Dabei entstand der künstliche Rosensee mit einer Wasserfläche von 280 ha; das Talsperrenbecken ist rund 2,5 km lang und 50–150 m breit, das Niederschlagsgebiet 687 km² groß.

Etwa 600 m unterhalb des Rastorfer Werkes befand sich der 2,5-m-Stau der Oppendorfer Mühle. Beide Staue wurden 1936/37 in dem Rastorfer Werk zusammengefaßt und eine neue Turbine mit 16,3 m³ Leistung und 8,5 m nutzbarem Gefälle installiert. Die durch die Turbinen fließende Wassermenge schwankt zwischen 2,5 und 17 m³/sek, das bedeutet einen Vollbetrieb über 4–24 Stunden je Tag. Die Schwentine-E-Werke I und II erzeugten seit 1947 rund 4–9 Mio. kWh/Jahr.

Die Stadtwerke Kiel übernahmen im Jahre 1916 beide Wasserkraftwerke. Weitere Stromlieferungsverträge kamen zum Abschluß mit der Holsatia-Mühle in Neumühlen-Dietrichsdorf (1920–1945), mit der Klostermühle Preetz (1923 bis 1938) und mit dem Gut Quarnbek an der Mündung der Obereider in den Nord-Ostsee-Kanal (ab 1905).

Ein weiteres Wasserkraftwerk besteht seit 1925 im Niederschlagsgebiet der Wakenitz am Küchensee. Dieses Schaalseekraftwerk hat ein Wassereinzugsgebiet von 18 600 ha; der Sommerstau des Sees ist auf NN +34,70 m und der Höchststau auf NN +35,20 m festgesetzt; der Speicherraum beträgt 12,5 Mio. m³. Dadurch, daß das Wasser aus dem See in einen bedeichten rund 5 km langen Kanal an das Kraftwerk herangeleitet wird, kann hier ein Gefälle von rund 31 m genutzt werden. Bei mittlerer Wasserführung werden 600 und bei Volleistung 1200 PS erzeugt.

1958 haben die Hamburger Elektrizitätswerke eine moderne Wasserkraftanlage bei Geesthacht gebaut. Auf einer Altmoränenhöhe, die etwa 80 m über dem Wasserspiegel der Elbe liegt, hat man ein 3,8 Mio. m³ fassendes Becken geschaffen, dessen Ringdamm 6 bis 21 m über das Gelände aufgeschüttet und zusammen mit der Beckensohle durch eine Asphaltdecke gedichtet wurde. Mit überschüssiger Energie pumpt man das Elbwasser in das Hochbecken, um es für den Spitzenbedarf wieder zu Tal auf die Turbinen zu schicken und 580 000 kWh in 4,5 Stunden zu erzeugen.

80 *Energiegewinnung der vor-*
industriellen Zeit:
Wassermühle mit unter-
schlächtigem Rad in Heidmühlen

81 *Moderne Energiegewinnung:*
Schwentinekraftwerk I.
Vorn der Rosenfelder See;
im Wald ein Wanderweg. –
Blickrichtung: NW

82 Campingplatz (links) und
Ferienhaussiedlung bei Horst
nutzen den Erholungswert der
Flußlandschaft an der Eider.
Jenseits der Eider die schmale
Geestinsel Stapelholm, dahinter
die Treeneniederung und die
Geest bei Schwabstedt. – Blick-
richtung: N

83 Campingplätze bieten aus der
Luft ein buntes, lustiges Bild.
Für die Binnengewässer sind
Campingplätze eine ernst-
zunehmende Belastung.
Borgdorfer See. –
Blickrichtung: SW

Campingplätze an Binnengewässern

In Schleswig-Holstein gab es 1973 230 Campingplätze, von denen 50 an Binnengewässern, davon wiederum die weitaus meisten an Seen liegen. Um ein „Plätzchen am Wasser" zu erlangen, bieten Campingplätze die bequemste Lösung: im Vergleich zu einem festen Ferienhaus sind die Investitionen gering, Formalitäten entfallen, die laufenden Kosten sind erschwinglich, ein Wechsel des Platzes ist leicht möglich.

Für die meisten Camper ist der Wohnwagen oder das Zelt die Zweitwohnung, das bewegliche Ferienhaus am Wasser, das zur Naherholung am Wochenende aufgesucht wird.

Der Campingplatz Borgdorf am Borgdorfer See bei Nortorf, von dem das Bild nur einen Teil erfaßt, hat auf einer Fläche von 125 000 m² 350 Stellplätze von unterschiedlicher Größe und Lage. Zwei heizbare Gebäude (eins Mitte rechts) enthalten die sanitären Anlagen; ein Laden (links davon) ermöglicht bequemen Einkauf, die Voraussetzungen für einen ganzjährigen Betrieb sind gegeben. Die Gäste, überwiegend Dauermieter, kommen aus Hamburg (50 %), Kiel (30 %), Neumünster und Rendsburg.

Etwa 30 % der Gäste bringen Boote mit, für die (links außerhalb des Bildes) ein Anlegeplatz vorhanden ist. Oberhalb der Bildmitte sieht man die Badestelle. Das wochentägliche Bild zeigt keine Autos, keine Menschen, keine Boote.

Das Erholungsgebiet Horst liegt zwischen Eider und dem Eiderdeich, der an dieser einst gefährlichen Stelle weit ausholt. Die rechte, größere Fläche ist seitens der Gemeinde Hennstedt erschlossen, in 150 Grundstücke zu je 200–300 m² parzelliert und zur Bebauung mit Ferienhäusern freigegeben worden. Die Erwerber kommen fast alle aus dem Hamburger Raum. Viele haben an der Eider ihre Boote liegen; auch der Sielauslauf dient als Hafen. Auf der Eider sind Motorboote erlaubt; etwas oberhalb von Horst gibt es eine Strecke für Wasserski. Ein Laden und eine Gaststätte werden auch von den Campinggästen aufgesucht, für die auf 20 000 m² 147 Stellplätze mit je 80 m² vorhanden sind (links). Zwei größere Gebäude enthalten die sanitären Anlagen und Freizeiträume. Das Abwasser durchläuft – von dem der Ferienhäuser getrennt – eine Kläranlage. Die Besucher kommen überwiegend aus Hamburg, Kiel und Heide, jeder dritte hat sein Boot auf der Eider, viele sind Angler.

Die Gemeinde Hennstedt plant für das Gelände westlich des Campingplatzes 50 Zeltdachhäuser; die Landschaft soll durch Anpflanzung von Gehölzen, durch Wegebau und durch Anlage von Gewässern zu einem Freizeitgelände umgestaltet werden.

Campingplätze als kommerzielle Unternehmen nutzen ein öffentliches Gut, nämlich den Gemeingebrauch an den Binnengewässern, für ihre Zwecke aus. Da die Plätze meist unmittelbar am Ufer liegen, wird die Uferlandschaft am nachhaltigsten und augenfälligsten in Mitleidenschaft gezogen: die Pflanzen über und unter Wasser werden beschädigt und schließlich zerstört, dadurch verlieren die Tiere einen wesentlichen Teil ihrer Nahrungsgründe, ihrer Laich- und Brutplätze (S. 18–21). Die Nutzung der freien Wasserfläche zum Wassersport (Schwimmen, Rudern, Segeln) bedeutet gleichfalls für viele Lebewesen einen Eingriff, wobei die Fläche des Sees und die Intensität der Nutzung im Verhältnis gesehen werden müssen. Bei dem nur 51 ha großen Borgdorfer See ist die Belastung durch die Erholungswirtschaft erheblich. Die Klärung der Abwässer ist an manchen Plätzen trotz neuerdings strenger Bestimmungen noch nicht so vorbildlich wie in Horst und Borgdorf – auch hier gelangen jedoch die nach der biologischen Klärung frei werdenden Pflanzennährstoffe mit ihrer eutrophierenden Wirkung (S. 25 f.) in die Gewässer, die außerdem leider zusätzlich durch Müll und auch durch organische Stoffe belastet werden.

Angesichts der zunehmenden Erholungswirtschaft an den Binnengewässern ist eine Besinnung angebracht: 1. Wie groß ist die Kapazität, die ohne erhebliche Beeinträchtigung der übrigen Belange an den einzelnen Gewässern für kommerzielle Erholungszwecke genutzt werden kann? 2. Ist es sinnvoll, innerhalb dieses Rahmens die Nutzung gleichmäßig zu streuen oder aber Schwerpunkte zu bilden – für die Erholungswirtschaft einerseits, für eine anders zu nutzende naturähnliche Landschaft andererseits? 3. Wenn der Bedarf an Naherholung weiter ansteigt, werden die vertretbaren Kapazitäten bald ausgeschöpft sein. Vielleicht müßte dann die Erholungswirtschaft die für ihre Zwecke erforderlichen Wasserflächen – etwa durch planmäßige Beteiligung an Bodenentnahmevorhaben – künstlich anlegen.

Ferienhäuser am Brahmsee

Mit dem Brahmsee (links) steht der Wardersee (rechts) in offener Verbindung. Nach Gripp sind die beiden Seen mit der ganzen Seereihe Pohlsee – Brahmsee – Borgdorfer See (S. 125) als Tunneltal unter dem Eise angelegt. Als Abfluß dieser Seengruppe verläßt die Mühlenau nach rechts den Wardersee und fließt der Wehrau zu, die einst bei Rendsburg in die Eider, jetzt bei Osterrönfeld in den Nord-Ostsee-Kanal mündet.

Der Brahmsee (96 ha) ist 13 m tief, der 56 ha große Wardersee ist ebenso tief. Beide Seen werden von einem Fischer aus Langwedel bewirtschaftet.

An den Ufern des Brahmsees entstanden die ersten Ferienhäuser um 1955. Seit 1959 griff die Gemeinde Warder planend ein und erschloß das jetzige Ferienhausgebiet durch Straßenbau. 1973 gab es in Warder etwa hundert Ferienhäuser, von denen die meisten im Luftbild erfaßt sind. Eine vergleichbare Zahl von Ferienhäusern entstand auf ähnliche Weise auf der Ostseite des Brahmsees in der Gemeinde Langwedel.

Eingebettet in Baumpflanzungen liegen die Häuser am Abhang über dem Ufer; zu jedem Haus gehört ein Bootssteg bzw. ein in die Schilfkante geschnittener „Hafen". Die in individuellem Baustil errichteten Ferienhäuser versorgen sich einzeln aus Flachbrunnen mit Wasser; die Abwasserreinigung geschieht hausweise mit Einzelklärgruben. Nur die Stromversorgung erfolgt zentral.

Die Besitzer der Ferienhäuser kommen überwiegend aus Hamburg, Kiel und Neumünster; nur wenige haben hier ihren Dauerwohnsitz genommen. Die Häuser werden besonders an den Wochenenden aufgesucht; dies geschieht im Gegensatz zu den Campingplätzen auch im Winter.

Der Anreiz für die Gemeinde, ein Ferienhausgebiet auszuweisen, liegt zunächst in der Möglichkeit, den Landwirten durch den Verkauf von Grundstücken zusätzliche Einnahmen zukommen zu lassen. Beim Bau der Ferienhäuser – und später bei Umbauten und Reparaturen – finden die örtlichen Handwerker Beschäftigung und Verdienst; Kaufleute und Dienstleistungsberufe erzielen höhere Umsätze; der Fischer gibt Angelscheine aus, verkauft Frischfisch und Räucherfisch. Die Gemeinde erzielt höhere Gewerbe- und Grundsteuereinnahmen, was wiederum allen Bürgern zugute kommt.

Die Erfahrungen, die man in Warder und Langwedel mit den Wochenendbürgern gemacht hat, sind positiv, man kommt gut miteinander aus. Die Gäste leben zwar meist für sich, doch ergeben sich genügend Kontakte, z. B. im Segelklub, dem auch Einheimische angehören.

Die Gemeinde Warder plant, auf dem Gelände rechts eine Erweiterung vorzunehmen: eine Anzahl von Ferienhäusern sowie ein Campingplatz sind vorgesehen, ferner ein Freizeitpark als Teil des Naturparks Westensee. Auch in Langwedel will man noch weiteres Gelände für die Bebauung mit Ferienhäusern erschließen. (Vgl. die Pläne der Gemeinde Hennstedt, S. 125.)

Die Privatisierung der Seeufer hat in Schleswig-Holstein noch keinen großen Umfang erreicht. Einige Seen wurden von den Städten umwachsen, vor allem im Kieler Bereich (Russee, Schulensee) und teilweise die Preetzer, Plöner und Ratzeburger Seen. Mit Ferien- bzw. Sommerhäusern bebaut sind Uferstrecken am Brahmsee-Wardersee, am Langsee in Schwansen, am Westensee (Halbinsel Resenis), am Wittensee und am Großen Plöner See bei Bosau.

Nach den Erfahrungen, die man in anderen Bundesländern, die über Seen verfügen, gemacht hat, vor allem in Bayern, ist die Privatisierung der Seeufer problematisch, 1. weil alle Belastungsfaktoren, die beim Thema Camping schon genannt wurden (S. 125), hier ebenfalls auftreten, 2. weil der Zugang zum Gewässer für andere Erholungsuchende erschwert und unter Umständen unmöglich gemacht wird: Mit den Ufern werden mehr oder weniger auch die Gewässer privatisiert, der Gemeingebrauch (S. 15) wird de facto eingeschränkt.

So erscheint die Privatisierung der Gewässer und ihrer Ufer ebensowenig als Lösung im Sinne einer optimalen Nutzung wie die Kommerzialisierung durch Campingplätze. Die Entscheidungen über Veränderungen an den Gewässern müssen die Ordnung des Wasserhaushalts und die beschränkten Kapazitäten (S. 125) berücksichtigen sowie die Notwendigkeit, auch für die Zukunft noch Reserven an Nutzungsmöglichkeiten zu erhalten.

84 *Für eine Bebauung der Gewässerufer mit Ferienhäusern besteht ein großer Bedarf. Die Voraussetzungen
dafür sind aber bei uns weniger günstig als etwa in
Schweden. – Blickrichtung: SW*

85 *Immer wieder gelangen durch Unvernunft und Fahrlässigkeit Gift- und Schadstoffe in die Gewässer. Fischsterben im Winderatter See 1972*

86 *Klärwerk Neumünster. Das mechanisch und biologisch behandelte Wasser verläßt vorn die Anlage und fließt der Schwale zu. – Blickrichtung: N*

Wasserverschmutzung und Abwasserreinigung

Die Wassergütekarte (S. 16) zeigt, daß unsere Fließgewässer zum großen Teil noch lebensfähig sind, wenn es auch kaum noch ein völlig unbelastetes Gewässer gibt. Ähnliches gilt von den Seen, von denen jedoch noch keine Gesamtgütekarte besteht. Allerdings sind die stehenden Gewässer noch empfindlicher gegen Stoffzufuhr als die fließenden.

Schleswig-Holstein hat etwa 2,6 Mio. Einwohner, durch die jährlich 100 Mio. m³ Abwasser entstehen; weitere 2,5 Mio. m³ kommen durch den Fremdenverkehr hinzu. 50 Mio. m³ Abwasser stammen aus Industrie und Gewerbe, vor allem aus Meiereien, Fabriken der Nahrungsmittelindustrie, aus Schweinemästereien, Papierfabriken, einigen chemischen Werken und aus Kraftwerken. Eine unbekannte Menge an gewässerschädigenden Stoffen fällt in der Landwirtschaft an: Jauche, Silagesaft, mineralische Düngemittel und Pflanzenschutzmittel.

Die Auswirkungen auf die Gewässer sind teils lang-, teils kurzfristig. In den stehenden Gewässern mit ihren meist großen Wasserkörpern kommen vor allem die langfristigen, teilweise indirekten Wirkungen zum Tragen (S. 25).

Eine fortgesetzte starke Zufuhr von Schmutzstoffen in Fließgewässer bewirkt, daß die natürliche Lebensgemeinschaft verschwindet. An ihre Stelle treten Fäulnisbakterien und Spezialisten wie die Schlammfliegenlarve (Abb. S. 20).

Plötzliche Zufuhr größerer Mengen von Gift- oder Schmutzstoffen in Fließgewässer oder kleinere Seen löst schlagartig ein Massensterben der Organismen, vor allem der Fische, aus (Bild 85). In abwasserbelasteten Gewässern kann es auch bei hoher Sommertemperatur oder unter Eis durch Sauerstoffzehrung zu Fischsterben kommen.

Nach dem Wasserhaushaltsgesetz des Bundes (WHG) ist das Einbringen oder Einleiten von Stoffen, seien sie flüssig oder fest, erlaubnis- oder bewilligungspflichtig; die Wasserqualität darf dabei nicht verändert werden. Es mangelt jedoch noch an geeigneten Kontrollorganen, um alle Verstöße ahnden zu können.

Häusliche und industrielle Abwässer werden in Kläranlagen gereinigt, von denen es vor 1955 in Schleswig-Holstein nur wenige gab, die sich zudem auf die mechanische Reinigung beschränkten. Deshalb wurden seitdem zahlreiche neue Kläranlagen erbaut. Dabei war Schleswig-Holstein vorbildlich in der Bundesrepublik Deutschland, weil die Wasserbehörde zusätzlich zur mechanischen allgemein die biologische Reinigung anordnete. Inzwischen sind 170 Kläranlagen für 58 % der Bevölkerung fertig oder im Bau. Weitere Baumaßnahmen sind geplant. Ziel ist es, je nach Art der Gewässer, auch die Düngestoffe zu entfernen (dritte Reinigungsstufe) sowie effektivere Anlagen zu schaffen.

Die Kläranlage auf Bild 86 verarbeitet das Abwasser von 72 000 Einwohnern der Stadt Neumünster und einigen Gewerbebetrieben. Beim Bau der Anlage um 1960 gab es in der Stadt noch neun Tuch- und vier Lederfabriken. Die Gerbereiabwässer wurden getrennt gesammelt und behandelt.

Das vierteilige Becken mit grauem Abwasser (vorn) ist das Vorklärbecken, in dem – nach dem Durchlaufen eines Sandfanges – die Schmutzstoffe aus den häuslichen Abwässern sich absetzen (mechanische Reinigungsstufe).

Das so vorgeklärte und dadurch zu einem Drittel gereinigte Abwasser wird nun auf die vier Tropfkörper gepumpt (die vier runden Bauwerke am linken Bildrand), die mit faustgroßen Lavabrocken gefüllt sind. Auf diese locker geschüttete Gesteinsmasse rieselt aus sechsarmigen Drehsprengern das Abwasser. Es fließt und sickert in den Gesteinslücken nach unten. Die Steine haben sich mit einem schleimigen Bewuchs von Bakterien und anderen niederen Organismen überzogen, welche die Schmutzstoffe abbauen (biologische Reinigungsstufe). Das Wasser gelangt nun samt den abgespülten Bakterien und Schlammpartikeln in das vierteilige Nachklärbecken (vorn links, dunkel), in dem sich der Schlamm absetzt. Das bei richtigem Funktionieren der Anlage nunmehr klare Abwasser läuft nach vorn rechts durch den Graben ab. Dieser Ablauf tritt im Bild hervor durch den weißen Schaum, bedingt durch Detergentien, die in der Kläranlage nicht vollständig abgebaut werden.

Die Reinigungsanlage für die Gerbereiabwässer (hinten), die jedoch wegen Stillegung aller Gerbereien für diesen Zweck nicht mehr gebraucht wird, besteht aus schmalen Absetzbecken (dunkel, links), einem runden Mischbecken für die Ausfällung der Schmutzstoffe (Mitte) und der Reihe von Schlammbeeten im Hintergrund.

Anhang

LITERATUR

Um Wiederholungen zu vermeiden, wurde die Literatur alphabetisch geordnet und numeriert. Auf Seite 140 sind zu jeder Textseite die entsprechenden Nummern des Literaturverzeichnisses zusammengestellt.

1 Andresen, L.: Bäuerliche und landesherrliche Leistung in der Landgewinnung im Amt Tondern bis 1620. – Westküste 1940.

2 Aust, A.: Von der großen „Watervardt" zwischen den Hansestädten Hamburg und Lübeck (1848–1852). – Schlesw.-Holst. 1973, S. 8–10.

3 Averdieck, F.-R.: Die nacheiszeitliche Vegetations- und Besiedlungsgeschichte im Spiegel des Großen Plöner Sees. – Jb. f. Heimatkunde im Kreis Plön – Holstein 1972, S. 28–39.

4 Baden, W., und H. Segeberg: Untersuchungen über die landwirtschaftlichen Nutzungsmöglichkeiten der Moorgebiete im Gotteskoog. – Wasser u. Boden 1959, S. 177–189.

5 Baedeker, K.: Schleswig-Holstein und Hamburg. – Hamburg 1949.

6 Bähr, K.: Die neuzeitliche Wasserversorgung Eiderstedts im Aufbau. – ZEW 1958, S. 92–93.

7 —: Eiderstedt auf Vor- und Horchposten zwischen Eider und Heverstrom. – Das Unternehmen Landentwicklung, Kiel 1967, S. 10–16.

8 Bärtling, R.: Die Seen des Kreises Herzogtum Lauenburg. – Abh. Preuß. Geol. Landesanst. N. F. 1922, H. 88.

9 Bauch, J.: Die Flußmarschen Schleswig-Holsteins. Entwicklung einer Kulturlandschaft in Abhängigkeit von Boden und Wasser. Diss. – Kiel 1951.

10 Baumann, G.: Schleswig-Holsteins Kanäle. – Schlesw.-Holst. 1969, S. 288–291.

11 Baumann, H.: Über das Verhalten oberflächennahen Grundwassers. – Dtsch. Gewässerk. Mitt. 1964, S. 65–73.

12 Becker, H.: Abwasser und Baden in den Gewässern des Landes Schleswig-Holstein. Diss. – Kiel 1953.

13 Behrens, H.: Rotatorienfauna ostholsteinischer Tümpel. – Arch. f. Hydrobiologie 25, 1933.

14 —: Temperatur- und Sauerstoffuntersuchungen in Tümpeln und Brunnen. – Arch. f. Hydrobiologie 31, 1937.

15 Behrens, H.: Stand des Wasserrechts in Schleswig-Holstein. – Ztschr. f. Wasserrecht 1972, S. 197–205.

16 Benick, L.: Beiträge zur Kenntnis der Tierwelt norddeutscher Quellgebiete. II. Coleoptera. – Arch. f. Naturgesch. 85, Abt. A, H. 2, 1919.

17 Bielfeldt, Cl.: Charakter und Nutzen des Landeskulturwerkes Programm Nord. – Kiel 1957.

18 —: Zur großräumigen Landentwicklung im Programm Nord. – Geogr. Rundschau Nr. 5, S. 187–199, 1964.

19 —: Das Unternehmen Landentwicklung. – Kiel 1967.

20 Blohm, Wilhelm: „Natur – mein Leben", Verlag Ch. Coleman, Lübeck 1921.

21 Bock, K. J.: Biologische Untersuchungen, insbesondere der Ciliatenfauna, in der durch Abwässer belasteten Schlei (westliche Ostsee). – Kieler Meeresforsch. 16, 1960, S. 57–68.

22 Böhnke, B.: Was vertragen überhaupt unsere Binnengewässer an Belastungen und welcher Reinigungsgrad läßt sich hieraus für Kläranlagen ableiten. – Umwelt-Report, Frankfurt a. M., 1972, S. 95–97.

23 Borneff, J.: Forderungen an die Reinhaltung unserer Binnengewässer aus hygienischer Sicht. – Umwelt-Report, Frankfurt a. M., 1972, S. 87–91.

24 Brandhorst, W.: Hydrographie des Nord-Ostsee-Kanals. – Kieler Meeresforsch. 2, 1955, S. 147–187.

25 —: Über Laichen und Aufwuchs des Frühjahrsherings im Nord-Ostsee-Kanal. – Kieler Meeresforsch. 1956, S. 186–199.

26 Brandt, E., und G. Rudloff: Zur Bemessung von Kläranlagen für Zeltplätze. – Gas- u. Wasserfach 1972, S. 332–333.

27 Brümmer, W.: Wo fängt man in Deutschland? (Reiseführer für Angler). – Hamburg 1972.

28 Bülck, H.: Die „alte" Schwentine und Beiträge zur Geschichte von Preetz. – Die Heimat 1937, S. 328 ff.

29 Bundesanst. f. Gewässerkunde: Berichte über die chemisch-biologischen Zustände der Trave von Genin bis Travemünde und des Elbe-Lübeck-Kanals. – Koblenz 1968.

30 Bursche, E. M., H. Kühl und H. Mann: Hydrochemische Faktoren und Phytoplankton während einer Tide in der Elbmündung. – Gewässer u. Abwässer 1958, S. 13–19.

31 Carstensen, U.: Die Wasserpflanzengesellschaften der Kleingewässer Schleswig-Holsteins unter besonderer Berücksichtigung des Potamion-Verbandes. Diss. – Kiel 1954.

32 —: Laichkrautgesellschaften an Kleingewässern Schleswig-Holsteins. – Schr. naturw. Ver. SH 27, H. 2, 1955, S. 144–170.

33 —: Der Wasserhahnenfuß, eine Zierde unserer Landschaft. – Die Heimat 1955, S. 267–268.

34 Caspers, H.: Biologische Untersuchungen über die Lebensräume der Unterelbe. – Mitt. Geol. Staatsinst. in Hamburg, H. 23, 1954.

35 —: Limnologie des Elbeästuars. – Verh. Intern. Ver. Limnol. 1955, S. 613–619.

36 —: Die Einteilung der Brackwasserregionen in einem Aestuar. – Arch. Oceanogr. Limnol. 1959, S. 133–139.

37 Caspers, H., R. Garms, F. Kötter, P. Kothé, H. Schulz und A. Schumacher: Biologische Untersuchungen des Elbe-Aestuars. – Arch. f. Hydrobiologie, Suppl.-Bd. 26, Bd. I, H. 1–4, 1961, 462 S.

38 Christiansen, Hans: „Unberührte Natur", Karl Wachholtz Verlag, Neumünster 1966.

39 Christiansen, W.: Neue kritische Flora von Schleswig-Holstein. – Rendsburg 1953, 532 S.

40 —: Pflanzenkunde von Schleswig-Holstein. – Neumünster 1938.

41 —: Kiesgruben als Zufluchtsorte für Pflanzen und Tiere. – Die Heimat 1958, S. 299–300.

42 Cordes, F.: Eiderdamm. – Hamburg 1972.

43 Dammann, W.: Bestimmung der Abflußkurve der Sorge am Pegel Sorgwohld unter Zugrundelegung von Abflußmessungen der Jahre 1952–1957. – Dtsch. Gewässerk. Mitt. 1960, S. 114–115.

44 Daniel, W.: Beiträge zur Biologie des Dreistachligen Stichlings (Gasterosteus aculeatus L.). – Faun. Mitt. Norddeutschland II, H. 10 bis 12, 1965, S. 289–307.

45 —: Untersuchungen über die Einwanderung einiger Meeres- und Brackwassertiere in die Norderbootfahrt. – Faun.-ökol. Mitt. III, H. 1/2, 1966, S. 81–99.

46 Dau, H.: Alte Mühlen in der Steinau. – Die Heimat 1952, S. 170–172.

47 Degn, C.: Der Schleswig-Holsteinische Kanal. – Geschichte SHs, Bd. 6, Neumünster 1960.

48 Degn, C., und U. Muuß: Topographischer Atlas Schleswig-Holstein.– Neumünster 1963.

49 —: Luftbildatlas Schleswig-Holstein, Neumünster 1965.

50 —: Luftbildatlas Schleswig-Holstein II, Neumünster 1968.

51 Detlefsen, D.: Geschichte der holsteinischen Elbmarschen .– 2 Bde. 1891–1892.

52 Deutsches Gewässerkundliches Jahrbuch. – Küstengebiet der Nord- und Ostsee, Kiel und Unterelbe, Hamburg.

53 Die Betriebsverhältnisse in der Binnenfischerei. – Ergebnisse der Binnenfischereierhebung 1962, Statistische Berichte des Statistischen Landesamtes Schleswig-Holstein, Kiel 1965.

54 „Die Küste", Archiv für Forschung und Technik an der Nord- und Ostsee, Jahrgang 7, 1958/59, Westholsteinische Verlagsanstalt Boyens & Co., Heide/Holst.

55 Dietrich, Fr.: Über die Vegetation um den Mötjensee bei Lunden. – Unveröff. Staatsexamensarbeit a. d. Botan. Inst. Kiel, 1973.

56 Dittmer, E.: Schichtenaufbau und Entwicklungsgeschichte des Dithmarscher Alluviums. – Westküste 1, H. 2, 1938, S. 105–150.

57 —: Die Versalzung des Grundwassers an der schleswig-holsteinischen Westküste. – Die Küste 5, 1956, S. 87–102.

58 Dolezal, R.: Das Luftbild im Dienste wasserwirtschaftlicher Maßnahmen. – Dtsch. Gewässerk. Mitt. 1966, S. 174–182.

59 Dolezal, R., und M. Petersen: Subsidence in the North German Coastal Region. – JASH – Unesco Publication Nr. 88, 1970.

60 Dreyer, P.: Der Alster-Trave-Kanal zwischen Sülfeld und Neritz – einmal anders. – Schl.-Holst. 1967, S. 43–47.

62 Duncker, G., und W. Ladiges: Die Fische der Nordmark. – Abh. u. Verh. Naturw. Ver. Hamburg, N. F. III Suppl. 1960, 432 S.

63 Elster, H. J.: Forderungen an die Reinhaltung unserer Binnengewässer aus biologischer Sicht. – Umwelt-Report, Frankfurt a. M. 1972, S. 93–94.

64 Emeis, W.: Einführung in das Pflanzen- und Tierleben Schleswig-Holsteins. – Rendsburg 1950, 186 S.

65 —: Naturschutz in der Schule. – Wegweiser f. d. Lehrerfortbildung, H. 4, Kiel 1954.

66 Engelhardt, W.: Was lebt in Tümpel, Bach und Weiher? – Kosmos-Naturführer. Stuttgart 1959.

67 Ernst, J.: Die Erhaltung des Schulensees. – Gutachten 1959. Auszüge in: Jahresbl. d. Kommunalver. Schulensee-Rammsee-Molfsee 1972.

68 Eschenburg, H.: 50 Jahre Elbe-Lübeck-Kanal. – Dt. Verkehrs-Zeitg. 13.–15. 6. 1950.

69 Europarat: Europäische Wasser-Charta. – Straßburg 1968.

70 Everts: Die Vorfluter an der Westküste Schleswig-Holsteins von der Wedeler Au bis zum Nord-Ostsee-Kanal. Diss. – Kiel 1952.

71 Feix, H.: Der Elbe-Lübeck-Kanal, zweiter Großschiffahrtsweg unseres Landes. – Schl.-Holst. 1961, S. 74–76.

72 Fischer, O.: Das Wasserwesen an der schleswig-holsteinischen Nordseeküste. III. Das Festland, Berlin, Bd. 1, Sonderprobleme.
Bd. 2 Nordfriesland 1955
Bd. 3 Eiderstedt 1956
Bd. 4 Stapelholm 1958
Bd. 5 Dithmarschen 1957
Bd. 6 Elbmarschen 1957
Bd. 7: Hydrographie 1955

73 Freistadt, H.: Die Sturmflut vom 16./17. Februar 1962 in Hamburg. – Die Küste, H. 2, 1962, S. 81–92.

74 —: Hochwasserschutzmaßnahmen im Hamburger Raum nach der Sturmflut 1962. – Die Küste, H. 1, 1966, S. 8–21.

75 Fröbe, A.: Die Erschließung des Gotteskooges. – Ländl. Neuordnung in SH, Hrsgg. Agrarsoz. Ges. 1960.

76 Gäbler, H.-J.: Wasserwirtschaft und Landesplanung in den Vier- und Marschlanden am Rande des Ballungsraumes Hamburg. – Wasser u. Boden, 1966, S. 9–14.

77 Gaertner, K.-H.: Die Vegetationsverhältnisse der Wiesen am Barsbeker See. – Mitt. Arb. Gem. f. Floristik SH, H. 9, 1961, S. 65–175.

78 Geisler, R.: Über die Selenter und Edelmaräne. – Der Fischwirt 1953, S. 93–96.

79 —: Nahrung von Maränenbrut. – Der Fischwirt 1953, S. 14–19.

80 Gerdes, A.: Die Treene in Vergangenheit, Gegenwart und Zukunft.– Jb. Schlesw. Geest 1972, S. 7–20.

81 —: Wasserwirtschaftliche Fragen im Landesteil Schleswig. – Die Gemeinde 1973, S. 2–4.

82 Göttsch, H.: Der Limes Saxoniae zwischen dem Stockseer See und der Schwentine. – Die Heimat 1951, S. 89.

83 Griesel, R.: Physikalische und chemische Eigenschaften des Hemmelsdorfer Sees bei Lübeck. Diss. – Mitt. Geogr. Ges. Lübeck, H. 28, 1921.

84 —: Beziehung zwischen Gezeitenströmungen und Salzgehalt in der Trave. – Mitt. Geogr. Ges. Lübeck, H. 37, 1934.

85 —: Aussüßung des Hemmelsdorfer Sees. – Mitt. Geogr. Ges. Lübeck, H. 38, 1935.

86 —: Salzgehalt der Trave von der Quelle bis Lübeck. – Mitt. Geogr. Ges. Lübeck, H. 44, 1953.

87 Gripp, K.: Die Entstehung der Ostholsteinischen Seen und ihre Entwässerung. – Schr. Geogr. Inst. Kiel, Schmieder-Festschrift 1953.

88 —: Erdgeschichte von Schleswig-Holstein. – Neumünster 1964.

89 Grosch, U. A.: Die Abwasserbelastung der Untertrave in den Jahren 1968, 1969 und der Einfluß der Abwässer auf das Makrobenthos des Aestuars. Diss. – Kiel 1972.

90 Groschopf, P.: Die postglaziale Entwicklung des Großen Plöner Sees in Ostholstein auf Grund pollenanalytischer Sedimentuntersuchungen. – Arch. f. Hydrobiologie 30, 1935.

91 Grüttner, B.: Die Wasserwirtschaft im Kreise Steinburg. – Steinb. Jb. 1967, S. 72–89.

92 —: Die Abdeichung der Pinnau- und Krückaumündungsgebiete. – Wasser u. Boden 1970, S. 75–77.

93 Guevara-Pérez, E.: Hochwasseranalyse im Binneneiderraum (dargestellt am Beispiel des vom Schöpfwerk Steinschleuse entwässerten Teilniederschlagsgebietes). Diss. – Kiel 1972.

94 Haarnagel, W.: Die frühgeschichtlichen Siedlungen in der schleswig-holsteinischen Elb- und Störmarsch, insbesondere die Siedlung Hodorf. – Offa II, 1937.

95 Haas, H.: Studien über die Entstehung der Föhrden (Buchten) an der Ostküste Schleswig-Holsteins sowie der Seen und des Flußnetzes dieses Landes. – Lehmanns Mitt. Min. Inst. Uni Kiel 1888.

96 Hahn, W.: Das Papiermacher- und Tuchfabrikantengeschlecht der Günther. Ein Beitrag zur Geschichte der Rastorfer Papiermühle. – Die Heimat 1957, S. 299–301.
97 Halbfaß, W.: Der Hemmelsdorfer See bei Lübeck. – Mitt. Geogr. Ges. Lübeck 1910.
98 —: Der Selenter See in Ostholstein. – Globus, Jg. 46, S. 366–368.
99 Harder, H.: Über den Verlauf des Limes Saxoniae usw. – Die Heimat 1920.
100 Harnisch, O.: Einige Gesichtspunkte zum Verständnis der Fauna der Humusgewässer. – Verh. Intern. Ver. f. theor. u. angew. Limnologie 2, 1924.
101 —: Die Biologie der Moore. – Die Binnengewässer Bd. 7, 1929.
102 Haupt, R.: Die Schwentine. – Plöner Zeitung, Beil. 4 u. 12, 1921.
103 Heck, H. L.: Versalzung von Grundwasser in Schleswig-Holstein. – Abh. Reichsamt f. Bodenforsch. 1944, H. 209.
104 —: Grundwasseratlas von Schleswig-Holstein. – Hamburg 1948.
105 Hensen, W.: Das Eindringen von Salzwasser in die Gezeitenflüsse und ihre Nebenflüsse, in Seekanäle und in Häfen. – Mitt. Franzius-Inst. Hannover 1953, S. 20–50.
106 Herrmann, G.: „Die Teichwirtschaft" und „Die Fischbrutanstalt in Altmühlendorf" in „Fisch und Wirtschaft in Schleswig-Holstein", herausgegeben vom Ministerium für Ernährung, Landwirtschaft und Forsten des Landes Schleswig-Holstein, 1952.
107 —: Die Aalwirtschaft des Landes Schleswig-Holstein. – Archiv für Fischereiwissenschaft, 18. Jahrgang, 1967.
108 —: Die Binnenfischerei in Schleswig-Holstein. – Allgemeine Fischerei-Zeitung/Fischwaid, September 1972.
109 Heuer, H.: Vom Stecknitzkahn zum Europaschiff. – Schlesw.-Holst. 1967, S. 114.
110 Heym, F.: Die Treene, der Strom der Schleswiger Geest. – Jb. d. Schlesw. Geest 1963, S. 178–200.
111 Hinrichsen, H.: Die Schwentine. – Unveröff. 1951.
112 —: Die Trave oberhalb von Lübeck. – Mitt. Geogr. Ges. Lübeck, H. 48, 1958, S. 7–46.
113 Höhne, F.: Agrarstrukturverbesserung in der Stecknitzniederung als wasserwirtschaftliche Aufgabe. – Landesverb. d. Landeskulturverb. Schl.-Holst. 1966, S. 19–34.
114 Hölting, B.: Die Entwässerung des würmzeitlichen Eisrandes in Mittelholstein. – Meyniana 7, 1958.
115 Hofmeister, H.: Der Limes Saxoniae. – Ztschr. SH Gesch. 56, 1926.
116 Horstmann, H.: Pflanzen und Pflanzengesellschaften in der Treene. – Die Heimat 1955, S. 262–265.
117 —: Flora des Kreises Husum. Mitt. Arb.-Gem. f. Floristik SH u. Hamburg, H. 7, 286 S.
118 Hustedt, F.: Die Diatomeenflora norddeutscher Seen mit besonderer Berücksichtigung des holsteinischen Seengebietes. V–VII. – Arch. f. Hydrobiologie 43, 1950, S. 329–458.

119 Illies, H.: Die eiszeitliche Fluß- und Formengeschichte des Unterelbegebietes. – Geol. Jb. 66, 1952.
120 —: Entstehung und eiszeitliche Geschichte der unteren Elbe. – Mitt. Geol. Staatsinst. Hamburg 23, 1954.
121 Illies, J.: Versuch einer allgemeinen biozönotischen Gliederung der Fließgewässer. – Int. Rev. Ges. Hydrobiologie 46, 1961, S. 205–213.
122 Internationale Hydrologische Dekade. Jb. BRD 1969, Koblenz 1972.

123 Jaeckel, S.: Die Mollusken der Schlei. – Arch. f. Hydrobiologie 44, 1950, S. 214–270.
124 —: Die Molluskenfauna eines Fluß- und Seensystems im Kreise Plön, Ostholstein. – Faun. Mitt. Norddeutschl. II, H. 5/6, 1964, S. 119 bis 124.
125 Jaegers, K., J. Haschke, M. Paul: Ein Beitrag zur Frage des Einflusses der Abwässer Hamburgs auf das Selbstreinigungsvermögen der Elbe. – Gesundh. Ing. 1951, S. 325–331.
126 Jahn, W.: Ökologische Untersuchungen an Tümpeln unter besonderer Berücksichtigung der Folgen von Wasserverschmutzung durch Öl. Diss. – Arch. f. Hydrobiologie 70, 4, 1972, S. 442–483.
127 Jensen, H.: Die Vorfluter im Raume der schleswig-holsteinischen Ostküste. Diss. – Kiel 1953.
128 Jensen, W.: Der Nord-Ostsee-Kanal. – Neumünster 1970.
129 —: Sächsische und holländische Siedlungen in der Wilstermarsch. – Ztschr. SH Gesch. 46.
130 Jessen, W.: Eider, Treene, Sorge, Sturmfluten, Eindeichungen, untergegangene Ortschaften. – Chronik Landsch. Stapelholm 1950; S. 61 bis 95.
131 Jöns, K.: Der Bültsee und seine Vegetation. – Schr. Naturw. Ver. SH 20, H. 2, 1934.
132 Johannsen, A.: Grundwasserhöffigkeit in Schleswig-Holstein. – Hamburg 1948.
133 —: Die Küsten- und Untergrundversalzung in Schleswig-Holstein. – Gas- u. Wasserfach 1954, S. 319–324.
134 —: Zur Geologie tertiärer und pleistozäner Wasserleiter in Schleswig-Holstein. – Geol. Jb. 1964, S. 739–770.
135 —: Weißes Gold, Schleswig-Holsteins Grundwasserschatz. – Schlesw.-Holst. 1967, S. 116–119.

136 Kändler, R.: Abwasseruntersuchungen Untertrave und Stadtgebiet von Lübeck. – Inst. f. Meereskunde Kiel, 1951.
137 —: Hydrographische Untersuchungen zum Abwasserproblem in den Buchten und Förden der Ostseeküste Schleswig-Holsteins. – Kieler Meeresforsch. 9, 1953, S. 176–200.
138 —: Untersuchungen über die Abwasserbelastung der Untertrave. – Kieler Meeresforsch. 27, H. 1, 1971, S. 20–27.
139 Kann, E.: Ökologische Untersuchungen an Litoralalgen ostholsteinischer Seen. – Arch. f. Hydrobiologie 37, 1940, S. 177–268.
140 Kannenberg, E. G.: Schutz und Entwässerung der Niederungsgebiete an der schleswig-holsteinischen Ostseeküste. – Die Küste, 1958/59.
141 Kinder, J.: Der Plöner See. – Die Heimat 1892, S. 143–148.
142 Kinne, O.: Physiologische und ökologische Aspekte des Lebens in Aestuarien. – Helgol. Wiss. Meeresunters. 11, 3/4, 1964, S. 131–156.
143 Kirchner, H.: Wassermühlen im früheren Gebiet des Klosters Preetz. – Die Heimat 1949, S. 173–177.
144 Klein, H.-A.: Strömungsverhältnisse und Wassermengen der Tideelbe (1958–1960). – Mitt. d. WSD Hamburg, Nr. 11, 1960.
145 Kleyser, F.: Kleine Kieler Wirtschaftsgeschichte von 1242 bis 1945. – Kiel 1969.
146 Klinge, W.: Betrachtungen zu den Höhen der Deiche an Elbe und Weser. – Die Küste, H. 2, 1962, S. 69–85.
147 Klöcking, J.: Hafenfluß Trave, Bau und Eignung. – Forsch. Geogr. Ges. Lübeck, H. 42, 1950, S. 21–34.
148 Klose, O.: Der Alster-Beste-Kanal. – Schlesw.-Holst. 1961, S. 69–70.
149 —: Handb. der historischen Stätten Deutschlands, I, SH u. HH, 1964.

150 Knöller, F.-H.: Zwei alte Kanäle zwischen Elbe und Ostsee. – Schr. Naturwiss. Ver. SH, 20, H. 2, 1934, S. 387–398.

151 König, D.: Die Vogelwelt der neuen Köge. – Vogelwelt 76, H. 2, 1955, S. 41–53.

152 —: Membranipora crustulenta (Pall.) auf der Insel Pellworm. – Faun. Mitt. Norddeutschl., H. 7, 1956, S. 1–3.

153 —: Einige ökologische Bemerkungen über das Eiderwatt. – Dtsch. Gewässerk. Mitt. 1957, S. 87–91.

154 —: Das Ladelunder Moor im Kreise Südtondern. – Heimatkalender Nordfriesland, 1960, S. 35–41.

155 —: Vom Leben des Schulensees. – Chronik v. Schulensee, Kiel 1961, S. 41–51.

156 —: Das Leben in der Natur. – Dt. Landschaft, Bd. 12 SH, Essen 1962, S. 48–63.

157 —: Die Gewässer Schleswig-Holsteins (qualitativ) und ihre Abwasserzuflüsse. – Dtsch. Gewässerk. Mitt. Sonderheft 1963, S. 28–35.

158 —: Vogelwelt und Gewässerverschmutzung nach Erfahrungen aus Norddeutschland. – Int. Rat f. Vogelschutz, Dt. Sektion, Ber. Nr. 3, 1963, S. 15–24.

159 —: Über den Bupheverkoog auf Pellworm als Naturlandschaft. – 25 Jahre Bupheverkoog, Ges. Förderung d. inneren Kolonisation, H. 7, 1964, S. 52–80.

160 —: Gewässerkundlich-biologische Bemerkungen zur Grabenentkrautung mit chemischen Mitteln. – Wasser u. Boden, H. 10, S. 345–349.

161 —: Aus der Entstehungszeit des Naturschutzgebietes „Rantum-Becken" auf Sylt. – Faun.-ökol. Mitt. III, 1966, H. 1/2.

162 —: Biologisch-landschaftliche Aspekte bei wasserwirtschaftlichen Maßnahmen an Fließgewässern. – Dtsch. Gewässerk. Mitt. Sonderheft 1969, S. 75–81.

163 —: Landschaftlich-ökologische Fakten und Abwasserbelastung. – Kieler Meeresforsch. 26, H. 2, 1970, S. 111–119.

164 —: Gesichtspunkte des Schutzes der Binnengewässer am Beispiel Schleswig-Holstein. – Natur u. Museum 101, H. 7, 1971, S. 281–291.

165 —: Diatom Investigations at the West Coast of Schleswig-Holstein.– Nova Hedwigia, Beih. 39, 1972, S. 127–137.

166 Körner, R.: Zur Gesch. d. Alster-Trave-Kanals. – Jb. Travever. 1906.

167 Köster, R.: Die Morphologie der Strandwall-Landschaften und die erdgeschichtliche Entwicklung der Küsten Ostwagriens und Fehmarns. – Meyniana 4, 1955.

168 —: Entstehung und Entwicklung der Landschaft um Alt-Lübeck am Unterlauf von Trave und Schwartau. – Mitt. Geogr. Ges. Lübeck, H. 50, 1962, S. 37–56.

169 Kötter, F.: Die Pflanzengesellschaften im Tidegebiet der Unterelbe. – Arch. f. Hydrobiologie 1961.

170 Koppe, W.: Der „Stecknitz-Canal". – Schlesw.-Holst. 1961, S. 72–73.

171 Kothé, P., und J. Sindern: Die Verbreitung des Makro-Zoobenthos im Nord-Ostsee-Kanal und ihre Abhängigkeit vom Salzgehalt. – Dtsch. Gewässerk. Mitt. 1972, S. 159–163 u. 1973, S. 21–26.

172 Kraft, H., und H. Staeglich: Die Eider als Wasserstraße. – Schiffahrt u. Häfen, Flensburg 1971, S. 269–290.

173 Krause, M.: Die Staustufe Geesthacht. – Die Wasserwirtschaft 1956.

174 Kres, J.: Deutsche Küstenflüsse. – Berlin 1911.

175 Kreuzer, R.: Limnologisch-ökologische Untersuchungen an holsteinischen Kleingewässern. – Arch. f. Hydrobiologie 1940, S. 359–572.

176 Krey, J.: Untersuchungen zur Ökologie und Physiologie der Trichopteren. – Schr. Naturw. Ver. SH u. HH 22, 1938, H. 2.

177 Kroezus: Erster Wels in der Eider gefangen. – Fischwirt 14, 1964, S. 313.

178 Krolewski, H.: Neuere Bauvorhaben im Kraftwerksbau. – Mitt. Franzius-Inst. Hannover, H. 37, 1972, S. 295–301.

179 Kühl, H., und H. Mann: Beiträge zur Hydrochemie der Unterelbe. – Veröff. Inst. f. Meeresforsch. Bremerhaven 1953.

180 Küstenausschuß Nord- und Ostsee: Gutachten über die Vorschläge zur Behebung der Schwierigkeiten in der Eider. – Die Küste 1964, S. 30–60.

181 Kuhlmann, H. J.: Die Borbyer Wassermühle 1431–1733. – Die Heimat 1951, S. 91–94, 110–112 u. 202–205.

182 Kuntschik, O. R.: Forderungen an die Reinhaltung unserer Binnengewässer aus der Sicht der Trinkwasserherstellung. – Umwelt-Report, Frankfurt a. M. 1972, S. 91–92.

183 Ladiges, W., und D. Vogt: Die Süßwasserfische Europas. – Hbg. 1965.

184 Landesregierung SH: Raumordnungsprogramm für das Land Schleswig-Holstein. – Amtsblatt SH 1967.

185 Lang, A.: Untersuchungen zur morphologischen Entwicklung des südlichen Elbe-Aestuars von 1560 bis 1960. – Hamburger Küstenforschung, H. 12, 1970.

186 Lange, W., und B. Menke: Beiträge zur frühpostglazialen erd- und vegetationsgeschichtlichen Entwicklung im Eidergebiet, insbesondere zur Flußgeschichte und zur Genese des sogenannten Basistorfs. – Meyniana 17, 1967, S. 29–44.

187 Laucht, H.: Die Abdämmung der Alten Süderelbe. – Die Bautechnik 1963, S. 147–154.

188 —: Hochwasserschutzmaßnahmen im Gebiet des Hamburger Hafens. – Die Küste 1966, H. 1, S. 22–31.

189 Laur, W.: Historisches Ortsnamenlexikon von Schleswig-Holstein. – Gottorfer Schr. VIII, 1967, S. 18–23.

190 Lebherz, D.: Hochwasserentlastung Bongsiel an der schleswig-holsteinischen Westküste. – Wasser u. Boden 1964, S. 263–267.

191 Leister, I.: Rittersitz und adliges Gut in Holstein und Schleswig. – Forsch. z. Dt. Landeskunde 1952.

192 Lenz, F.: Untersuchungen zur Limnologie von Strandseen. – Verh. Intern. Ver. f. theor. u. angew. Limnologie 6, 1933.

193 Lillelund, K., und W. Seemann: Der Sehlendorfer Binnensee (Teil I–IV). – Ztschr. Fischerei 1960, S. 292–320, 353–424 u. 603–658.

194 Lohrberg, W., und H. Rohde: Der Einfluß des Oberwassers in Tideflüssen auf das Tidemittelwasser in ihrem Mündungsgebiet. – Dtsch. Gewässerk. Mitt. 1973.

195 Lorenzen, J. M.: Zur Lösung des Eiderproblems. – Die Küste, H. 1, 1966, S. 71–84.

196 Loyal, W.: Die Regelung der Wasserwirtschaft im Niederschlagsgebiet der Trave oberhalb Lübecks. – Tiefbau-Berufsgen. 1952, S. 141–143.

197 Lucht, F.: Hydrographische Untersuchungen in der Brackwasserzone der Elbe. – DHZ 1953, S. 18–23.

198 —: Hydrographie des Elbe-Aestuars. – 1964.

199 Lucht, F., und J. Niss: Untersuchungen über die Temperaturverteilung in einem Tidefluß nach dem Einleiten von warmem Kühlwasser. – Brennstoff, Wärme, Kraft 1971, S. 513–516.

200 Lundbeck, I.: Die Bodentierwelt norddeutscher Seen. – Arch. f. Hydrobiologie, Suppl.-Bd. 7, 1926, u. Ztsch. f. Fischerei 24, 1926, S. 17 bis 69.

201 Mager, F.: Entwicklungsgeschichte der Kulturlandschaft des Herzogtums Schleswig in historischer Zeit. – Kiel 1937.

202 Martens, W.: Arten und Benennung der Glazialseen. – Forschungen u. Fortschritte 1954, S. 232–238.

203 Max-Planck-Gesellschaft: Beschreibung des Institutsneubaues und Führung durch das Institut. – Mitt. Max-Planck-Ges., H. 5, 1961, S. 357–391.

204 Max-Planck-Institut für Limnologie: Schrift anläßlich des Symposium semisaeculare der Societas Internationalis Limnologiae in Plön am 4. Oktober 1972. – Plön 1972.

205 Melhop, W.: Die Alster. – Hamburg 1932.

206 Ministerium f. Ernährung, Landwirtschaft u. Forsten Schleswig-Holstein: Geordnete Wasserwirtschaft im Raume Bongsiel. – Wasser u. Boden 1959, S. 447–449.

207 —: Generalplan Abwasser und Gewässerschutz. – Kiel 1971.

208 —: Generalplan Wassergewinnung und Wasserversorgung. – Kiel 1973.

209 Möller, B.: Sanierung der Alster, Bille und ihrer Nebenläufe. – Wasser u. Boden 1964, S. 304–306.

210 Möller, H.: Laichkrautbeobachtungen (Winderatt). – Die Heimat 1940, S. 58–59.

211 Möller, H., u. a.: Das Satrupholmer Moor. – Neumünster 1941.

212 Möller, H.: Floristisch-soziologische Untersuchungen im Scharnhagener Moor (Dänischer Wohld). – Mitt. Arb.-Gem. f. Floristik SH u. HH, 9, 1961, S. 1–64.

213 Möller, Th.: Bornhöved und das Quellgebiet der Schwentine. – Kieler Neueste Nachr., 24. 4. 1932.

214 Mohr, E.: Die Säugetiere Schleswig-Holsteins. – Hamburg 1931.

215 Mollenhauer, D.: Die Schlauchalge Vaucheria dichotoma und ihr Vorkommen in Schleswig-Holstein. – Natur u. Museum 101, H. 8, 1971, S. 357.

216 Müllauer, M.: Gedanken zum Ausbau des Elbe-Lübeck-Kanals. – Inform.-Blatt d. WSD Kiel 1971, Nr. 8 u. 1972, Nr. 10.

217 Müller, H. E.: Die Verlandung des Schulensees. – Jahresbl. d. Kommunalver. Schulensee-Rammsee-Molfsee 1972, S. 26–35.

218 Müller, K.: Mit der Eider quer durchs Land. – Rendsburg 1951.

219 —: Die Schlei, Tochter der Ostsee. – Rendsburg 1954.

220 Müller-Liebenau, I.: Revision der europäischen Arten der Gattung Baetis LEACH, 1815 (Insecta, Ephemeroptera). – Gewässer u. Abwässer 1970, S. 1–214.

221 Muus, B. J., und P. Dahlström: Süßwasserfische. – München 1968.

222 Muuß, U., und M. Petersen: Die Küsten Schleswig-Holsteins. – Neumünster 1971.

223 Naguib, M.: Über methanoxydierende Bakterien in Binnengewässern und deren mögliche ökonomische Bedeutung. – Verh. Intern. Ver. theor. u. angewandte Limnologie 18, 1973.

224 Nellen, W.: Ökologie und Fauna (Makroevertebraten) der brackigen und hypertrophen Ostseeförde Schlei. – Arch. f. Hydrobiologie 1967, S. 273–309.

225 —: Der Fischbestand und die Fischereiwirtschaft in der Schlei. – Biologie, Wachstum, Nahrung und Fangerträge der häufigsten Fischarten. – Schr. Naturwiss. Ver. SH 1968, S. 5–50.

226 Neubaur, R., und S. Jaeckel: Die Schlei und ihre Fischereiwirtschaft. – Schr. Naturwiss. Ver. SH 1936/37, S. 190–265, 314–360 u. 440–482.

227 Neugebauer, W.: Naturpark Lauenburgische Seen. – Lübeck 1970.

228 —: Parken und Wandern im schönen Holstein. – LN-Verlag Lübeck 1971.

229 —: Parken und Wandern zwischen Kiel und Flensburg. – LN-Verlag Lübeck 1972.

230 Neumann, J.: Das Herzogtum Plön unter Herzog Johann Adolf 1671–1704. – Ztschr. f. SH-Geschichte 94, 1969, S. 121 ff.

231 Neumann, K.: Die Nordseeküste, Teil I, Elbe bis Sylt, ein Führer für Sportschiffer. – Bielefeld-Berlin 1971.

232 Nietzke, G.: Die Kossau. – Arch. f. Hydrobiologie 1937, S. 1–74.

233 Nissen, N. R.: Kleine Geschichte des Stecknitzkanals. – Die Heimat 1955.

234 Ohle, W.: Chemisch-stratigraphische Untersuchungen der Sedimentmetamorphose eines Waldsees. – Biochem. Z. 1933, S. 420–428.

235 —: Chemische und physikalische Untersuchungen norddeutscher Seen. – Arch. f. Hydrobiologie 1934, S. 386–464 u. 584–658.

236 —: Der schwefelsaure Tonteich bei Reinbek. Monographie eines idiotrophen Weihers. – Arch. f. Hydrobiologie 1936.

237 —: Der labile Zustand der ostholsteinischen Seen. – Der Fischwirt 1951.

238 —: Der Vorgang rasanter Seenalterung in Holstein. – Die Naturwiss. 1953, S. 153–162.

239 —: Phosphor als Initialfaktor der Gewässereutrophierung. – Jb. Vom Wasser 1953, S. 11–23.

240 —: Die zivilisatorische Schädigung der holsteinischen Seen. – Städtehygiene 1954, S. 1–5.

241 —: Sulfat als „Katalysator" des limnischen Stoffkreislaufes. – Jb. Vom Wasser 1954, S. 13–32.

242 —: Beiträge zur Produktionsbiologie der Gewässer. – Arch. f. Hydrobiologie 1955.

243 —: Ursachen der rasanten Seeneutrophierung. – Verh. Int. Ver. theor. u. angew. Limnologie 1955, S. 373–382.

244 —: Die Seen als Opfer der Abwasser-Kalamität. – Ber. Abwassertechn. Ver. 1956, S. 268–276.

245 —: Typologische Kennzeichnung der Gewässer auf Grund ihrer Bioaktivität. – Verh. Int. Ver. theor. u. angew. Limnologie 1958, S. 196–211.

246 —: Die Stoffwechseldynamik der Seen in Abhängigkeit von der Gasausscheidung ihres Schlammes. – Jb. Vom Wasser 1959, S. 127 bis 149.

247 —: Die Seen Schleswig-Holsteins, ein Überblick nach regionalen, zivilisatorischen und produktionsbiologischen Gesichtspunkten. – Jb. Vom Wasser 1959, S. 16–41.

248 —: Tagesrhythmen der Photosynthese von Plankton – Biozönosen. – Int. Ver. theoret. u. angew. Limnologie 1961.

249 —: Der Stoffhaushalt der Seen als Grundlage einer allgemeinen Stoffwechseldynamik der Gewässer. – Kieler Meeresforsch. 1962, S. 107–120.

250 —: Primärproduktion des Phytoplanktons und Bioaktivität holsteinischer Seen. Methoden und Ergebnisse. – Limnologiesymposion Helsinki 1964, S. 24–43.

251 —: Die Eutrophierung der Seen und die radikale Umstellung ihres Stoffhaushalts. – Limnologiesymposion Helsinki 1964, S. 10–23.

252 —: Kolloid-Komplexe als Kationen- und Anionen-Austauscher in Binnengewässern. – Jb. Vom Wasser 1964, S. 50–64.

253 Ohle, W.: Interstitiallösungen der Sedimente, Nährstoffgehalt des Wassers und Primärproduktion des Phytoplanktons in Seen. – Helgol. Wiss. Meeresunters. 1964, S. 411–429.

254 —: Nährstoffanreicherung der Gewässer durch Düngemittel und Meliorationen. – Münchener Beitr. z. Fluß- u. Abwasser-Biologie 1965, S. 54–83.

255 —: Chemische und mikrobiologische Aspekte des biogenen Stoffhaushaltes der Binnengewässer. Int. Ver. f. theor. u. angew. Limnologie 1968.

256 —: Gewässer und Umgebung als ökologische Einheit in ihrer Bedeutung für die Gewässereutrophierung. – Gewässerschutz - Wasser - Abwasser 1971, S. 437–456.

257 —: Gelöste organische Stoffe, Aufnahme und Abgabe durch Planktonorganismen im See. – Gewässerschutz - Wasser - Abwasser 1972.

258 —: Zur Seentherapie. – Ein Forschungsprojekt am Grebiner See. – Schrift d. Max-Planck-Inst. f. Limnologie anläßl. Sympos. Semisecu-lare Soz. Int. Limn. Plön 1972.

259 —: Die Sedimente des Großen Plöner Sees als Dokumente der Zivilisation. – Jb. f. Heimatk. im Kreis Plön–Holstein 1972, S. 7–27.

260 —: Über den Stoffhaushalt des Wittensees unter dem Gesichtspunkt einer möglichen Einspülung von Bodenmaterial aus dem Bereich des Nord-Ostsee-Kanals. – Unveröff. Gutachten 1973.

261 Oldekop, H.: Topographie des Herzogthums Holstein. – Kiel 1908.

262 Ostertun, H.: Der Limes Saxoniae zwischen Trave und Schwentine. – Ztschr. Ges. f. SH Geschichte 1967, S. 9–37.

263 O. V.: Über die praktische Bedeutung der Gewässerkunde in Schleswig-Holstein. – Wasser u. Boden 1956, S. 68–74.

264 Pape, A.: Die Binnenfischerei Schleswig-Holsteins. – Stat. Monatsh. SH 1957.

265 —: Die Fischerei Schleswig-Holsteins in ihrer Wirkung auf Küste und Binnenland. – Materialsamml. d. Agrarsoz. Ges. Nr. 62, 1967, S. 237–243.

266 —: Fischerei. – Heimatbuch des Kreises Eckernförde, Verlag J. C. Schwensen, Eckernförde 1967.

267 —: Wandel in der Binnenfischerei. – Informationsdienst der Landesregierung Schleswig-Holstein, Jahrgang 10, Nr. 12/13, 1962.

268 Peters, J.: Agrarstrukturelle Rahmenplanung im Eiderbecken und in Eiderstedt. – Materialslg. d. Agrarsoz. Ges. Nr. 62, 1967, S. 139–148.

269 Petersen, K.: Die Pflanzenwelt des Wardersees und seiner näheren Umgebung. – Die Heimat 1950, S. 147–149.

270 Petersen, M.: Die Versalzung der schleswig-holsteinischen Marschen in wasserwirtschaftlicher Sicht. – Die Küste 5, 1956, S. 146–156.

271 —: Der Eiderdamm Hundeknöll-Vollerwiek als Folge künstlicher Eingriffe in den Wasserhaushalt eines Tideflusses. – Materialsamml. d. Agrarsoz. Ges. Nr. 62, 1967, S. 158–173.

272 —: Sturmflut 1962. – Die Küste, H. 15, 1967, S. 1–123.

273 —: Die Wasserwirtschaft Schleswig-Holsteins im Schrifttum seit 1948. – Die Heimat 1966, S. 76–82 u. 109–114.

274 —: Grenzen der Gewässernutzung im Hinblick auf die wasserwirtschaftliche Rahmenplanung. – DGM Sonderheft 1969, S. 15–17.

275 —: Wasserwirtschaftliche Rahmenplanung aus der Sicht der thematischen Kartographie. – Veröff. d. Akademie f. Raumforsch. u. Landesplanung, Bd. 51, 1969, S. 129–177.

276 Petersen, M., und D. König: Der Wasserhaushalt als Grundlage der wasserwirtschaftlichen Arbeiten. – Wasser u. Boden 1966, S. 340–346.

277 Pokahr, G.: Historische Fundstellen um den Wardersee. – Die Heimat 1950, S. 149–150.

278 Postma, H., und K. Kalle: Die Entstehung von Trübungszonen im Unterlauf der Flüsse, speziell im Hinblick auf die Verhältnisse in der Unterelbe. – Dtsch. Hydrogr. Zeitschr. 1955, S. 137–144.

279 Puls, G.: Die Entwässerung des Arlaugebiets, Hochwasserentlastungs-schöpfwerk Arlau. – Wasser u. Boden 1957, S. 159–160.

280 —: Das Eindeichungsprojekt Bongsiel. – Der Tiefbau 1960.

281 Quedens, G.: Technik schuf ein Paradies (Hauke-Haien-Koog). – Schlesw.-Holst. 1967, S. 152.

282 Raabe, E.-W.: Naturschutz und Naturschutzgebiete in Schleswig-Holstein. – Sonderdruck des Naturw. Ver. SH. 1961.

283 Raabe, H.: Die Diatomeenflora der ostholsteinischen Fließgewässer.– Arch. f. Hydrobiologie 1951, S. 521–638.

284 Rehder, P.: Der Elbe-Trave-Kanal. – Zur Eröffnungsfeier in Lübeck, 16. 6. 1900.

285 —: Die bauliche und wirtschaftliche Ausgestaltung und Nutzbarmachung der lübeckischen Hauptschiffahrtsstraßen. – Lübeck 1906.

286 Rheinheimer, G.: Mikrobiologische Untersuchungen über den Sinkstoffhaushalt der Elbe. – Arch. Mikrobiol. 1959, S. 358–373.

287 —: Untersuchungen über den mikrobiellen Celluloseabbau in der Elbe. – Arch. Mikrobiol. 1960, S. 124–130.

288 Riedel, U.: Der Naturpark Westensee (Kreis Rendsburg–Eckernförde). Untersuchung des Vielfältigkeitswertes eines Erholungsgebietes. – Schr. Geogr. Inst. Kiel 1971, Bd. 37, S. 233–246.

289 Rieder, K.: Die Wasserwirtschaft im Grünen Plan. – Der Grüne Plan in SH 1957, S. 19–22.

290 Rieder, K., H. Suhr, H. Snuis, M. Petersen, H. Behrens, W. Rodloff und W. Siedentopf: Wasserwirtschaft zwischen Nord- u. Ostsee. – 2. Folge 1948–1958, Kiel 1958.

291 Ripl, W.: Probleme der Seerestaurierung. – Wasser, Luft u. Betrieb 1970, H. 12.

292 Rodloff, W.: Über zweckmäßige Querschnitte von Vorflutern. Ein Beitrag zur Senkung der Erhaltungskosten. – Wasser u. Boden 1964, S. 339–342.

293 Roeßler, L.: Von der Trave bis zur Elbe. – Die Heimat 1952, S. 153 bis 156.

294 —: Erdgeschichte des Herzogt. Lauenburg. – 1957.

295 Rohde, H.: Die Veränderung der hydrographischen Verhältnisse des Eidergebietes durch künstliche Eingriffe. Dtsch. Gewässerk. Mitt. Sonderheft 1965, S. 57–68.

296 —: Strömungsverhältnisse und Wassermengen der Tideelbe (1960 bis 1966). – Mitt. Wasser- u. Schiff.-Dir. Hamburg Nr. 16, 1967.

297 —: Eine Studie über die Entwicklung der Elbe als Schiffahrtsstraße.– Mitt. Franzius-Inst. H. 36, 1971, S. 17–241.

298 Rohde, H., und A. Tiemon: Die Versandung der Eider. Weiterführung der Untersuchungen und künstlicher Spülbetrieb. – Die Wasserwirtschaft 1963, S. 221–225 u. 297–303.

299 —: Die Vorarbeiten zur Lösung des Eiderproblems. – Die Wasserwirtschaft 1967, S. 191–199.

300 Roll, H.: Der Ursprung der Schwentine. – Die Heimat 1937, S. 247 bis 249.

301 —: Bornhöved- oder Bungsbergschwentine? – Die Heimat 1937, S. 335–338.

302 Roll, H.: Neue Pflanzengesellschaften aus ostholsteinischen Fließ-gewässern. Ein Beitrag zur Kenntnis der Wasserassoziationen. – Botan. Centralbl. 1938.

303 —: Die Pflanzengesellschaften ostholsteinischer Fließgewässer. Lim-nologisch-soziologischer Studien. – Arch. f. Hydrobiologie 1938.

304 —: Holsteins Fließgewässer und ihre Vegetation. – Die Heimat 1939, S. 129–137.

305 —: Einige Waldquellen Holsteins und ihre Pflanzengesellschaften. Soziologisch-limnologische Quellenuntersuchungen. – Botan. Jahr-bücher 1939.

306 —: Kalkgürtel im Großen Plöner See. – Arch. f. Hydrobiologie 1939.

307 —: Weitere Waldquellen und ihre Pflanzengesellschaften. – Arch. f. Hydrobiologie 1940.

308 —: Pflanzenkunde im Plöner Seengebiet und die Beteiligung der hydrobiologischen Anstalt der Kaiser-Wilhelm-Gesellschaft an der Pflanzenforschung. – Nordelbingen 1940.

309 —: Welche Faktoren beeinflussen die Ausbildung des lotischen und lenitischen Ufers in Flüssen? – Arch. f. Hydrobiologie 1941.

310 —: Quellvegetation und Pflanzensoziologie. – Forschungen u. Fort-schritte 1941.

311 —: Pflanzensoziologie und Seetypenlehre. – Arch. f. Hydrobiologie 1943.

312 Rüdiger, A.: Abflußvorgang und Bettgestaltung in der Elbe unter dem Gesichtspunkt hydrologischer Untersuchungen. – Bes. Mitt. z. Dt. Gewässerkdl. Jb. 1966.

313 Runde, K. G. W.: Die Correction der Schwentine in der Strecke von Plön bis unterhalb Rastorf. – Schleswig 1882.

315 Rust, G.: Die Teichwirtschaft Schleswig-Holsteins. – Schr. Geogr. Inst. Kiel, XV, 4, 1956.

316 Ruttner, F.: Grundriß der Limnologie. – Berlin 1962.

317 Saad, M.: Die Entwicklungsgeschichte des Schöhsees auf Grund mikroskopischer und chemischer Untersuchungen. Diss. – Kiel 1966.

318 Sager, W.: Zur Vorgeschichte des Elbe-Trave-Kanals. – Die Heimat 1902, S. 5 ff.

319 Sauer, F.: Die Makrophytenvegetation ostholsteinischer Seen und Teiche. Soziologisch-limnologische Untersuchungen. Diss. – Arch. f. Hydrobiologie 1937.

320 Schekorr, E.: Zur Ermittlung der Grundwasserneubildung aus Ge-bietswasserbilanzen. – Die Wasserwirtschaft 1972, S. 367–370.

321 Schendel, U.: Über den Wasserhaushalt im norddeutschen Flach-land erläutert am Beispiel Schleswig-Holstein. III. Wasserhaushalt und Landschaft, Untersuchungen in Niederschlagsgebieten des Binneneiderraumes. – Bes. Mitt. z. Dt. Gewässerkdl. Jb. Nr. 34, 1971.

322 Scherenberg, R., und H. Ernst: Die Deichbegradigung vor Tetenbüll-spieker/Nordfriesland. – Die Wasserwirtschaft 1971, S. 292–299.

323 Schermer, E.: Die Molluskenfauna der ostholsteinischen Seen. – Arch. f. Hydrobiologie 1930/31 u. 1932.

324 —: Hydrobiologische Untersuchungen im Travegebiet. – Forsch. Geogr. Ges. Lübeck 1950, S. 35–131.

325 —: Der Wardersee. – Die Heimat 1950, S. 143–146.

326 —: Die Ratzeburger Seen und ihr Abfluß, die Wakenitz. – Die Hei-mat 1952, S. 156–159.

327 Schindler, O.: Unsere Süßwasserfische. – Kosmos-Naturführer. Stutt-gart 1959.

328 Schmidt, E.: Biologisch-ökologische Untersuchungen an Hochmoor-libellen (Odonata). – Ztschr. wiss. Zool. 1964, S. 313-386.

329 —: Die Libellenfauna (Odonata) einiger Flachmoore der Umgebung von Kiel. – Faun. Mitt. Norddeutschland II, 1965, S. 237–249.

330 —: Die Odonatenfauna des Landesteils Schleswig. – Faun.-ökol. Mitt. III, 1966, S. 51–80.

331 —: Ökologische Analyse der Odonatenfauna eines ostholsteinischen Wiesenbaches. – Faun.-ökol. Mitt. 1971, S. 48–65.

332 Schönfeldt, B.: Ostholstein, das Land der Wälder, Seen und Bäder. – Eutin 1949.

333 Schott, C.: Die Naturlandschaften Schleswig-Holsteins. – Geschichte SH I, Neumünster 1955.

334 Schrammek, E.: Die Auswirkung stark organisch belasteter Abwässer auf einen Niederungsbach (dargestellt am Beispiel der Kossau). Diss. – Kiel 1967.

335 Schrautzer, K.: Übersicht über die Gewässer- und Abwasserverhält-nisse in den Flußgebieten der Stör, Krückau und Pinnau (Schleswig-Holstein). – Dtsch. Gewässerk. Mitt. 1959, S. 37–41.

336 Schreitling, K.-T.: Beiträge zur Erklärung der Salzvegetation in den nordfriesischen Kögen. – Mitt. Arb.-Gem. f. Floristik SH u. HH 1959, S. 1–98.

337 Schröder, G.: Landwirtschaftlicher Wasserbau. – 3. Aufl., Berlin, Göttingen, Heidelberg 1958.

338 —: Das Wasser im Grundgesetz. – Die Wasserwirtschaft 1963, S. 44 bis 46.

339 Schröder, J. v.: Topographie des Herzogthums Schleswig. – 2. Aufl., Oldenburg/Holst. 1854.

340 Schütrumpf, R.: Die pollenanalytische Untersuchung der Verlan-dungsschichten des Wellsees bei Kiel. – Schr. Naturwiss. Ver. SH 1951, S. 131–137.

341 —: Die Moore Schleswig-Holsteins. – 1956.

342 Schütz, L.: Eine vergleichende ökologisch-biologische Studie über die Hartbodenfauna des Nord-Ostsee-Kanals – ein Brackgewässer – im Jahre 1952/53. Diss. – Kiel 1960.

343 Schütz, L., und O. Kinne: Über die Mikro- und Makrofauna der Holzpfähle des Nord-Ostsee-Kanals und der Kieler Förde. – Kieler Meeresforsch. 1955, S. 110–135.

344 Schultz, H.: Wasserwirtschaft und Deichschutz. – Der Kreis Stein-burg 1958, S. 208–217.

345 Schulz, H. D.: Grundwasserneubildung berechnet aus der Chlorid-Bilanz. – Geol. Mitt. 1972, S. 53–60.

346 Schulz, H.: Qualitative und quantitative Planktonuntersuchungen im Elbe-Aestuar. – Arch. Hydrobiologie 1961, S. 2–105.

347 Schwabe, G. H.: Die Umwelt des Menschen als Problem unserer Zeit. – Hestia 1970/71–1972.

348 —: Naturschutz. – Scheidewege 1971, S. 78–96.

349 —: Immer noch fünf vor zwölf? – Bauwirtsch. Inform. 1971.

350 —: Fünfzig Thesen zur Umweltkrise. – Scheidewege 1972, S. 26–37.

351 Schwoerbel, J.: Einführung in die Limnologie. Stuttgart 1971.

352 Seehase, H.: Die Fischerei in Schleswig-Holstein. – Sprache u. Volks-tum IV, 1935.

353 Seidel, K.: Die Flechtbinse. – Die Binnengewässer Bd. XXI, Stuttgart 1955.

354 Seifert, G.: Erdgeschichte der Grube-Wesseker Niederung. – Jb. f. Heimatkde im Kreis Oldenburg/Holst. 1963, S. 34–44.

355 Seifert, G.: Der Aufbau und die geologische Entwicklung des Brodtener Ufers und der angrenzenden Niederungen. – Die Küste 1952, H. 2, S. 15–20.

356 Siedentopf, W.: Ausbau der Treenemündung bei Friedrichstadt als Voraussetzung für die Regelung der Wasserwirtschaft im Treenegebiet. – Die Tiefbau-Berufsgen. 1954.

357 —: Der Ausbau der Treenemündung bei Friedrichstadt 1951–1956. – In: Friedrichstadt, von Harry Schmidt 1957, S. 59–63.

358 —: Probleme der Abwasserableitung und Abwasserbehandlung in Schleswig-Holstein. – Informationsdienst d. Landesreg. SH 1959, S. 113–115 u. ATV-Berichte 1960, S. 156–168.

359 —: Der „Abwasserhauptsammler West" im Hamburger Randgebiet. – Wasser u. Boden 1964, S. 298–301.

360 —: Zentrale Wasserversorgung und Abwasserbeseitigung in Landgemeinden. – 10 Jahre Landwirtsch.-Gesetze in SH 1965, S. 27–28.

361 —: Wasserversorgung, Abwasserableitung und Abwasserbehandlung. – Wasser u. Boden 1966, S. 353–360.

362 Siefert, W.: Die Tideverhältnisse seit 1786 in der Elbe. – Dtsch. Gewässerk. Mitt. 1970, S. 125–130.

363 Simon, W. G.: Untersuchung über die mutmaßliche Entwicklung der Brackwasserzone und den Sinkstofftransport im holozänen Elbe-Aestuar. – Abh. u. Verhandl. d. Naturwiss. Ver. HH 1962, Bd. VII, S. 145–155.

364 Sindern, J.: Studie Wittensee. – Wasser- u. Schiff.-Dir. Kiel 1973.

365 Sindern, J., und H. Rohde: Zur Vorgeschichte der Abdämmung der Eider in der Linie Hundeknöll–Vollerwiek. – Die Wasserwirtschaft 1970, S. 85–92.

366 Sioli, H.: Ökologische Aspekte der technisch-kommerziellen Zivilisation und ihrer Lebensform. – Biogeographica 1972, S. 1–13.

367 —: Managing natural resources for scientific, Education and health purposes. – Int. Un. for Conservation of Nature and Nature-Resources 1972.

368 Snuis, H.: Wasserwirtschaftliche Bilanz. – Bauernbl./Landpost 1960, S. 2325–2327.

369 Sörensen, N.: Schneckenmühlen in der Wilstermarsch. – Die Heimat 1958, S. 223–226.

370 Spahr, R.: Bemessungsgrundlagen zum Gewässerbau in Schleswig-Holstein. – Wasser u. Boden 1970, S. 320–326.

371 —: Über den Wasserhaushalt im norddeutschen Flachland erläutert am Beispiel Schleswig-Holstein. I. Über Abflüsse und Abflußspenden oberirdischer Gewässer Schleswig-Holsteins; II. Über den Wasserkreislauf im Lande Schleswig-Holstein. – Bes. Mitt. z. Dt. Gewässerkdl. Jb. Nr. 33, 1971.

372 —: Eine Wasserbilanz für Schleswig-Holstein. – Wasser u. Boden 1972, S. 278–281.

373 Sparmann, F.: Quellen und Quellbäche der Alster. – Jb. Alsterverein 1941, S. 11–16.

374 Spethmann, H.: Studien an den Flanken des Brodtener Ufers. – Die Küste, H. 2, 1952, S. 58–66.

375 —: Forschungen im innersten Winkel der südwestlichen Ostsee. – Mitt. Geogr. Ges. Lübeck, H. 44, 1953.

376 Spilker, H.: Neuwerk/Scharhörn im Blick der Tiefwasserhäfen-Kommission. – Schr.-Reihe Behörde f. Wirtsch. u. Verkehr HH 1972, Nr. 11.

377 Staack, H. H., und D. König: Fleischwarenabwässer und Vorfluter in zwei Beispielen. – Dtsch. Gewässerk. Mitt. 1962, S. 80–84.

378 Stadtwerke Kiel: 50 Jahre Stromversorgung. – Kiel 1951.

379 Stanschus-Attmannspacher, H.: Die Entwicklung von Seeterrassen in Schleswig-Holstein. – Schr. Naturwiss. Ver. SH 1969, S. 13–28.

380 Statistisches Landesamt Schleswig-Holstein: Beiträge zur historischen Statistik Schleswig-Holsteins. – Kiel 1967.

381 Steinführer, A.: Die Pflanzengesellschaften der Schleiufer und ihre Beziehungen zum Salzgehalt des Bodens. – Jb. Heimatgem. Kreis Eckernförde 1955.

382 Stier, W.: Der Stecknitzkanal. – Lübeckische Bl. 1950.

383 Stremme, H.: Die Böden der Eiderniederung in der Mannigfaltigkeit ihrer Eigenschaften und Verbreitung. – Materialsamml. Agrarsoz. Ges. Nr. 62, 1967, S. 289–295.

384 Struck, O.: Der Kellersee. – Die Heimat 1936, S. 234–241.

385 Stückrath, T.: Über die Durchmischung von Süß- und Salzwasser in den Brackwassergebieten von Tideflüssen. – Mitt. Franzius-Inst. Hannover, H. 35, 1970.

386 Stüdtje, J.: Mühlen in Schleswig-Holstein. – Heide i. H. 1968.

387 Suhr, H.: Die Wasserversorgung und Abwasserbeseitigung ländlicher Gemeinden. – Die Gemeinde 1962, S. 62.

388 —: Wasserwirtschaftliche Maßnahmen im Programm Nord. – Inst. f. Raumforsch. Inform. 1955, S. 349–363.

389 —: Trinkwasser und Abwasser im Kreis der wasserwirtschaftlichen Aufgaben Schleswig-Holsteins. – Gas- u. Wasserfach 1963, S. 1490 bis 1493.

390 —: Generalplan Deichverstärkung, Deichverkürzung und Küstenschutz in Schleswig-Holstein vom 20. Dez. 1963. – Wasser u. Boden 1964, S. 249–254.

391 —: Besondere Probleme der Wasserwirtschaft in bezug auf den Gewässerschutz und den Schutz der Küsten in Schleswig-Holstein. – Föderation Europ. Gewässerschutz 12, 1965, S. 59–60.

392 —: Die Aufgaben des Ingenieurs in unserer Gesellschaft. – Wasser u. Boden 1971, S. 275–277.

393 Thiele, H., und H. Ratschko: Über Trinkwasser aus Zisternen und Gräben. – Ztschr. f. Hygiene 1954, S. 332–358.

394 Thiem, H.: Wasserrecht Schl.-Holst. – Dt. Gemeindeverl. 1972.

395 Thienemann, A.: Die biologische Untersuchung der Abwässer. – In: König, H., Untersuchung landwirtschaftlich und gewerblich wichtiger Stoffe, 1911, S. 1033–1054.

396 —: Die Einwirkung von in der Papierfabrik verwendeten Farbstoffen auf den Haushalt des Wassers. – Jahrb. d. Nahr.- u. Genußmittel 1911, S. 465–468.

397 —: Die Verschmutzung der Ruhr im Sommer 1911. – Ztschr. f. Fisch. 1912, S. 55–86.

398 —: Das Vorkommen der Flunder (Pleuronectes flesus L.) im Main. – Arch. f. Hydrobiologie 1912, S. 675–676.

399 —: Die Faktoren, welche die Verbreitung der Süßwasserorganismen regeln. – Arch. f. Hydrobiologie 1913, S. 267–288.

400 —: Die Unterschiede zwischen der großen Maräne des Madüsees und des Selenter Sees. – Zool. Anz. 1916, S. 97–101.

401 —: Die wissenschaftlichen Aufgaben und die wirtschaftliche Bedeutung der Biologischen Anstalt zu Plön. – Arch. f. Hydrobiologie 1917, S. 624–628.

402 —: Untersuchungen über die Beziehungen zwischen dem Sauerstoffgehalt des Wassers und der Zusammensetzung der Fauna in norddeutschen Seen. – Arch. f. Hydrobiologie 1918, S. 1–65.

403 Thienemann, A.: Lebensgemeinschaft und Lebensraum. – Naturwiss. Wochenschr. N. F. 1918, S. 282–290.

404 —: Der Schlei-Schnäpel. – Fisch.-Ztg. 1922, S. 260–263.

405 —: Hydrobiologische Untersuchung an Quellen. – Arch. f. Hydrobiologie 1922, S. 151–190.

406 —: Die Gewässer Mitteleuropas. Eine hydrobiologische Charakteristik ihrer Haupttypen. – Handb. Binnenfisch. Mitteleuropas 1923, S. 1–84.

407 —: Die Binnengewässer Mitteleuropas. Eine limnologische Einführung. – Die Binnengewässer I, 1925.

408 —: Grundsätze der faunistischen Erforschung der Heimat. – Nordelbingen 1925, S. 210–224.

409 —: Ein empfindlicher Indikator für Veränderungen im Chemismus der Binnengewässer. – Die Naturwiss. 1925, S. 868–869.

410 —: Temperatur- und Sauerstoffverhältnisse eisbedeckter Seen des Plöner Gebietes am Ende des Winters 1923/24. – Arch. f. Hydrobiologie 1927, S. 1–21.

411 —: Der Sauerstoff im eutrophen und oligotrophen See. Ein Beitrag zur Seetypenlehre. – Die Binnengew. 1928.

412 —: Über die Edelmaräne (Coregonus lavaretus forma generosus PETERS) und die von ihr bewohnten Seen. – Arch. f. Hydrobiologie 1928, S. 1–36.

413 —: Schwankungen des Grundwasserstandes in Norddeutschland während der letzten Jahrzehnte, ihre Ursachen und ihre limnologisch-geologische und wirtschaftliche Bedeutung. – Arch. f. Hydrobiologie 1932, S. 325–428.

414 —: Die Maränen Schleswig-Holsteins. – Die Heimat 1936, S. 241 bis 243.

415 —: Der Schlei-Schnäpel (Coregonus lavaretus balticus). – Schr. Naturwiss. Ver. SH 1936, S. 190–208.

416 —: Grundzüge einer allgemeinen Ökologie. – Arch. f. Hydrobiologie 1939, S. 267–285.

417 —: Die begriffliche Unterscheidung zwischen See, Weiher, Teich. – Rhein. Heimatpflege, 1940, S. 6–9.

418 —: Taugewässer. Eine Literaturstudie über die limnologische Bedeutung des Taus und des Nebels. – Ztschr. Ges. f. Erdk. 1943, S. 219–242.

419 —: Eisbedeckung der Plöner Seen in den Jahren 1916–1947. – Ztschr. Meteor 1947, S. 465–471.

420 —: Limnologie und Wasserwirtschaft: „Kranke Seen.“ – Wasser u. Boden 1950, S. 8–11.

421 —: Verbreitungsgeschichte der Süßwassertierwelt Europas. – Die Binnengew. 1950, 809 S.

422 —: Vom Gebrauch und Mißbrauch der Gewässer in einem Kulturlande. – Arch. f. Hydrobiologie 1951, S. 557–583.

423 —: Limnologie und Wasserwirtschaft. – Vattenhygien 1953, S. 25 bis 43.

424 —: Fluß und See. Ein limnologischer Vergleich. – Gewässer und Abwasser 1953, S. 13–30.

425 —: Chironomus. Leben, Verbreitung und wirtschaftliche Bedeutung der Chironomiden. – Die Binnengew. 1954, 834 S.

426 —: Die Binnengewässer in Natur und Kultur. Eine Einführung in die theoretische und angewandte Limnologie. – Sammlg. Verständl. Wiss., Berlin 1955, 156 S.

427 —: Leben u. Umwelt. Vom Gesamthaushalt der Natur. – Rowohlts dt. Enz. 1952, 153 S.

428 Thienemann, A., u. a.: Das Salzwasser von Oldesloe. – Mitt. Geogr. Ges. Lübeck 1925.

429 Tidelski, F.: Landschaftsaufbau und Landschaftswandel des Moorseeraumes im südlichen Hinterlande Kiels. – Mitt. Arb.-Gem. f. Floristik i. SH u. HH, 1955, S. 291–325.

430 Uhden, O.: Notwendigkeit und Grenzen der Wasserwirtschaft in einem Kulturlande. – Wasser u. Boden 1952, S. 233–235, 257–263 u. 312–316.

431 Ule, W.: Die Tiefenverhältnisse der ostholsteinischen Seen. – Jb. Kgl. Pr. Geol. Landesanst. 1890, S. 102–127.

432 Urbschat, J.: Flora des Kreises Pinneberg. – Mitt. Arb.-Gem. f. Floristik SH u. HH, 1972, 281 S.

433 Utermöhl, H.: Das Nannoplankton ostholsteinischer Seen. – Verh. Int. Ver. f. theor. u. angew. Limnologie 1923, S. 83–93.

434 —: Limnologische Phytoplanktonstudien. Die Besiedlung ostholsteinischer Seen mit Schwebpflanzen. – Arch. f. Hydrobiologie 1925.

435 —: Unsere Seen und ihre Lebewelt. – Heimatb. Kreis Plön 1953, S. 149–162.

436 Vinck, F.: Über die Grundwasserverhältnisse in Schleswig-Holstein. – Wasser u. Boden 1954, S. 356–360.

437 —: Artesische Brunnen – eine Gefahr für den Grundwasserschatz. – Bohrtechn. u. Brunnenbau 1955, S. 303–306.

438 —: Die Grundwasserversalzung in Schleswig-Holstein. Ursache, Umfang, Bedeutung und Bekämpfung. – Bes. Mitt. z. Dt. Gewässerkdl. Jb. 1955, Nr. 12, S. 45–53.

439 —: Trinkwasserschutzgebiete als neuer Planungsfaktor. – Bauamt u. Gemeindebau 1956, S. 68–70.

440 —: Die praktische Bedeutung der „Gewässerkundlichen Jahrbücher“. – Wasser u. Boden 1958, S. 150–152.

441 —: Ergebnisse von Verdunstungsmessungen in Schleswig-Holstein. – Dtsch. Gewässerk. Mitt. 1961, S. 11–15.

442 Wasmund, E.: Seeablagerungen als Rohstoffe. – Arch. f. Hydrobiologie 1933, S. 423 ff.

443 Weber, H. H.: Zur aquatilen Heteropterenfauna von Fehmarn. – Faun. Mitt. Norddeutschland 1953, H. 3, S. 1–3.

444 —: Zum Wohngewässerwechsel der Corixiden (Hem. Het., Corixidae). – Verh. Ver. naturwiss. Heimatforsch. HH, 1955, S. 5–10.

445 —: Aquatile Heteropteren am Licht. – Faun. Mitt. Norddeutschland 1956, H. 6, S. 6–7.

446 —: Beobachtung zur Erstbesiedlung einer neu entstandenen Baggerkuhle durch aquatile Heteropteren. – Faun. Mitt. Norddeutschland 1960, H. 10, S. 9–16.

447 Wegemann, G.: Die Seen des Eidergebietes. – Peterm. Mitt. 1912, S. 197–201.

448 —: Die schleswigschen Diluvialseen. – Ztschr. Ges. f. Erdk. 1913, Nr. 8.

449 —: Die Seen Mittelholsteins. – Abh. Kgl. Pr. Geol. Landesanst. 1915, S. 108–116.

450 —: Die Erforschung der Seen Schleswig-Holsteins. – Ztschr. Geogr. Ges. 1917.

451 —: Die Seen Ostholsteins. Ihre Entstehung, Raumverhältnisse und Spiegelschwankungen. – Kiel 1922.

452 —: Die Seen Nordelbiens. – Die Heimat 1936, S. 228–234.

453 Weinnoldt, E.: Der Eiderplan als Gesamtaufgabe. – Westküste 1938, H. 3, S. 78–82.

454 Weinnoldt, E., und M. Bahr: Die Versandung der Eider, Ursachen und Gegenmaßnahmen. – Die Wasserwirtschaft 1952.

455 Weinnoldt, E., und H. Kiehnel: Die Eiderabdämmung und die wasserwirtschaftlichen Maßnahmen im Eidergebiet. – Westküste 1938, H. 3, S. 1–37.

456 Weinnoldt, E., und H. Suhr: Wasserwirtschaft zwischen Nord- und Ostsee. – Kiel 1951.

457 Welzel, E.: Der Hemmelsdorfer See. – Schlesw.-Holst. 1973, S. 32.

458 Wesenberg-Lund, C.: Biologie der Süßwassertiere. – Wien 1939.

459 —: Biologie der Süßwasserinsekten. – Berlin, Göttingen 1943.

460 Wetzel, W.: Das Kossautal von der Quelle bis zum Meer. – Die Heimat 1927, H. 12.

461 —: Erdgeschichte im Kreise Plön. – Heimatb. Kreis Plön 1953, S. 5 bis 24.

462 Witt, K. H.: Die Wasserwirtschaft im Gebiet des Eiderverbandes. – Materialsamml. d. Agrarsoz. Ges. 1967, Nr. 62, S. 173–181.

463 Witt, W.: Deutscher Planungsatlas. Bd. III. Planungsatlas Schleswig-Holstein. – Bremen-Horn 1960.

464 Witt, W., und M. Petersen: Wasserwirtschaftliche Probleme Schleswig-Holsteins im Rahmen der Landesplanung. – Raumforsch. u. Raumordn. 1955, S. 65–72.

465 Wittmer, H. G.: Tideänderungen durch Einbauten in Tideflüssen. – Mitt. Franzius-Inst. Hannover 1958, Nr. 13, S. 1–231.

466 Wohlenberg, E.: Die Versalzung im Gotteskoog (Nordfriesland) nach biologischen und chemischen Untersuchungen. – Die Küste 1956, H. 5, S. 113–145.

467 —: Die Leistung der Drains für Entsalzung und Oxydation in neu bedeichten Kögen in Nordfriesland. – Mitt. Dt. Bodenkundl. Ges. 1964, S. 73–78.

468 Zimmermann, F., U. Maniak und W. Hartung: Die hydrologische, wasserwirtschaftliche, konstruktive und betriebliche Problematik der Hochwasserrückhaltebecken. – Wasser u. Boden 1964, S. 365–373.

Zusammenstellung der Literatur für die Textbeiträge

BINNENGEWÄSSER IN DEN LUFTBILDATLANTEN

Hinweise auf Luftaufnahmen, die zur Ergänzung oder zum Vergleich herangezogen werden können. Beispiel: II; 35 = Luftbildatlas SH, Band II, Seite 35. Mit einem * versehene Beiträge aus den Luftbildatlanten enthalten auch textliche Erläuterungen, die sich auf die Binnengewässer beziehen.

ABKÜRZUNGEN

MW	= Mittelwasser		T. L.	= Tiefen-Lotung	
HW	= Hochwasser		K	= Karpfen	
NW	= Niedrigwasser		Sch	= Schleie	
MThw	= Mittleres Tidehochwasser (im Gezeitenbereich)		F	= Forellen	
MTnw	= Mittleres Tideniedrigwasser (im Gezeitenbereich)		H	= Hechte	
NN	= Normalnull, Bezugsebene für alle Höhenangaben		Z	= Zander	
NSG	= Naturschutzgebiet		Zi	= Zierfische (Kaltwasser)	
⁰/₀₀	= Maß für das Gefälle; 1 ⁰/₀₀ entspricht einem Gefälle von 1 m auf 1 km Lauflänge				

Elektr-(olyt-)ische Leitfähigkeit (S. 29, 42): Anzeichen für die Gesamtmenge an gelösten, dissoziierten Stoffen im Wasser in Abhängigkeit von der Temperatur, der Fließgeschwindigkeit der Ionen in Richtung des elektrischen Feldes und der elektro-chemischen Wertigkeit. Sie wird gemessen in µS (Siemens) · cm⁻¹ (bei 20°). Je höher dieser Wert, desto mehr gelöste Stoffe (Salze) im Wasser.

WANDERWEGE

Wanderwege sind auf folgenden Sonderkarten des Landesvermessungsamtes Schleswig-Holstein vermerkt:
Holsteinische Schweiz, 1:30 000 Neumünster und Umgebung, 1:50 000
Lauenburgische Seen, 1:40 000 Lübecker Bucht, 1:50 000
Beschreibungen von Wanderwegen sind in nachstehenden Taschenführern enthalten:
Hans Zimmermann: Die Holsteinische Schweiz.

Werner Neugebauer: Parken und Wandern im schönen Holstein.
—: Parken und Wandern zwischen Kiel und Flensburg.
—: Beiderseits der Vogelfluglinie.
Werner Neugebauer und Dieter Melms-Liepen: Naturpark Lauenburgische Seen.
Nis R. Nissen: Parken und Wandern an der Westküste Schleswig-Holsteins.

VERZEICHNIS DER SEEN

Lfd. Nr. und Name	Kreis	Lage Gemeinde	Top.-Karte 1:25 000	Größe ha	Höhe zu NN m	Wassertiefe Mittel	Max.	Eigentümer	Bemerkungen
1 Aassee	RD	Waabs	1425	25,92	0,10			Privat	
2 Ahrensee	RD	Achterwehr	1625	65,50	7,20		12,0	Privat	T. L.
3 Ankerscher See	RZ	Lankau	2329	14,48	10,00	3,5	4,3	Privat	T. L.
4 Arenholz-Lürschauer See	SL	Lürschau	1422	45,37	19,00			Privat und Gemeinde Lürschau	Rundweg, T. L.
5 Armensee (Fockbeker See)	RD	Rendsburg	1623	34,60	2,10	1,5	2,5	Privat	T. L.
6 Audorfer See (Teil d. Nord-Ostsee-Kanals)	RD	Büdelsdorf, Borgstedt, Schacht-Audorf	1624	81,74	−0,10		20,3	Bund	
7 Ausgrabensee, oberer	PLÖ	Rathjensdorf, Plön	1828	2,40	23,20		2,0	Privat und Stadt Plön	
8 Ausgrabensee, unterer	PLÖ	Rathjensdorf, Plön	1828	5,20	22,60		6,0	Privat und Stadt Plön	T. L.
9 Bahrensee	RZ	Horst	2330	1,47	32,00			Privat	
10 Barkauer See	OH	Süsel	1929	78,37	19,90	2,5	3,0	Land S-H	
11 Barsbeker See	PLÖ	Barsbek, Wentorf	1527	50,00	−0,70	0,5	1,0	D. u. E. Verband Probstei	
12 Behlendorfer See	RZ	Behlendorf	2230/2330	70,20	38,50	8,0	16,5	Privat	
13 Behler See	PLÖ	Plön	1828	329,84	22,33	13,0	43,0	Privat	Wanderweg Südseite, T. L.
14 Belauer See	PLÖ	Belau	1827/1927	125,50	29,40	5,3	8,3	Privat	Straße am Ostufer, T. L.
15 Großer Benzer See	OH	Malente	1729	13,61	34,50	9,0	24,0	Privat	
16 Kleiner Benzer See	OH	Malente	1729	10,11	34,30	3,0	7,0	Privat	
17 Großer Binnensee	PLÖ	Behrensdorf/Hohwacht	1629	528,30	−0,10	2,0	3,0	Privat	im N u. W ufernahe Feldwege, T. L.
18 Kleiner Binnensee	PLÖ	Behrensdorf	1629	30,67	0,00	0,5	0,9	Privat	NSG
19 Bischofsee	OH	Bosau	1828	65,60	21,00	4,0	9,0	Land S-H	T. L.
20 Bistensee	RD	Bistensee	1524/1624	151,42	11,97		16,5	Privat	T. L.
21 Blankensee	HL +RZ	Lübeck, Gr. Sarau	2130/2230	23,26	10,50	2,0	2,8	Privat und Stadt Lübeck	
22 Blunker See	SE	Blunk, Nehms	1927/1928	19,67	39,84	6,0	10,8	Privat und Gemeinde Blunk	T. L.
23 Bocksee	SL	Lürschau	1422	2,04				Privat	
24 Bocksee	RD	Deutsch-Nienhof	1725	3,10	20,50			Privat	
25 Börndiek	SE	Krems II	2028	11,25	26,10			Privat	
26 Bollingstedter Mühlenteich	SL	Bollingstedt	1422	13,65	14,00			Privat	Stauteich
27 Bordesholmer See	RD	Bordesholm	1826	70,30	25,82		7,8	Land S-H	Rundweg, T. L.
28 Borgdorfer See	RD	Borgdorf-Seedorf	1825	51,23	20,80		8,0	Privat	T. L.
29 Bornhöveder See	SE	Bornhöved	1927	78,44	29,50	6,0	17,0	Privat	Wege W-, S- u. O-Seite, T. L.
30 Bossee	RD	Westensee	1725	45,34	7,20			Privat	Teil von 288
31 Bothkamper See	PLÖ	Bothkamp	1726/1826	157,70	24,80		4,5	Privat	T. L.

Lfd. Nr. und Name	Kreis	Lage Gemeinde	Top.-Karte 1:25 000	Größe ha	Höhe zu NN m	Wassertiefe Mittel	Wassertiefe Max.	Eigentümer	Bemerkungen
32 Bottschlotter See	NF	Fahretoft	1218	75,16	1,40	1,5	3,0	Privat	
33 Brahmsee	RD	Warder, Langwedel, Eisendorf	1725/1825	96,03	19,15		13,0	Privat und Gemeinde Eisendorf	T. L.
34 Brammersee	PLÖ	Panker	1629	1,50	52,10		4,0	Gemeinde Panker	
35 Brautsee	SL	Schleswig	1423	8,93				Stadt Schleswig	
36 Bültsee	RD	Kosel	1524	20,10	9,60		14,0	Gemeinde Kosel	T. L., nährstoff-arm
37 Bundesgaarder See (Gotteskoogsee)	NF	Neukirchen, Niebüll, Emmelsbüll, Uphusum	1118	20,00	0,00	2,0	3,0	Kreis Nordfriesland	Anpflanzung m. Wanderwegen
38 Burgsee	SL	Schleswig	1423	21,47				Land S-H	
39 Culpiner See	RZ	Mustin	2231/2331	18,61	37,00	5,0	8,0	Kreis Hzgt. Lauenburg	T. L.
40 Dänschendorfer See (Nördl. Binnensee)	OH	Dänschendorf	1432	90,82	–0,20	0,6	1,0	Gemeinde Dänschendorf	
41 Dannauer See	PLÖ	Rantzau	1729	19,37	23,00			Privat	
42 Dassower See	HL	Lübeck	2031	795,66	–0,05	2,0	4,0	Bund	
43 Dieksee	OH	Malente	1828/1829	385,78	22,32	14,0	38,0	Land S-H	Wanderweg Südseite, T. L.
44 Dobersdorfer See	PLÖ	Dobersdorf	1627	353,64	19,02	5,0	19,5	Privat	T. L.
45 Dörpsee	RD	Schülldorf	1624	8,08	8,30		4,5	Privat und Gem. Schacht-Audorf	T. L.
46 Dörpsee	RD	Emkendorf	1725	7,22	25,70			Privat	
47 Dörpumer Mergel-kuhlen	NF	Bordelum	1320	9,00	6,50	5,0	15,0	Privat	
48 Drachensee	KI	Kiel	1726	14,34	11,20		8,0	Privat	T. L.
49 Drömlingsee	PLÖ	Depenau	1827	9,83	26,00	2,0	2,5	Privat	
50 Drüsensee	RZ	Lehmrade	2330/2430	73,40	14,00	6,0	7,8	Privat	T. L.
51 Edebergsee	PLÖ	Plön	1828	8,78	22,33	6,9	11,0	Privat	T. L.
52 Einfelder See	RD+ NMS	Neumünster, Mühbrook	1825/1826	177,50	26,70		8,4	Stadt Neumünster	Rundweg, Ost-seite B 4, T. L.
53 Elsensee	PI	Quickborn	2225	3,50	28,70			Privat	
54 Großer Eutiner See	OH	Eutin, Süsel	1829	232,51	26,67	5,3	17,0	Land S-H	Wander-Rund-weg, T. L.
55 Kleiner Eutiner See	OH	Eutin	1829	40,92	28,46	2,2	3,3	Land S-H	T. L.
56 Fastensee	OH	Dänschendorf	1432	71,00	0,30			Privat	
57 Felder See	RD	Felde	1725	5,00	9,80			Privat	
58 Flemhuder See	RD	Quarnbek, Krumm-wisch	1625	41			29,0	Bund	Wird bis auf 7 ha zugespült
59 Flügger Teich	OH	Petersdorf/Fehm.	1532	73,46	0,00			Privat	
60 Fuhlensee	RD +KI	Strande, Kiel	1526	24,81				Privat	Nordufer begehbar
61 Fuhlensee	PLÖ	Wahlstorf	1827	23,42	19,45	3,0	6,0	Privat	
62 Fuhlensee	PLÖ	Ruhwinkel	1927	7,00	28,30	1,5	2,0	Bund	T. L.
63 Fuhlensee	PLÖ	Blekendorf	1629	7,95	1,00			Privat	
64 Gammellunder See	SL	Gammellund, Lür-schau, Friedrichsau	1422	26,26	16,00			Privat	T. L.
65 Gammendorfer Binnensee	OH	Landkirchen	1432	56,00	–0,20	0,6	0,8	Gemeinde Land-kirchen	

Lfd. Nr. und Name	Kreis	Lage Gemeinde	Top.-Karte 1:25 000	Größe ha	Höhe zu NN m	Wassertiefe Mittel	Max.	Eigentümer	Bemerkungen
66 Garrensee	RZ	Ziethen	2331	19,20	42,22	15,0	23,0	Privat	NSG, T. L., nährstoffarm
67 Gassersee	PLÖ	Panker	1629	1,50				Privat	
68 Giesensdorfer See	RZ	Giesensdorf	2330	2,00				Gemeinde Giesensdorf	
69 Glashütter Waldsee	SE	Buchholz	2026	1,55	43,72	0,9	1,6	Land S-H	T. L.
70 Godauer See	PLÖ	Nehmten	1828	2,20				Privat	
71 Görnitzer See	PLÖ	Grebin	1728	10,57	24,40	1,8	2,5	Privat	T. L.
72 Goossee	RD	Altenhof, Goosefeld	1525	26,58	0,10		1,3	Privat	T. L.
Gotteskoogsee s. Bundesgaarder See									
73 Grammsee	RZ	Mustin	2231/2331	19,53	32,00	5,0	7,3	Kreis Hzgt. Lauenburg	T. L.
74 Grebiner See	PLÖ	Grebin	1728	29,06	24,90	9,3	27,0	Privat	T. L.
75 Griebeler See	OH	Kasseedorf	1830	18,94	62,00	9,0	14,0	Privat	Weg Ostseite
76 Großensee	OD	Großensee	2328	74,66	38,50	12,0	21,0	Stadt Hamburg	Rundweg
77 Gruber See	OH	Grube	1732	8,00	−1,20	0,4	0,6	Land S-H	
78 Grundloser See	PLÖ	Panker	1629	1,50	72,40			Privat	
79 Gudower See	RZ	Gudow	2430	75,00	25,00	5,0	10,2	Privat	Rundweg, T. L.
80 Güsdorfer Teich	PLÖ	Wittmoldt	1828	6,81	23,50			Privat	
81 Haasberger See	NF	Humptrup	1119	2,00	0,10	1,0	1,5	Privat	
82 Haddebyer Noor	SL	Fahrdorf	1423/1523	100,02	0,00			Land SH	
83 Hansdorfer See	RD	Mielkendorf	1626, 1726	28,09	7,80		2,5	Privat	
84 Hasensee	RD	Emkendorf	1725	5,99	13,40			Privat	
85 Havetofter See	SL	Havetoft	1323	12,20	29,70			Privat	T. L.
86 Hegesee	RZ	Mölln	2330	9,00	12,60	2,0	3,8	Stadt Mölln	T. L.
87 Heidensee	PLÖ	Bösdorf	1828	15,13	22,10	2,2	3,3	Land S-H	T. L.
88 Heidteich	RD	Owschlag	1623	12,52				Privat	
89 Hemmelmarker See	RD	Barkelsby	1525	85,21	0,30		7,3	Privat	T. L.
90 Hemmelsdorfer See	OH	Timmendorfer Strand	2030	494,05	−0,08		44,5	Land S-H	T. L.
91 Höftsee	PLÖ	Plön	1828	20,43	22,33	9,0	19,0	Privat	
92 Hofsee	RZ	Kittlitz	2331	16,44	39,00	1,0	1,3	Kreis Hzgt. Lauenburg	T. L.
93 Hohner See	RD	Hohn	1622/1722	100,00	−0,50	1,0	1,5	Privat	T. L.
94 Holmarker See	FL	Kleinsolt	1222	2,00	31,20			Gemeinde Kleinsolt	
95 Holmer See	RD	Götheby-Holm	1524	6,21				Privat	
96 Holtsee	RD	Holtsee	1525	3,00	18,90			Privat	durch Abwasser verunreinigt
97 Holzsee	PLÖ	Depenau, Nettelsee	1827	20,12	24,70	4,7	9,0	Privat	T. L.
98 Honigsee	PLÖ	Honigsee	1727	4,90	31,00	1,6	3,3	Privat	T. L.
99 Hülltofter Tief	NF	Aventoft	1118	14,00	0,50	1,5	2,0	Kr. Nordfriesland	
100 Idstedter See	SL	Idstedt	1423	37,90	17,30			Privat	Rundweg, T. L.
101 Ihlsee	OH	Süsel	1930	1,40	24,60			Land S-H	
102 Ihlsee	OH	Malente	1829	1,99	33,00		2,1	Land S-H	T. L.
103 Ihlsee	RD	Mielkendorf	1726	3,61	11,50		2,5	Privat	
104 Ihlsee	PLÖ	Högsdorf	1729	1,10				Gemeinde Högsdorf	
105 Ihlsee	SE	Bad Segeberg	2027	28,06	27,73	7,7	21,5	Bad Segeberg	NSG, Rundweg, T. L.

Lfd. Nr. und Name	Kreis	Lage Gemeinde	Top.-Karte 1:25 000	Größe ha	Höhe zu NN m	Wassertiefe Mittel	Wassertiefe Max.	Eigentümer	Bemerkungen
106 Itzstedter See	SE	Itzstedt	2126	14,28	27,20			Privat	
107 Kahlebüller See	NF	Humptrup	1118	3,00	0,60	1,5	2,0	Privat	
108 Karpfenteich	RZ	Kittlitz	2331	6,92	39,00			Kreis Hzgt. Lauenburg	
109 Kellersee	OH	Malente/Eutin	1829	559,78	24,30	14,0	27,5	Land S-H	Wander-Rund-weg, T. L.
110 Kembser See	SE	Seedorf	1928	20,00	30,70	1,0	1,5	Privat	
111 Kiesgruben bei Güster	RZ	Güster	2430	100,00	11,83	4,0	8,0	Privat	
112 Kiesgruben bei Witzeeze (Niebuhr-Schleuse)	RZ	Witzeeze	2529	16,00				Privat	
113 Kiesgruben bei Witzeeze (Dücker Schleuse)	RZ	Witzeeze, Dalldorf	2529	6,00	8,55	4,0	8,0	Privat	
114 Kleiner See (Rumer See)	OH	Malente	1829	1,42	28,00			Land S-H	
115 Klempauer Hofsee (Beidendorfer See)	RZ	Klempau	2230	9,16	9,80		5,0	Kreis Hzgt. Lauenburg	T. L.
116 Klüthsee	SE	Klein Rönnau	2028	29,10	28,70	5,4	14,5	Stadt Bad Sege-berg	T. L.
117 Kohlborn	OH	Süsel	1930	4,80	22,00		7,0	Land S-H	
118 Kolksee	OH	Kasseedorf	1830	4,86	36,50		4,8	Privat	Rundweg
119 Kolksee	PLÖ	Schellhorn	1727	3,20	21,10		10,6	Privat	T. L.
120 Kollsee	RD	Kosel	1424	2,57				Gemeinde Kosel	
121 Kopendorfer See (Wallnauer Fisch-teiche, Südteil)	OH	Petersdorf/Fehm.	1532	140,24	0,00			Privat	
122 Krebssee	HL	Lübeck	2031	5,37	13,00			Privat	
123 Krebssee	RZ	Lehmrade	2430	10,64	19,00			Privat	
124 Kronsee	PLÖ	Wahlstorf	1827	30,54	19,50	5,4	8,0	Privat	T. L.
125 Krummsee (Krummensee)	OH	Malente	1829	12,00	45,20	4,6	12,0	Land S-H	Wander-Rund-weg, T. L.
126 Krupundersee	PI	Halstenbek	2325	8,00	14,30			Privat	
127 Kudensee	HEI	Kuden, Averlak	2021	40,00	−1,45	1,0	1,6	Privat	NSG
128 Großer Küchensee	RZ	Ratzeburg	2330	187,35	3,55 bis 3,70	10,0	15,6	Kreis Hzgt. Lauenburg	T. L.
129 Kleiner Küchensee	RZ	Ratzeburg	2330	20,89	3,55 bis 3,70	10,0	13,5	Kreis Hzgt. Lauenburg	Rundweg
130 Kühsener See	RZ	Kühsen	2329	2,06				Privat	
131 Kulkensee	RD	Emkendorf	1725	4,59				Privat	
132 Laaschsee	PLÖ	Wahlstorf	1828	5,35	22,00			Privat	
133 Ladelunder Mergel-kuhlen	NF	Ladelund	1120	6,00	11,50	8,0	15,0	Gem. Ladelund	
134 Langsee	KI	Kiel	1626	6,63	27,00			Stadt Kiel	T. L.
135 Langsee	SL	Süderfahrenstedt	1423	151,38	16,30			Privat und Bund	T. L.
136 Langsee	RD	Kosel	1424	26,86	3,30		14,0	Gemeinde Kosel und Privat	T. L.
137 Lankauer See	RZ	Lankau	2329	34,25	25,00	10,0	23,2	Kreis Hzgt. Lbg.	T. L.

Lfd. Nr. und Name	Kreis	Lage Gemeinde	Top.-Karte 1:25 000	Größe ha	Höhe zu NN m	Wassertiefe Mittel	Max.	Eigentümer	Bemerkungen
138 Lankersee u. Kirchsee	PLÖ	Preetz	1727	438,21	19,30	4,4	22,5	Kloster Preetz, Privat u. Stadt Preetz	T. L.
139 Lanzer See (Kiesgruben Lanze-Basedow)	RZ	Lanze, Basedow	2529	19,50	8,55	3,5	7,0	Privat	
140 Lebebensee	OH	Eutin	1829	18,11	26,80	1,0	2,0	Land S-H	T. L.
141 Lockutsee	PI	Neuendeich	2223	5,53				Gem. Neuendeich	
142 Löptiner See	PLÖ	Löptin	1827	11,79	28,50	3,3	5,8	Privat	T. L.
143 Lottsee	RZ	Lehmrade	2430	2,50	17,00			Privat	
144 Lübbersdorfer Hofteich	OH	Oldenburg	1731	5,43	3,00	1,5		Privat	
145 Lüensee	RD	Deutsch-Nienhof	1725	2,00				Privat	
146 Lüthjensee	PLÖ	Kirchbarkau	1726	28,30	24,90		2,5	Privat	T. L.
147 Lütjensee	PLÖ	Schönweide	1728	11,05	24,90			Privat	
148 Lütjensee	OD	Lütjensee	2328	33,52	43,00			Privat	
149 Lüttauer See	RZ	Mölln	2330	43,78	14,00	10,0	17,5	Stadt Mölln	T. L.
150 Lustsee	RD	Langwedel	1725	19,31	20,60		11,0	Privat	T. L.
151 Lyngsee	SL	Berend	1423	2,97	29,30			Bund	
152 Großer Madebrökensee	PLÖ	Plön	1828	8,49	22,33	4,0	10,5	Bund	T. L.
153 Kl. Madebrökensee	PLÖ	Plön	1828	3,91	22,40		2,0	Privat	
154 Marienwohlder See	RZ	Lankau	2330	12,04	19,00	4,0	4,5	Kreis Hzgt. Lauenburg	T. L.
161 Mühlensee (Stadtsee)	PLÖ	Plön	1828	4,62	19,90			Land S-H	
155 Middelburger See	OH	Süsel	1930	39,01	21,30	2,5	5,0	Land S-H	
156 Möllner See (Ziegelsee)	RZ	Mölln	2330	34,05	11,83	5,0	6,5	Stadt Mölln	
157 Möllner See (Stadtsee)	RZ	Mölln	2330	14,98	11,83	5,0	6,6	Stadt Mölln	T. L.
158 Mötjensee	HEI	Rehm-Flehde-Bargen	1620	6,5	−1,30	1,0	2,0	Privat	
159 Mözener See	SE	Mözen	2027	131,10	18,29	3,3	8,5	WBV Leezener Au	T. L.
160 Molfsee	RD	Molfsee	1726	32,91	21,40		6,7	Privat	T. L.
162 Mühlenteich	RD	Schmalstede	1826	11,61	2,00			Privat	
163 Muggesfelder See	SE	Nehms	1927/1928	30,60	36,30	10,0	22,5	Privat	T. L.
164 Großer Mustiner See	RZ	Mustin	2331	28,51	37,00	2,5	3,8	Kreis Hzgt. Lauenburg	T. L.
165 Kleiner Mustiner See	RZ	Mustin	2331	7,32	38,00	4,0	5,2	Kreis Hzgt. Lauenburg	T. L.
166 Nehmser See	SE	Nehms	1928	24,19	41,50	2,0	3,0	Privat	T. L.
167 Nettelsee	PLÖ	Nettelsee	1827	11,71	24,60	2,0	2,5	Privat	T. L.
168 Neukirchener See	OH	Malente	1729	11,53	30,20			Land S-H	
169 Neu-Pugum	FL	Glücksburg	1123	15,14	0,30			Landkr. Flensburg	NSG vorgesehen
170 Neustädter Binnenwasser (westl. Teil)	OH	Neustadt, Altenkrempe	1830	39,36	−0,10	0,7	1,2	Stadt Neustadt und Privat	
171 Neustädter Binnenwasser (östl. Teil)	OH	Neustadt	1830	122,27	−0,05	0,7	2,0	Stadt Neustadt	
172 Neversdorfer See	SE	Neversdorf	2127	83,50	22,00	4,7	13,0	Privat	T. L.
173 Niehuussee	FL	Harrislee	1122	17,10	12,20			Privat	T. L.
174 Nücheler See	OH	Malente	1829	9,08	28,50	3,0	7,0	Land S-H	
175 Nusser See	RZ	Ritzerau	2329	11,11	32,22	1,5	2,0	Gem. Ritzerau	

Lfd. Nr. und Name	Kreis	Lage Gemeinde	Top.-Karte 1:25 000	Größe ha	Höhe zu NN m	Wassertiefe Mittel	Wassertiefe Max.	Eigentümer	Bemerkungen
176 Oeverdiek	OH	Timmendorfer Strand	2030	11,48	17,80			Privat	
177 Oldenburger See	RZ	Horst	2330	10,08	29,90	1,0	1,6	Privat	T. L., NSG vorgesehen
178 Owschlager See	RD	Owschlag	1623	22,95			3,6	Privat	T. L.
179 Parksee	PLÖ	Panker	1629	4,75	52,10		11,0	Privat	Stauteich
180 Passader See	PLÖ	Passade	1627	291,40	19,01	4,4	11,6	Privat	T. L., Rundweg von Passade aus
181 Pehmer See	PLÖ	Nehmten	1928	9,64	21,00			Privat	
182 Pepersee	OH	Süsel	1930	3,90	22,00		5,7	Land S-H	
183 Pfuhlsee	RZ	Seedorf	2331	7,10	34,90	1,5	2,0	Privat	T. L.
184 Pinnsee	RZ	Mölln, Fredeburg	2330	8,20	29,50		9,5	Stadt Mölln u. Kr. Hzgt. Lauenburg	
185 Pipersee	RZ	Sterley	2331	21,41	34,90	4,0	6,7	Privat	T. L., Rundweg, nur auf der S-Seite nahe am Wasser
186 Pirk, das	RD	Deutsch Nienhof	1725	0,72				Privat	
187 Großer Plöner See	PLÖ	Plön, Ascheberg, Nehmten	1828	2910,71	20,96	16,0	60,0	Land S-H und Privat	T. L., Wanderweg Prinzeninsel. Viele Wege in Ufernähe, besonders bei Plön, Ascheberg und Bosau
188 Kleiner Plöner See	PLÖ	Plön	1828	350,20	19,83	9,5	34,0	Land S-H	Wanderweg NO-Seite, T. L.
189 Plötschersee	RZ	Salem	2331	8,68	42,00	8,0	13,3	Kreis Hzgt. Lauenburg	T. L., NSG, nährstoffarm
190 Plußsee	PLÖ	Rathjensdorf	1828	13,74	24,20	9,3	29,0	Privat	T. L.
191 Großer Pönitzer See	OH	Gleschendorf	1930	111,65	18,92	5,7	20,3	Land S-H	Weg O- und S-Seite
192 Kleiner Pönitzer See	OH	Gleschendorf	1930	19,11	18,72	4,4	9,0	Land S-H	
193 Pötenitzer Wiek	HL	Lübeck	2031	656,20	−0,05	5,0	8,0	Bund	
194 Poggensee	OD	Bad Oldesloe	2128	8,46	9,80	5,0	12,0	Stadt Bad Oldesloe	
195 Großer Pohlsee	RD	Deutsch Nienhof	1725	68,77	20,60			Privat	
196 Kleiner Pohlsee	RD	Deutsch Nienhof	1725	5,93	20,60			Privat	
197 Pohlsee	RD	Emkendorf	1725	1,32				Privat	T. L.
198 Postsee	PLÖ	Pohnsdorf	1727	334,57	20,68	3,5	9,0	Kloster Preetz u. Stadt Preetz	Rundweg (Landstraßen), T. L.
199 Rammsee	RD	Brekendorf	1523	2,75	50,00		7,0	Gem. Brekendorf	
200 Rammsee	RD	Molfsee	1726	6,34	22,30		5,0	Privat	T. L.
201 Rantumbecken	NF	Westerland, Rantum, Sylt-Ost	1115/1116	193,00	0,00	0,7	1,5	Bund	NSG, Brackwassergebiet
202 Rantzauer See	PI	Barmstedt	2224	8,45				Stadt Barmstedt	
203 Rastlebener See	OH	Bosau	1929	3,08	31,20			Land S-H	
204 Ratzeburger See und Domsee	RZ	Ratzeburg	2230	1406,87	3,45	15,0	24,1	Kreis Hzgt. Lauenburg	Ufernahe Wege auf der S- und O-Seite, T. L.
205 Redingsdorfer See	OH	Süsel	1830	13,85	55,44	0,3	0,8	Land S-H	T. L.

Lfd. Nr. und Name	Kreis	Lage Gemeinde	Top.-Karte 1:25 000	Größe ha	Höhe zu NN m	Wassertiefe Mittel	Wassertiefe Max.	Eigentümer	Bemerkungen
206 Reethsee (Reithsee)	SL	Lürschau	1422/1423	4,34	19,40			Privat	
207 Ritzerauer Hofsee	RZ	Ritzerau	2329	7,00	31,30	0,6	1,0	Stadt Lübeck	
208 Rosenburger Tief	NF	Witzwort, Süderm.	1520	3,00	−1,50	0,5	0,7	Privat	
209 Rosensee	PLÖ	Rastorf	1727	37,62	18,00		6,0	Stadt Kiel und Privat	Wanderweg NO-Seite, Stausee
210 Rottensee	PLÖ	Schönweide, Lebrade	1728	45,67	24,90	2,3	3,8	Privat	T. L.
211 Rüder See (Glücksburger Mühlenteich)	FL	Glücksburg	1123	34,75	12,10			Land S-H	T. L., Stauteich
212 Vorderer Russee	KI	Kiel	1626/1726	29,84	10,90		3,0	Privat	T. L.
213 Rutebüller See	NF	Aventoft	1118	35,00 (BRD)	0,50	3,5	4,0	Kreis Nordfriesland	
214 Saapsee	PLÖ	Bösdorf	1828	3,93				Privat	
215 Sagauer See	OH	Kasseedorf	1830	19,52	36,70	1,5		Privat	
216 Sahrensdorfer See	OH	Meeschendorf/F.	1533	43,04	0,00			Stadt Burg/F.	
217 Salemer See	RZ	Salem	2330/2331	38,79	34,80	7,0	9,0	Kreis Hzgt. Lauenburg	Rundweg, nur auf der S-Seite nahe am Wasser, T. L.
218 See beim Salemer Moor	RZ	Ratzeburg	2330	6,93	43,00			Privat	
219 Salzensee	OH	Dänschendorf	1432	13,00	0,50			Privat	
220 Sankelmarker See	FL	Munkwolstrup	1222	64,56	25,22			Stadt Flensburg	T. L.
221 Sarnekower See	RZ	Gudow	2430	25,96	25,00	10,0	18,5	Privat	T. L., Rundweg
222 Schaalsee einschl. Niendorfer Binnensee, Küchensee (Gr. Zecher) u. Priestersee	RZ	Seedorf, Salem, Kittlitz	2331/2431	1165,58 (BRD) 1132,62 (DDR)	34,80		71,5	Privat	T. L., ufernahe Wege bei Seedorf-Gr.-Zecher
223 Scharsee	PLÖ	Schellhorn	1727	42,39	19,80	2,0	3,0	Privat und Kloster Preetz	T. L.
224 Großer Schierensee	RD	Schierensee	1725	51,44	7,80		14,8	Privat	T. L.
225 Kleiner Schierensee	RD	Schierensee	1725	25,07	7,60		11,6	Privat	T. L.
226 Schierensee	PLÖ	Belau	1827	31,60	28,00	3,7	6,7	Privat	T. L.
227 Schierensee	PLÖ	Grebin	1828	14,69	23,20	8,0	20,0	Privat	T. L.
228 Schirnauer See	RD	Bünsdorf	1624	32,20			17,3	Bund	Teil des Nord-Ostsee-Kanals, Ufer bedingt begehbar, T. L.
229 Schluensee	PLÖ	Lebrade, Grebin	1828	128,01	22,70	17,7	50,0	Privat und Land S-H	T. L.
230 Schmalensee	SE	Bornhöved	1927	96,37	29,50	4,5	9,5	Privat	T. L., Straße Ostseite
231 Schmalsee	RZ	Mölln	2330	18,49	14,00	6,0	7,3	Stadt Mölln	Rundweg, T. L.
232 Schmarksee	PLÖ	Grebin	1828	7,49	22,40	4,0	6,5	Privat	T. L.
233 Großer Schnaaper See	RD	Eckernförde	1524	16,77	5,00		20,0	Privat u. Gem. Götheby-Holm	T. L.
234 Kleiner Schnaaper See	RD	Eckernförde	1524	4,43	5,00		6,0	Privat u. Gem. Götheby-Holm	T. L.
235 Schöhsee	PLÖ	Plön	1828	82,26	22,50	13,0	30,2	Stadt Plön	T. L.

Lfd. Nr. und Name	Kreis	Lage Gemeinde	Lage Top.-Karte 1:25 000	Größe ha	Höhe zu NN m	Wassertiefe Mittel	Wassertiefe Max.	Eigentümer	Bemerkungen
236 Schülldorfer See	RD	Schülldorf	1624	25,71	6,40		4,0	Privat	T. L.
237 Schulensee	RD +KI	Molfsee, Kiel	1726	15,70	11,39	0,6	1,3	Stadt Kiel und Privat	T. L.
238 Schulsee	RZ	Mölln	2330	13,10	11,83	3,0	4,0	Stadt Mölln	T. L.
239 Schwansener See	RD	Dörphof, Brodersby	1326	111,05	0,10			Privat	Strandwall (Ostseite) begehbar, T. L.
240 Schwarze Kuhle	RZ	Salem	2330/2331	3,24	41,00	5,0	10,0	Kreis Hzgt. Lauenburg	T. L., NSG
241 Schwarzsee	RZ	Lehmrade	2430	2,80				Kreis Hzgt. Lauenburg	
242 Schwonauer See	OH	Malente	1829	7,31	49,80	2,0	3,5	Land S-H	
243 Seeberger See	RD	Waabs	1425	2,95				Privat	
244 Seedorfer See	SE	Seedorf	1928	106,00	30,10	1,8	5,0	Privat	NSG vorgesehen
245 Seedorfer Küchensee	RZ	Seedorf	2331	45,86	35,00	4,0	6,0	Privat	T. L., Rundweg
246 Seekamper See	SE	Seedorf	1928	51,20	30,50	4,5	10,0	Privat	
247 Großer Segeberger See	SE	Bad Segeberg	2027/2028	178,45	28,50	7,0	11,7	Stadt Bad Segeberg	Rundweg, T. L.
248 Segrahner See	RZ	Gudow	2430	14,80	28,00	0,8	1,6	Privat	T. L.
249 Sehlendorfer Binnensee	PLÖ	Blekendorf	1630	53,82	0,00			Privat	NSG vorgesehen
250 Selenter See	PLÖ	Lammershagen, Giekau, Fargau, Martensrade	1628/1728	2239,21	37,13	15,0	34,0	Privat	Ufer an vielen Stellen durch Straßen oder Wege zugänglich, NSG vorgesehen, T. L.
251 Selker Noor	SL	Selk	1523	59,14	0,00			Land S-H	
252 Sibbersdorfer See	OH	Eutin	1829	60,91	27,20	3,9	7,0	Land S-H	
253 Söbyer See	RD	Holzdorf	1425	13,66	23,10			Privat	T. L.
254 Stendorfer See	OH	Kasseedorf	1830	54,92	32,60		7,9	Privat	T. L.
255 Stocksee	SE+ PLÖ	Stocksee, Nehmten	1928	207,02	27,90	12,0	30,0	Privat	Rundweg (Feldwege), T. L.
256 Stolper See	PLÖ	Stolpe	1827	149,00	27,50	6,5	15,0	Privat	T. L.
257 Subkrogsee	OH	Malente	1829	1,83	26,00			Land S-H	
258 Südensee	FL	Sörup	1223	69,84	31,00			Privat und Gem.	Rundweg, T. L.
259 Süderkoogstief	NF	Pellworm	1417/1517	4,50	−0,50	2,0	2,5	DSV Pellworm	
260 Süseler See	OH	Süsel	1930	83,17	24,00	5,0	11,0	Land S-H	
261 Suhrer See	PLÖ	Plön	1828	143,09	22,33	14,0	24,0	Privat	Rundweg, T. L.
262 Sulsdorfer Wiek	OH	Petersdorf/Fehm.	1532	33,85	0,00	1,0–1,5		Privat	
263 Taschensee	OH	Gleschendorf	1930	42,05	22,24	5,0	9,0	Land S-H	
264 Trammer See	PLÖ	Rathjensdorf	1828	171,11	20,40	7,5	33,0	Privat und Land S-H	Wander-Rundweg, T. L.
265 Tremser Teich	HL	Lübeck	2030	19,40	3,80	2,0		Stadt Lübeck	
266 Trentsee	OH	Malente	1828	4,27	22,50		8,0	Land S-H	
267 Trentsee	PLÖ	Plön	1828	9,75	19,90	2,5	7,0	Land S-H	
268 Trenthorster See	PLÖ	Lehmkuhlen	1728	13,16	32,50			Privat	
269 Tresdorfer See	PLÖ	Schönweide, Mucheln	1728	115,19	24,90	6,2	15,0	Privat	T. L.

Lfd. Nr. und Name	Kreis	Lage		Größe	Höhe zu NN	Wassertiefe		Eigentümer	Bemerkungen
		Gemeinde	Top.-Karte 1:25 000	ha	m	Mittel	Max.		
270 Treßsee	FL	Großsolt	1222/1322	35,23	25,70			Privat und Gem. Großsolt	T. L.
271 Tröndelsee	KI	Kiel	1627	6,06	32,00			Stadt Kiel	
272 Tüschenbeker See	RZ	Gr. Sarau	2230	9,70	8,60	4,0	6,8	Privat	T. L.
273 Ukleisee	OH	Eutin	1829	34,90	26,20	7,1	16,0	Land S-H	Wander-Rundweg, T. L.
274 Kleiner Ukleisee	PLÖ	Plön	1828	2,51	22,50			Privat	T. L.
275 Vierersee	PLÖ	Bösdorf	1828	130,76	21,00	7,0	17,7	Land S-H	T. L.
276 Vollstedter See	RD	Emkendorf, Gr. Vollstedt	1725	40,08	14,00		2,5	Privat	T. L.
277 Wakenitz	HL	Lübeck	2130	152,56	3,34 bis 3,60	2,2	2,5	Stadt Lübeck	
278 Waldhusener Moorsee (Herrenmoor)	HL	Lübeck	2030	19,33	8,00	1,0	2,0	Stadt Lübeck	
279 Waldhusener Tief	NF	Pellworm	1417	12,20	–0,80	1,0	1,5	DSV Pellworm	
280 Wallnauer Fischteiche, Nordteil	OH	Petersdorf/Fehm.	1532	69,88	0,00			Privat	
281 Wardersee	SE	Krems II, Wensin, Rohlstorf, Pronstorf	2028	429,08	24,76	4,1	10,3	Privat	T. L.
282 Wardersee	RD	Warder	1725	56,69	18,40		13,0	Privat	T. L.
283 Wellsee	KI	Kiel	1727	19,00	30,00	0,5	2,0	Stadt Kiel	T. L.
284 Wenkendorfer See	OH	Dänschendorf	1432	77,72	–0,20	0,7	0,9	Privat	
285 Wennsee	OH	Haffkrug-Scharbeutz	1930	7,43	9,60			Land S-H	
286 Wesebyer See	RD	Kosel	1424	2,05				Gemeinde Kosel	
287 Wesseker See (Dannauer See)	OH	Wangels	1630	75,00	–0,80	0,3	0,8	Privat	NSG
288 Westensee	RD	Achterwehr, Westensee, Deutsch-Nienhof, Rodenbek	1625/1725	766,80	6,46		20,0	Privat und Bund	fast überall Wege in Ufernähe, T. L.
289 Westerwerk	FL	Glücksburg	1123	19,30				Land S-H	
290 Wielener See	PLÖ	Wahlstorf	1827	26,58	21,50	7,4	16,0	Privat	T. L.
291 Windebyer Noor	RD	Eckernförde	1524/1525	404,83			17,0	Stadt Eckernförde	T. L.
292 Winderatter See	FL	Sörup	1223	47,57	37,30			Privat	T. L.
293 Wittensee	RD	Gr. Wittensee	1524/1624	1033,69	3,91		20,5	Land S-H	N-Seite (durch B 203) zugänglich, T. L.

Anmerkungen

Fast alle Seen sind an einzelnen Punkten erreichbar; Hinweise auf Wege wurden nur dann aufgenommen, wenn die Wege auf größeren Strecken am See oder in dessen Nähe entlangführen, so daß sich eine Wanderung lohnt. Die Bezeichnung „Rundweg" besagt nicht, daß die Wege ausschließlich am Wasser verlaufen. Die Benutzung der Karten 1:25 000 und 1:50 000 sei nachdrücklich empfohlen.

WASSERSTANDSMESSUNGEN VON 29 SEEN

Lfd. Nr. und Name	Größe ha	Wasserspiegel gemessen vom	bis	MW Höhe zu NN m	NNW Höhe zu NN m	HHW Höhe zu NN m	Wasserraum-schwankungsbereich HHW–NNW m³
17 Großer Binnensee	528,30	1. 6. 1953	31. 8. 1960	−0,10	−0,35	0,44	417 000
20 Bistensee	151,42	5. 10. 1962	fortlaufend	11,97	11,67	12,70	1 560 000
22 Blunker See	19,67	1. 11. 1965	fortlaufend	39,84	38,95	40,34	273 000
27 Bordesholmer See	70,30	1. 11. 1953	fortlaufend	25,82	25,25	26,63	970 000
33 Brahmsee	96,03	1. 5. 1958	31. 5. 1966	19,15	18,72	19,70	941 000
43 Dieksee	385,78	1. 6. 1953	31. 10. 1959	22,32	22,11	22,60	1 890 000
44 Dobersdorfer See	353,64	8. 7. 1953	30. 6. 1961	19,02	18,87	19,52	2 299 000
52 Einfelder See	177,50	1. 11. 1953	fortlaufend	26,70	25,90	27,50	2 840 000
54 Großer Eutiner See	232,51	1. 11. 1959	fortlaufend	26,67	26,55	26,97	977 000
55 Kleiner Eutiner See	40,92	1. 9. 1961	fortlaufend	28,46	28,28	28,75	192 000
66 Garrensee	19,20	15. 1. 1969	fortlaufend	42,22	41,92	42,46	104 000
90 Hemmelsdorfer See	494,05	1. 6. 1953	31. 8. 1960	−0,08	−0,26	0,21	2 322 000
105 Ihlsee	28,06	1. 11. 1971	fortlaufend	27,73	27,62	27,82	56 000
109 Kellersee	559,78	1. 6. 1953	31. 8. 1960	24,30	24,14	24,65	2 855 000
159 Mözener See	131,10	18. 6. 1953	31. 3. 1960	18,29	18,16	18,53	485 000
180 Passader See	291,40	8. 7. 1953	30. 6. 1961	19,01	18,82	19,67	2 477 000
187 Großer Plöner See	2910,71	1. 5. 1953	fortlaufend	20,96	20,66	21,47	23 577 000
188 Kleiner Plöner See	350,20	1. 5. 1953	fortlaufend	19,83	19,37	20,60	4 307 000
191 Großer Pönitzer See	111,65	1. 5. 1953	15. 9. 1956	18,92	18,71	19,14	480 000
192 Kleiner Pönitzer See	19,11	1. 6. 1953	30. 6. 1966	18,72	18,34	19,11	147 000
198 Postsee	334,57	1. 6. 1953	30. 6. 1966	20,68	20,44	21,77	4 450 000
204 Ratzeburger See	1406,87	1. 7. 1955	31. 10. 1957	3,45	3,32	3,91	8 300 000
220 Sankelmarker See	64,56	1. 11. 1953	30. 6. 1966	25,22	25,01	25,62	394 000
222 Schaalsee	2298,47	1. 7. 1955	30. 6. 1966	34,86	34,66	35,26	6 993 000
237 Schulensee	15,70	1. 11. 1953	31. 10. 1961	11,39	11,11	12,17	166 000
250 Selenter See	2239,21	1. 6. 1953	fortlaufend	37,13	36,76	37,61	19 033 000
281 Wardersee	457,00	12. 10. 1951	fortlaufend	24,76	24,12	26,47	10 740 000
288 Westensee	766,80	1. 3. 1954 1. 11. 1968	30. 6. 1966 fortlaufend	6,46	6,12	6,98	7 694 000
293 Wittensee	1033,69	1. 11. 1953	31. 10. 1961	3,91	3,62	4,29	6 926 000

ANGELMÖGLICHKEITEN

Über Möglichkeiten für Sportangler informiert der Landessportfischerverband Schleswig-Holstein, 2300 Kiel, Hamburger Chaussee 102, Telefon (04 31 – 68 49 23)

Detaillierte Informationen über die örtlichen Angelmöglichkeiten bietet das Taschenbuch: Wallfred Brümmer: Wo fängt man in Deutschland? Parey, Hamburg.

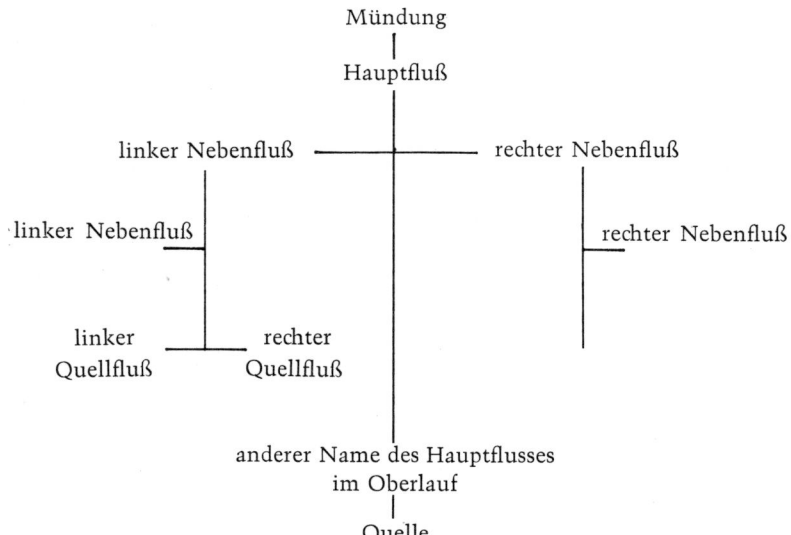

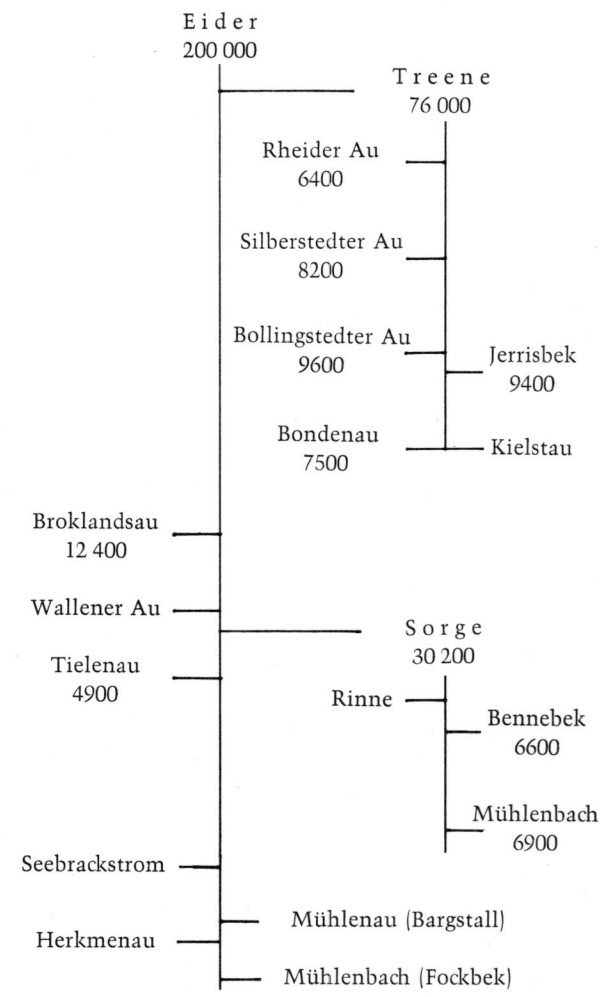

Die Fließgewässer werden nach dem obenstehenden Schema dargestellt. Die neben den Flußnamen stehenden Zahlen geben die Größe der Niederschlagsgebiete in Hektar an. Die ohne Größenangaben aufgeführten Fließgewässer haben durchweg weniger als 20 000 ha Niederschlagsgebiet.

Die Fließgewässer werden in folgender Ordnung genannt:
1. Einzugsgebiet der Nordsee (von N nach S)
2. Einzugsgebiet der Ostsee (von N nach S)
3. Einzugsgebiete der Kanäle
a) Elbe-Lübeck-Kanal (von N nach S)
b) Nord-Ostsee-Kanal (von NO nach SW)

1. Einzugsgebiet der Nordsee

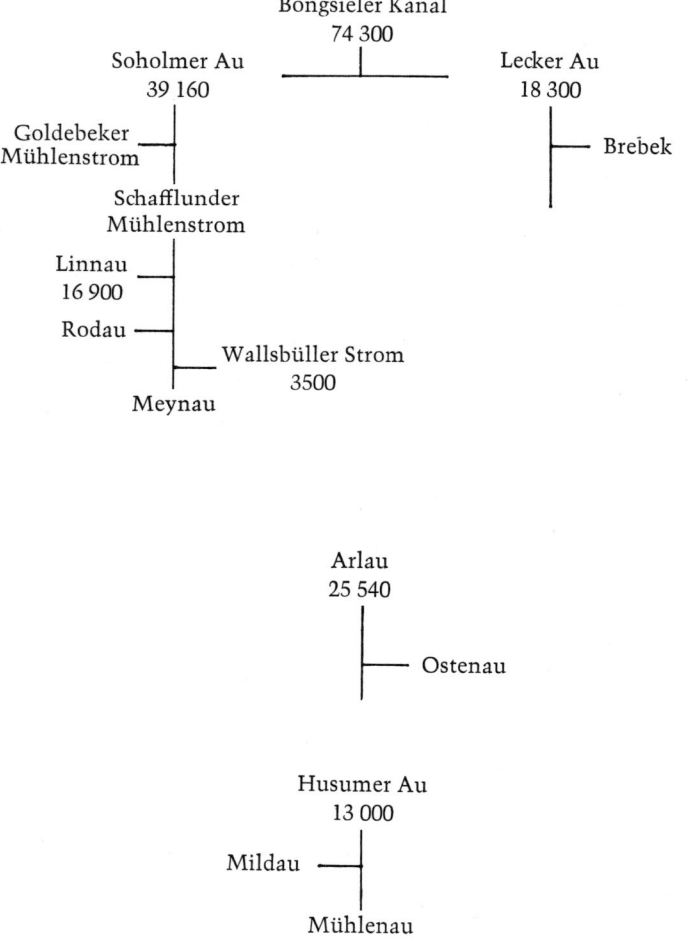

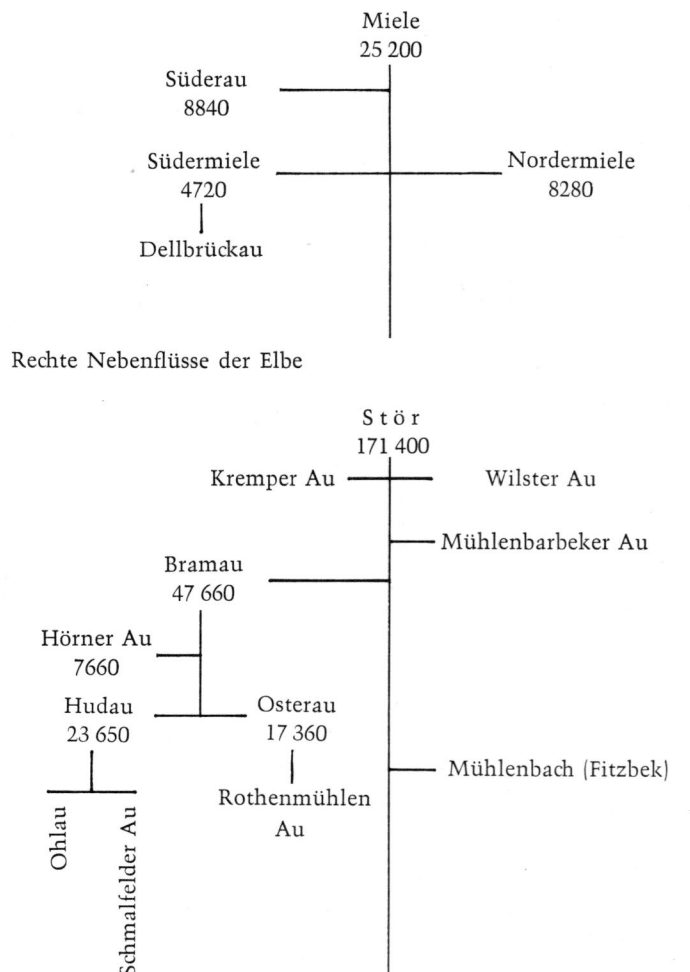

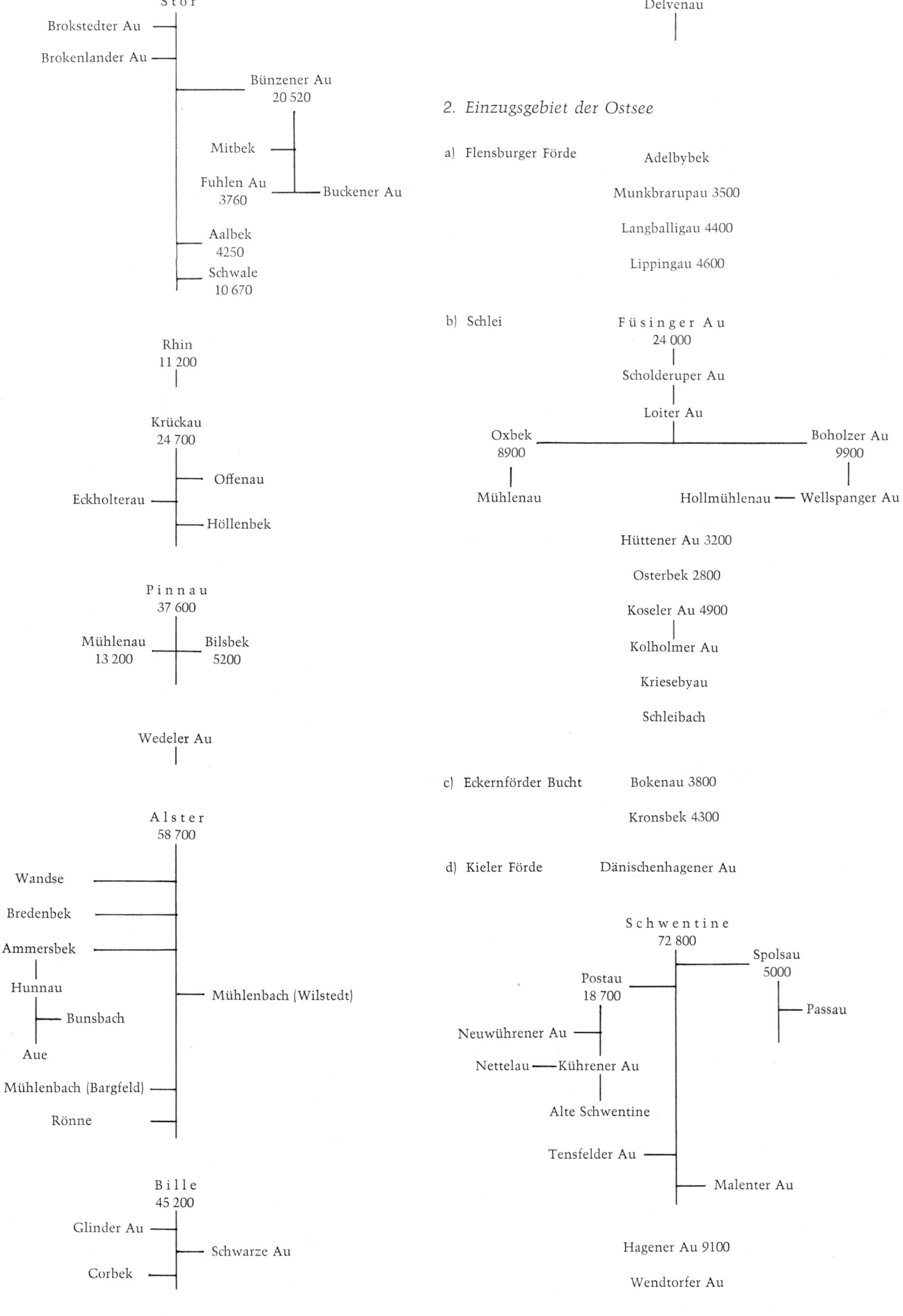

S t ö r

Brokstedter Au

Brokenlander Au

Bünzener Au
20 520

Mitbek

Fuhlen Au
3760

Buckener Au

Aalbek
4250

Schwale
10 670

Rhin
11 200

Krückau
24 700

Offenau

Eckholterau

Höllenbek

P i n n a u
37 600

Mühlenau
13 200

Bilsbek
5200

Wedeler Au

A l s t e r
58 700

Wandse

Bredenbek

Ammersbek

Hunnau

Bunsbach

Mühlenbach (Wilstedt)

Aue

Mühlenbach (Bargfeld)

Rönne

B i l l e
45 200

Glinder Au

Schwarze Au

Corbek

2. Einzugsgebiet der Ostsee

a) Flensburger Förde

Adelbybek

Munkbrarupau 3500

Langballigau 4400

Lippingau 4600

b) Schlei

F ü s i n g e r A u
24 000

Scholderuper Au

Loiter Au

Oxbek
8900

Boholzer Au
9900

Mühlenau

Hollmühlenau — Wellspanger Au

Hüttener Au 3200

Osterbek 2800

Koseler Au 4900

Kolholmer Au

Kriesebyau

Schleibach

c) Eckernförder Bucht

Bokenau 3800

Kronsbek 4300

d) Kieler Förde

Dänischenhagener Au

S c h w e n t i n e
72 800

Spolsau
5000

Postau
18 700

Passau

Neuwührener Au

Nettelau — Kührener Au

Alte Schwentine

Tensfelder Au

Malenter Au

Hagener Au 9100

Wendtorfer Au

Delvenau

153

e) Östliche Kieler Bucht

Schönberger Au

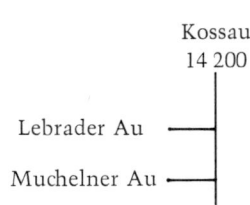

Mühlenau (Hohenfelde) 8200

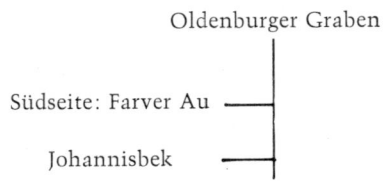

Kossau
14 200

Lebrader Au

Muchelner Au

Mühlenau (Blekendorf)

Weißenhäuser Au

Oldenburger Graben

Südseite: Farver Au

Johannisbek

f) Lübecker Bucht

Kremper Au

Lachsbach (Lassbek)

Aalbek

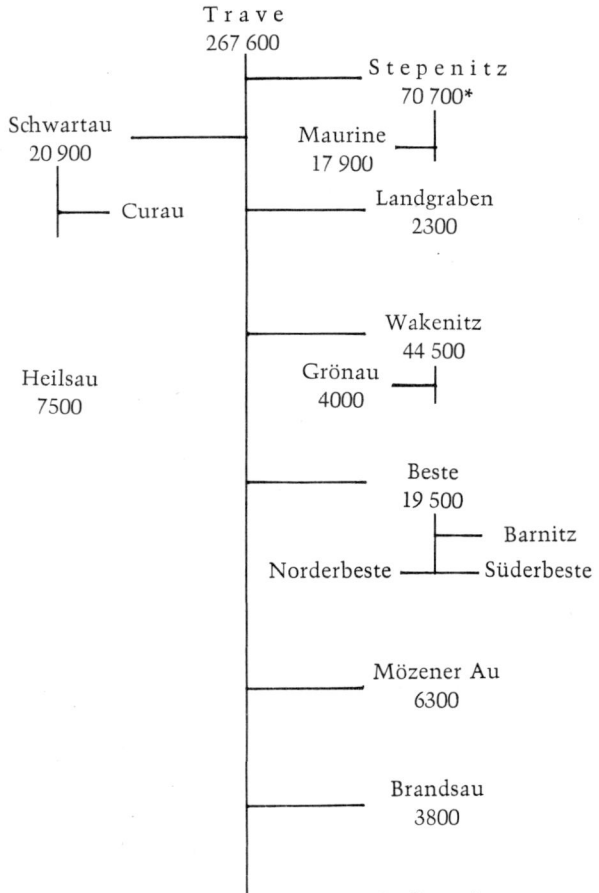

Trave
267 600

Stepenitz
70 700*

Schwartau
20 900

Maurine
17 900

Curau

Landgraben
2300

Wakenitz
44 500

Grönau
4000

Heilsau
7500

Beste
19 500

Barnitz

Norderbeste — Süderbeste

Mözener Au
6300

Brandsau
3800

Berliner Au

3. Einzugsgebiete der Kanäle

a) Einzugsgebiet des Elbe-Lübeck-Kanals 42 000

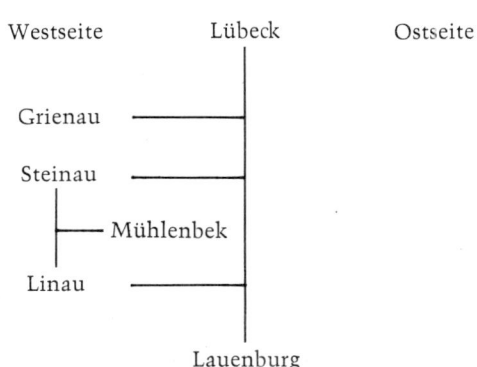

| Westseite | Lübeck | Ostseite |

Grienau

Steinau

Mühlenbek

Linau

Lauenburg

b) Einzugsgebiet des Nord-Ostsee-Kanals 158 000

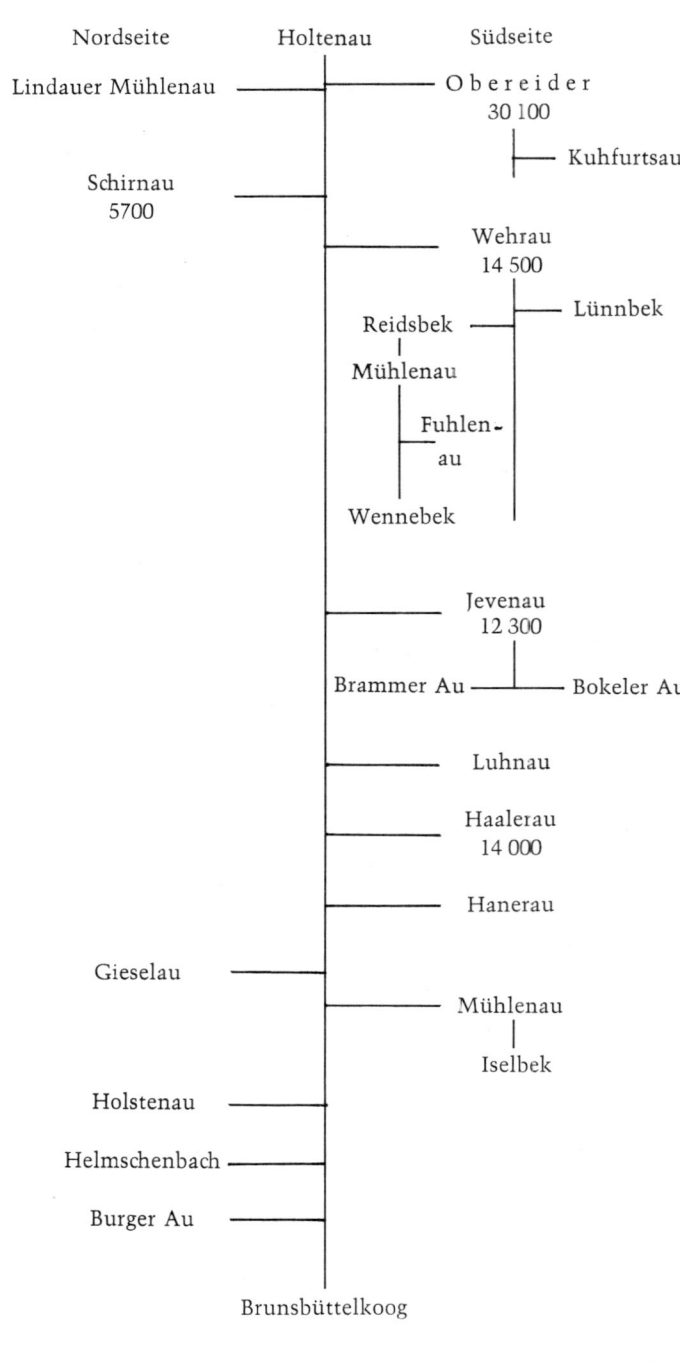

| Nordseite | Holtenau | Südseite |

Lindauer Mühlenau — Obereider
30 100

Kuhfurtsau

Schirnau
5700

Wehrau
14 500

Lünnbek

Reidsbek

Mühlenau

Fuhlen-
au

Wennebek

Jevenau
12 300

Brammer Au — Bokeler Au

Luhnau

Haalerau
14 000

Hanerau

Gieselau

Mühlenau

Iselbek

Holstenau

Helmschenbach

Burger Au

Brunsbüttelkoog

* Die Stepenitz und ihre sämtlichen Zuflüsse liegen im Gebiet der DDR

KARPFENTEICHWIRTSCHAFTEN AB 5 HEKTAR GRÖSSE

Betrieb	Größe in ha	Fischart	Betrieb	Größe in ha	Fischart
Gut Lindenhof, 2071 Ahrensburg-Hoisbüttel	42	K	H. Callsen, 2392 Glücksburg	5	K
Gutsverwaltung Emkendorf, 2371 Emkendorf			T. Petersen, 2260 Niebüll	7	K
über Nortorf	95	K, Sch	M. Petersen, 2251 Osterbordelum	20	K, Sch, H
A. Schiller, 2405 Flörkendorf bei Ahrensbök	22	K	H. Mehnert, 2449 Petersdorf/Fehmarn	218	K
W. Franck, 2449 Flüggerteich/Fehmarn	40	K	Graf v. Reventlow, 2308 Preetz		
H. G. Hansen, 2061 Grabau über Oldesloe	36	K, Sch, H	(Gödfeld-Teich)	40	K
Gut Grambek, 2411 Grambek bei Mölln	30	K	Bürgermeister, 2057 Reinbek	8	K
A. Lohr, 2061 Gräberkathe bei Bargfeld	21	K	F. Harbordt, 2067 Reinfeld	40	K
E. Gerdau, 2071 Grönwohld über Trittau	20	K	Gut Rixdorf, 2309 Rixdorf bei Plön	160	K
Mrosk (Erben), 2409 Gronenberg über Pönitz	8	K, Sch	H. Reese, 2351 Sarlhusen bei Brokstedt	70	K, Sch, H, F, Z
Güldenstein, 2432 Güldenstein über Lensahn	40	K, Sch, H, Z	L. Conze, 2409 Scharbeutz	10	K
H.-H. Knutzen, 2217 Haidhof b. Kellinghusen	20	K	G. Plambeck, 2301 Schmalstedter Mühle bei		
W. Fock, 2071 Timmerhorn über Ahrensburg	100	K, Sch, H	Bordesholm	12	K
H. Duis, 2401 Heilshoop bei Lübeck	60	K, Sch	Gut Trenthof, 2061 Trenthorst über		
P. Eggers, 2354 Hohenwestedt	13	K, Zi	Bad Oldesloe	10	K
J. Hauschildt, 2354 Hohenwestedt	10	K, Zi	Herzogl. Holstein-Glücksburgische General-		
J. Behm, 2356 Innien	17	K, F	verwaltung, 2335 Vogelsang-Grünholz	22	K
J. Göttsch, 2301 Kasseteich üb. Probsteierhagen	70	K	Gutsverwaltung Wahlstorf, 2309 Wahlstorf		
J. Stachg, 2304 Kleinbarkau	10	K	bei Preetz	5	K
W. Eickemeyer, 2401 Klempau	5	K	H. H. Ebeling, 2351 Waldhütten, Post Meezen	17	K, Sch, Z
Gut Kletkamp, 2321 Kletkamp bei Plön	80	K, Sch, H	Gut Testorf, 2431 Testorf bei Lensahn	12	K, Sch
Gut Kühren, 2309 Kühren/Preetz-Land	45	K	Graf von der Recke, 2409 Woltersteich		
C. Hirschberg, 2309 Lammershagen/Preetz-			bei Gleschendorf	50	K
Land	28	K			

FORELLENZUCHTEN Größe zwischen 0,5 bis 2 ha

J. Christophersen, 2351 Clus bei Bornhöved
v. Buchwaldt, 2322 Helmstorf, Post Lütjenburg

J. Behm, 2356 Innien
H.-E. Kühl, 2418 Ratzeburg

H. Reese, 2351 Sarlhusen
H. Thomsen, 2301 Steinfurther Mühle bei Kiel

VERZEICHNIS DER EINHEIMISCHEN FISCHE DER SCHLESWIG-HOLSTEINISCHEN BINNENGEWÄSSER UND IHRER HAUPTSÄCHLICHEN VORKOMMEN

1 Bachneunauge (Lampetra planeri) — Westküstenbäche

2 Flußneunauge (Lampetra fluviatilis) — Westküstenflüsse

3 Stör (Acipenser sturio) — Untereider, aussterbend

4 Finte (Alosa fallax) — zum Laichen Elbe

5 Hering (Clupea harengus) — zum Laichen Nord-Ostsee-Kanal, Schlei

6 Bachforelle (Salmo trutta fario) — Geest- und Ostküstenbäche, heute vielfach künstlich eingesetzt

7 Binnenstint (Osmerus eperlanus) — Ratzeburger See, einige Schwentineseen, Windebyer Noor

8 Große Maräne (Coregonus nasus) — Schaalsee und – nur noch wenig – Selenter See

9 Kleine Maräne (Coregonus albula) — Plöner Seen, Selenter See, Schaalsee, in anderen künstlich eingesetzt

10 Lachs (Salmo salar) — Elbe, selten zum Laichen

11 Meerforelle (Salmo trutta trutta) — Ost- und Nordseeflüsse

12 Aland (Idus idus) — in vielen größeren Gewässern des Nord- und Ostseebereiches

13 Bitterling (Rhodeus sericeus) — Elbe- und Travegebiet, anscheinend selten

14 Brassen (Abramis brama) — in allen Flußabschnitten der Brassenregion und in den Seen häufig

15 Döbel (Leuciscus cephalus) — Travegebiet

16 Elritze (Phoxinus phoxinus) — in sauberen Auen des Eider-, Trave-, Bille- und Bungsberggebietes

17 Gründling (Gobio fluviatilis)	in vielen Auen, soweit noch sauber	31 Aal (Anguilla anguilla)	in allen zugänglichen Gewässern, vielfach eingesetzt
18 Güster (Blicca björkna)	ähnlich Brassen, nicht so zahlreich	32 Hecht (Esox lucius)	im ganzen Land
19 Hasel (Leuciscus leuciscus)	saubere Bäche des Eidergebietes, Zuflüsse des Nord-Ostsee-Kanals	33 Dreistacheliger Stichling (Gasterosteus aculeatus)	besonders in der Westhälfte des Landes in allen einigermaßen sauberen Fließgewässern, auch im Brackwasser
20 Karausche (Carassius carassius)	in vielen Seen und Kleingewässern		
21 Karpfen (Cyprinus carpio)	in vielen Seen und Flüssen, meist eingesetzt		
22 Moderlieschen (Leucaspius delineatus)	Elbe- und Travegebiet, wenig bekannt	34 Neunstacheliger Stichling (Pungitius pungitius)	besonders in moorigen Gewässern an vielen Stellen
23 Plötze (Rutilus rutilus)	einer der häufigsten Fische der Seen und Fließgewässer	35 Quappe (Lota lota)	im ganzen Land, nicht zahlreich
		36 Flußbarsch (Perca fluviatilis)	in den meisten Gewässern häufig
24 Rapfen (Aspius rapax)	selten Untereider, Elbe	37 Kaulbarsch (Acerina cernua)	Seen und ruhige größere Fließgewässer
25 Rotfeder (Scardinius erythrophthalmus)	in vielen pflanzenreichen Gewässern des Landes	38 Zander (Lucioperca lucioperca)	einige ostholsteinische Seen, Nord-Ostsee-Kanal und Elbe-Lübeck-Kanal, Elbe- und Eidergebiet, zum Teil eingesetzt
26 Schleie (Tinca vulgaris)	in vielen stillen, pflanzenreichen Gewässern		
27 Ukelei (Alburnus lucidus)	Trave- und Schwentinegebiet		
28 Zährte (Vimba vimba)	Elbe oberhalb Hamburgs	39 Groppe (Cottus gobio)	vereinzelt noch im Travegebiet
29 Sandschmerle (Cobitis taenia)	Eider-, Arlau-, Schlei-, Travegebiet	40 Flunder (Platychthys flesus)	Nord-Ostsee-Kanal; als Jungtier in den Unterläufen der Nord- und Ostseezuflüsse
30 Schlammbeißer (Misgurnus fossilis)	besonders in stehenden Gewässern und schlammreichen ruhigen Fließgewässern, nicht häufig		

MARKTANTEILE DER FISCHARTEN AUS DEN SCHLESWIG-HOLSTEINISCHEN BINNENGEWÄSSERN

Etwa ein Drittel der Fangerträge aus den Binnengewässern Schleswig-Holsteins nehmen den Weg über den Kieler Seefischmarkt. Die Marktstatistik ermöglicht daher einen guten Einblick in die Zusammensetzung des Nutzfischbestandes unserer Binnengewässer. Im Jahresdurchschnitt ergeben sich folgende Mengenanteile an der Anlieferung:

Plötze	30 %	Hecht	10 %
Aal	20 %	Zander	2–3 %
Brassen	15 %	Kleine Maräne etwa	2 %
Barsch	11 %	Schlei	2 %

Mit einer Anlieferungsmenge unter je 1 % kommen noch folgende Fischarten auf den Kieler Markt (Reihenfolge entsprechend der Menge):

Stint	Rotfeder	Karausche
Große Maräne	Quappe	Kaulbarsch
Flußneunauge	Aland	Meerforelle

Wegen des hohen Preises für Aal werden für diese Fischart allein etwa 70 % des Gesamterlöses erzielt.

NATURSCHUTZGEBIETE AN SCHLESWIG-HOLSTEINISCHEN BINNENGEWÄSSERN

	Größe ha		Größe ha
Hechtmoor / Schleswig Verlandungshochmoor mit typischen Pflanzen	34,2	Vogelfreistätte Kudensee / Dithmarschen Flacher Marschsee	79,0
Tetenhusener Moor / Schleswig Baumloses Seeklimahochmoor	205,0	Vogelfreistätte Lebrader Teich / Plön Brutgebiet für Sumpf- und Wasservögel	146,1
Kampener Vogelkoje, Sylt/Nordfriesland	10,0	Halbinsel und Bucht im Lanker See / Plön Niederungsmoor, Brutgebiet des Blaukehlchens, der Großen Rohrdommel und andere	22,3
Am Treßsee / Flensburg Binnendünen	8,2		
Herrenmoor bei Kleve / Steinburg Nährstofffreies Flachmoor	13,0	Salemer Moor und Schwarze Kuhle / Lauenburg Beispiel eines kontinentalen Hochmoortyps. Schwarze Kuhle: See mit Verlandungsflora	79,4

	Größe ha
Kaltenhofer Moor / Rendsburg-Eckernförde Beispiel eines natürlich umgrenzten Hochmoors	54,2
Ihlsee und Ihlwald bei Klein-Niendorf / Segeberg Nährstoffarmer See und Ufergelände mit seltenen Pflanzen	42,0
Neßsand (Unterelbe) / Pinneberg Brutgebiet seltener Strand- und Wasservogelarten	20,0
Bokelholmer Fischteiche / Rendsburg-Eckernförde Brutgebiet von Sumpf- und Wasservögeln	90,0
Nordwestufer des Einfelder Sees / Neumünster Schilfgürtel am See, Brutgebiet der Großen Rohrdommel, Rohrweihe, Rallen und andere	2,4
Ascheberger Warder im Großen Plöner See / Plön Brutgebiet von Sumpf- und Wasservögeln	9,4
Dellstedter Moor / Dithmarschen Torfmoose, Pflanzen des atlantischen Hochmoors	150,4
Kleiner Binnensee und angrenzende Salzwiesen / Plön Salzwiesen, Salzsümpfe, Vogelfreistätte	105,8

	Größe ha
Methorstteich und Rümlandteich / Rendsburg-Eckernförde Fischteichanlagen, Brutplatz der Graugans und des Rothalstauchers	47,0
Dummersdorfer Ufer / Hansestadt Lübeck linkes Traveufer mit reicher Flora von kontinentalem Charakter	45,7
Wesseker See / Ostholstein Seltene Pflanzen, Vogelfreistätte	245,9
Rantum-Becken, Sylt/Nordfriesland Vogelfreistätte	560,3
Esprehmer Moor / Schleswig Brutplatz des Großen Brachvogels und des Bruchwasserläufers	37,6
Wulfsfelder Moor / Segeberg Bruchwaldmoor	6,3
Geschendorfer Moor / Segeberg Niederungsmoor, Brutgebiet der Knäkente und andere	11,1
Garrensee / Herzogtum Lauenburg Oligotropher See	19,2

VERZEICHNIS DER CAMPINGPLÄTZE AN BINNENGEWÄSSERN

Anmerkungen

In das Verzeichnis wurden nur solche Plätze aufgenommen (a), die auch Tagesgästen offenstehen, nicht dagegen solche Plätze, die nur Dauergäste haben (b). Da sich die Zahl der Plätze ohnehin von Jahr zu Jahr verschiebt, sei Interessenten empfohlen, das jeweils neueste Verzeichnis zu (a) beim Fremdenverkehrsverband Schleswig-Holstein, 2300 Kiel, Adelheidstraße 10, anzufordern, zu (b) sich an die Kreisverwaltungen wegen Auskünfte zu wenden.

Binnenland

2241 *Delve*, an der Eider, Campingplatz Eidertal; Zufahrt: Heide–Linden–Glüsing, Alberdorf–Tellingstedt–Glüsing, Friedrichstadt–Hennstedt–Glüsing; geöffnet 1. 1. – 31. 12.; Stellplätze 107 / Trinkwasserstellen 50, Waschanlagen 34, Duschanlagen 6, Geschirrspülanlagen 4, Waschmaschinen 2; Bootsliegeplätze 20, Gaststätte, Aufenthaltsraum, Lebensmitteleinkauf.

2241 *Lexfähre/Eider*, Campingplatz Lexfähre (Eider), Johanna-Luise Nielsen; Zufahrt: zwischen Rendsburg und Heide B 203; geöffnet 15. 3. bis 31. 9.; Stellplätze 30 / Trinkwasserstellen 4, Waschanlagen 8, Duschanlagen 2, Geschirrspülanlagen 2, Kochstellen 1, Waschmaschinen 2; Bootsliegeplätze 30, Gaststätte, Aufenthaltsraum, Lebensmitteleinkauf.

2246 *Hennstedt/Dithmarschen*, Ortsteil Horst-Eider, Campingplatz „Horst-Eider", Fr. und P. V. Wildenrath; Zufahrt: B 5 Heide–Hennstedt; geöffnet 1. 5.–10. 9.; Stellplätze 147 / Trinkwasserstellen 8, Waschanlagen 44, Duschanlagen 10, Geschirrspülanlagen 1, Kochstellen 1, Waschmaschinen 1; Bootsliegeplätze 35, Gaststätte, Aufenthaltsraum, Lebensmitteleinkauf möglich.

2251 *Süderstapel a. d. Eider*, Campingplatz, Herbert Möller; Zufahrt: B 202, Kreisstraße; geöffnet 1. 5.–30. 9.; Stellplätze 25 / Trinkwasser-

stellen 2, Waschanlagen 2, Duschanlagen 2; Bootsliegeplätze 30, Lebensmitteleinkauf möglich.

2351 *Langwedel/Holst.*, Campingplatz „Am Brahmsee", A. Blichenberg; Zufahrt: Autobahnabfahrt Blumenthal–Langwedel–Warder; geöffnet 1. 4. – 30. 9.; Stellplätze 142 / Trinkwasserstellen 12, Waschanlagen 62, Duschanlagen 10, Geschirrspülanlagen 6; Bootsliegeplätze 10, Aufenthaltsraum, Lebensmitteleinkauf möglich.

2301 *Wrohe*, Post Westensee, Campingplatz „Zum Fischmeister", G. Luttkus; Zufahrt: B 4 Rothenhahn–Rumohr–Wrohe; geöffnet 1. 4. – 30. 9.; Stellplätze 85 / Trinkwasserstellen 4, Waschanlagen 18, Duschanlagen 4, Geschirrspülanlagen 2; Gaststätte, Lebensmitteleinkauf möglich.

2370 *Osterrönfeld*, Kanalblick 12, Campingplatz Grönwohld, H. David; Zufahrt L I. O. 435 – Richtung Surendorf; geöffnet 1. 4 – 30. 9.; Stellplätze 390 / Trinkwasserstellen 28, Waschanlagen 84, Duschanlagen 8, Geschirrspülanlagen 12, Waschmaschinen 2; Lebensmitteleinkauf möglich.

2301 *Fahren*, Post Passade, Campingplatz, Geschwister Jähne; Zufahrt: B 202 Lütjenburg–Küstenstraße–Schönberg; geöffnet 1. 4.–30. 9.; Stellplätze 200 / Trinkwasserstellen 10, Waschanlagen 40, Duschanlagen 8, Geschirrspülanlagen 5; Gaststätte.

2308 *Preetz*, Kahlbrook 25, Campingplatz „Am Kirchsee", Siegfried Krüger; Zufahrt: B 202 Lütjenburg–B 430 Plön–B 76 Preetz; geöffnet 1. 4. bis 30. 9.; Stellplätze 50 / Trinkwasserstellen 4, Waschanlagen 12, Duschanlagen 4, Geschirrspülanlagen 2; Bootsliegeplätze.

2320 *Plön*, Spitzenort, „Zeltplatz Spitzenort", Thea Kuhnt; Zufahrt: B 430 Richtung Ascheberg; geöffnet 1. 4. – 30. 9.; Stellplätze 175/150 / Trinkwasserstellen 11, Waschanlagen 41, Duschanlagen 10, Geschirrspülanlagen 6; Lebensmitteleinkauf möglich.

2323 *Ascheberg*, „Zeltplatz Ascheberg", Erich Köhler; Zufahrt: B 430 Richtung Ascheberg; geöffnet 1. 4. – 30. 9.; Stellplätze 300 / Trinkwasserstellen 20, Waschanlagen 48, Duschanlagen 10, Geschirrspülanlagen 6; Bootsliegeplätze, Gaststätte, Lebensmitteleinkauf möglich.

2323 *Ascheberg*, Plöner Chaussee 3, Campingplatz Ascheberg, Eugen Möller; Zufahrt: B 202 Lütjenburg – Plön – Ascheberg; geöffnet 1. 4. bis 30. 9.; Stellplätze 30 / Trinkwasserstellen 4, Waschanlagen 8, Duschanlagen 2, Geschirrspülanlagen 2; Bootsliegeplätze.

2321 *Dersau*, Campingplatz Dersau, Heinrich Banck; Zufahrt: B 430 Richtung Ascheberg; geöffnet 1. 4. – 30. 9.; Stellplätze 225 / Trinkwasserstellen 10, Waschanlagen 32, Duschanlagen 8, Geschirrspülanlagen 4; Bootsliegeplätze, Gaststätte, Lebensmitteleinkauf möglich.

2320 *Ruhleben*, Gemeinde Bösdorf, Campingplatz Ruhleben, Freiherr v. Werthern; Zufahrt: B 202 Lütjenburg – B 76 Plön – Bösdorf; geöffnet 1. 4. bis 30. 9.; Stellplätze 180 / Trinkwasserstellen 12, Waschanlagen 44, Duschanlagen 10, Geschirrspülanlagen 6; Gaststätte, Lebensmitteleinkauf möglich.

2308 *Wahlstorf*, Campingplatz Gläserkoppel, Wahlstorf, K.-H. Opitz, 2300 Kronshagen, Wildhof 7; Zufahrt: B 202 Lütjenburg – 430 – Ascheberg – Wahlstorf; geöffnet 1. 4. – 30. 9.; Stellplätze 100 / Trinkwasserstellen 6, Waschanlagen 30, Duschanlagen 6, Geschirrspülanlagen 6.

2427 *Malente*, Wiesenweg 14, Campingplatz an der Schwentine, J. Böttcher; Zufahrt: Eutin – Malente Ortseingang; geöffnet 1. 4. – 31. 10.; Stellplätze 66 / Trinkwasserstellen 10, Waschanlagen 20, Duschanlagen 4, Geschirrspülanlagen 2, Kochstellen 4, Stromanschlüsse 20; Bootsliegeplätze, Aufenthaltsraum, Lebensmitteleinkauf, Kinderspielplatz.

2421 *Bosau*, Campingplatz „Strand Bosau", H. Geissler; Zufahrt: Bad Segeberg – Gnissau – Hutzfeld – Bosau; geöffnet April bis Oktober; Stellplätze 170 / Trinkwasserstellen 10, Waschanlagen 40, Duschanlagen 6, Waschmaschinen 3, Stromanschlüsse 140; Bootsliegeplätze 10, Gaststätte, Lebensmitteleinkauf möglich, Kinderspielplatz.

2071 *Bünningstedt*, Bredenbeker Teich, Campingplatz, Helmut Buse, geöffnet 1. 4. – 1. 10.; Stellplätze / Trinkwasserstellen 6, Waschanlagen 32, Duschanlagen 6; Lebensmitteleinkauf möglich.

2381 *Lürschau*, Post Ruhekrug, Campingplatz Lürschau a. See, Markus Ohlrau; Zufahrt: K 24 – B 201 – E 3; geöffnet 1. 5. – 30. 9.; Stellplätze 38 / Trinkwasserstellen 3, Waschanlagen 12, Duschanlagen 2, Geschirrspülanlagen 2; Gaststätte.

2351 *Borgdorf*, Campingplatz Borgdorfer See; J. Bredenbek und H. Möller; geöffnet 15. 5. – 15. 9.; Stellplätze / Trinkwasser, Wasch- und Duschanlage, Geschirrspülanlage, Stromanschluß, Telefonstelle, Aufenthaltsraum, Gaststätte, Lebensmitteleinkauf möglich.

BEHÖRDEN, INSTITUTIONEN UND VERBÄNDE, die mit Binnengewässern Schleswig-Holsteins befaßt sind

Behörden

Ministerium für Ernährung, Landwirtschaft und Forsten: Wasserwirtschaft, Landeskultur, Fischerei, Naturschutz, Landschaftspflege
Sozialministerium: Koordination des Umweltschutzes, Hygiene
Innenministerium: Raumordnung
Ministerium für Wirtschaft und Verkehr
Kreisverwaltungen: Wasserbehörden, Naturschutz, Landschaftspflege
Landesamt für Wasserhaushalt und Küsten
Landesamt für Naturschutz und Landschaftspflege
Landesamt für Pflanzenschutz
Geologisches Landesamt: Hydrogeologie
Landesvermessungsamt und Katasterämter
Fischereiamt
Amt für Land- und Wasserwirtschaft in Flensburg, Kiel, Lübeck, Itzehoe, Heide und Husum
Wasserschutzpolizeidirektionen und -reviere
Bundesinnenministerium: Umweltschutz
Bundesministerium für Ernährung, Landwirtschaft und Forsten
Bundesforschungsanstalt für Fischerei in Hamburg
Bundesverkehrsministerium: Bundeswasserstraßen
Bundesanstalt für Gewässerkunde in Koblenz
Bundesanstalt für Wasserbau – Außenstelle Küste – in Hamburg
Deutsches Hydrographisches Institut in Hamburg
Wasser- und Schiffahrtsdirektion Kiel und Hamburg
Untersuchungsstelle „Wassergüte in der Elbe" bei der WSD Hamburg
Wasser- und Schiffahrtsamt in Lübeck, Lauenburg, Hamburg, Glückstadt, Cuxhaven, Tönning

Seewetteramt in Hamburg
Wetteramt in Schleswig
Baubehörde Hamburg: Strom- und Hafenbau, Wasserwirtschaft

Institutionen

Universität Kiel: Institute für Botanik, Geologie, Geographie, Hygiene, Meereskunde, Wasserwirtschaft, Zoologie
Max-Planck-Institut für Limnologie in Plön
Städtisches Laboratorium in Kiel-Wik
Medizinische Akademie in Lübeck: Hygiene-Institut
Landwirtschaftskammer Schleswig-Holstein: Fischerei, Landesverband der Landeskulturverbände, Landwirtschaftliche Untersuchungs- und Forschungsanstalt (Radioaktivität im Wasser)
Universität Hamburg: Institut für Hydrobiologie und Fischereiwissenschaft, für organische Chemie und Biochemie, für Zoologie, Hygienisches Institut
Technische Universität Hannover: Franzius-Institut
Technische Universität Braunschweig: Leichtweiß-Institut

Verbände

Landesfischereiverband
Landessportfischerverband
Fremdenverkehrsverband
Arbeitsgemeinschaft für Geobotanik
Faunistisch-ökologische Arbeitsgemeinschaft
Ornithologische Arbeitsgemeinschaft

LISTE DER ERWÄHNTEN PFLANZEN UND TIERE

Pflanzen

Berle (Berula)
Binse (Scirpus = Schoenoplectus)
  Flecht-, Teich- (S. lacustris)
  Stein- (S. tabernaemontani)
  Strand- (S. maritimus)
Bittersüßer Nachtschatten
  (Solanum dulcamara)
Brachsenkraut (Isoetes)
Brennessel (Urtica dioica)
Distel (Cirsium)
  Acker- (C. arvense)
  Kohl- (C. oleraceum)
Engelwurz (Angelica
  archangelica)
Erle (Alnus glutinosa)
Fieberklee (Menyanthes
  trifoliata)
Froschbiß (Hydrocharis morsus
  ranae)
Froschlöffel (Alisma plantago)
Gagelstrauch (Myrica gale)
Hahnenfuß, Flutender
  (Batrachium)
Hornkraut (Ceratophyllum
  demersum)

Igelkolben (Sparganium)
Johannisbeere (Ribes silvestre)
Klappertopf (Rhinanthus)
Kohldistel (Cirsium oleraceum)
Krebsschere (Stratiotes vulgaris)
Kuckucksnelke (Lychnis flos
  cuculi)
Kuhschelle (Pulsatilla vulgaris)
Laichkraut (Potamogeton)
Nixenkraut (Najas marina)
Pfeifengras (Molinia coerulea)
Pillenfarn (Pilularia globulifera)
Reet (Phragmites vulgaris)
Reitgras, Schmalblättriges
  (Calamagrostis lanceolata)
Riesenschachtelhalm (Equisetum
  maximum)
Rohrglanzgras (Phalaris
  arundinacea)
Rohrkolben (Typha)
  Breitblättriger (T. latifolia)
  Schmalblättriger
  (T. angustifolia)
Schilf (Phragmites communis)
Schlangenwurz (Calla palustris)

Schwaden (Glyceria)
  Flutender (G. fluitans)
  Wasser- (G. maxima)
Schwertlilie (Iris pseudacorus)
Seerose (Nymphaea alba)
Segge (Carex)
  Steife (C. stricta)
Sonnentau (Drosera)
  Englischer (D. anglica)
  Mittlerer (D. media)
  Rundblättriger
  (D. rotundifolia)
Spartinagras (Spartina
  townsendii)
Spierstaude (Filipendula ulmaria)
Strandling (Litorella uniflora)
Straußgras (Agrostis)
  Hunds- (A. canina)
Sumpfcalla (Calla palustris)
Sumpfdotterblume (Caltha
  palustris)
Tannenwedel (Hippuris vulgaris)
Tausendblatt (Myriophyllum)
  Wechselblütiges
  (M. alterniflorum)

Teichrose (Nuphar luteum)
Torfmoos (Sphagnum)
Wasserfeder (Hottonia palustris)
Wasserhahnenfuß (Ranunculus)
  aquatilis)
Wasserknöterich (Polygonum
  amphibium)
Wasserlinse (Lemna)
Wasserlobelie (Lobelia
  dortmanna)
Wasserpest (Elodea canadensis)
Wasserschlauch (Utricularia)
Weide (Salix)
  Grau- (S. cinerea)
  Sal- (S. caprea)
Weidenröschen, Rauhes
  (Epilobium hirsutum)
Wiesenschaumkraut (Cardamine
  pratensis)
Wolfstrapp (Lycopus europaeus)
Zweizahn (Bidens tripartitus)

Tiere

(s. a. Verzeichnis der Fische)
Austernfischer (Haematopus
  ostralegus)
Bachröhrenwurm (Tubifex)
Bärtierchen (Tardigrada)
Bekassine (Capella gallinago)
Bisamratte (Ondatra zibethicus)
Büschelmücke (Chaobora)
Dreiecksmuschel (Dreissena
  polymorpha)
Drosselrohrsänger (Acrocephalus
  arundinaceus)
Eintagsfliegen (Ephemeriden)
  Große E. (Ephemera vulgata)
Eisvogel (Alcedo atthis)
Erbsenmuschel (Pisidium)
Eule, Sumpfohr- (A. accipitrinus)
Feldlerche (Alauda arvensis)
Flohkrebs (Gammarus)
Frosch, Moor- (Rana arvalis)
Gabelweihe (Milvus milvus)

Gelbrandkäfer (Dytiscus)
Glaskrebs (Leptodora kindii)
Grasmücke (Sylvia)
Graureiher (Ardea cinerea)
Großblattfüßer (Lepidurus)
Haubentaucher (Podiceps
  cristatus)
Heupferd (Mecostethus grossus)
Käfer (Coleoptera)
Kampfläufer (Philomachus
  pugnax)
Kiebitz (Vanellus vanellus)
Köcherfliegen (Trichoptera)
Kolkrabe (Corvus corax)
Kranich (Grus grus)
Kröte, Erd- (Bufo vulgaris)
Laubsänger (Phylloscopus)
Leberegel (Fasciola hepatica)
Libellen (Odonata)
Meise, Bart- (Panurus biarmicus)
Milben (Hydracarinen)

Möwe (Larus)
  Lach- (L. ridibundus)
Muscheln (Lamellibranchia)
  Dreiecks- (Dreissena
  polymorpha)
  Erbsen- (Pisidium)
Polyp, Süßwasser (Hydra)
Reh (Capreolus capreolus)
Rohrdommel, Große (Botaurus
  stellaris)
Rohrdommel, Kleine (Ixobrychus
  minutus)
Rothalstaucher (Podileps
  griseigena)
Rotschenkel (Tringa totanus)
Rückenschwimmer (Notonecta)
Säbelschnäbler (Recurvirostra
  avosetta)
Schlammfliege (Sialis u. Eristalis)
Schwalbe (Hirundo rustica)
Sprosser (Luscinia luscinia)

Star (Sturnus vulgaris)
Steinfliegen (Plecoptera)
Storch (Ciconia ciconia)
Strudelwürmer (Turbellaria)
Teichrohrsänger (Acrocephalus
  scirpaceus)
Uferschnepfe (Limosa limosa)
Wasserassel (Asellus aquaticus)
Wasserskorpion (Nepa)
Weichtiere (Mollusca)
Weihe (Circus)
  Rohr- (C. aeruginosus)
  Wiesen- (C. pygargus)
Zuckmücken (Chironomiden)

159

REGISTER

FREIGABE-NUMMERN DER LUFTBILDAUFNAHMEN

17 SH 1721–151	27 SH 1480–151	36 SH 1500–151	54 SH 1744–151	66 SH 1447–151	76 SH 1416–151
18 SH 1632–151	28 SH 1475–151	37 SH 1409–151	56 SH 1423–151	67 SH 1443–151	81 SH 1675–151
19 SH 1620–151	29 SH 807–151	38 SH 1419–151	57 SH 1415–151	68 SH 1442–151	82 SH 1609–151
20 SH 1378–151	30 SH 1585–151	39 SH 1667–151	59 SH 1413–151	69 SH 1434–151	83 SH 1624–151
21 SH 1459–151	31 SH 1658–151	40 SH 1416–151	61 SH 1608–151	70 SH 1467–151	84 SH 1664–151
22 SH 1178–151	32 SH 1644–151	42 SH 1614–151	62 SH 1439–151	72 SH 1677–151	86 SH 1739–151
24 SH 1665–151	33 SH 1645–151	44 SH 1429–151	63 SH 1596–151	73 SH 1638–151	
25 SH 1666–151	34 SH 1430–151	52 SH 1695–151	64 SH 1606–151	74 SH 1655–151	
26 SH 1485–151	35 SH 1449–151	53 SH 1703–151	65 SH 1642–151	75 SH 1512–151	

BILDNACHWEIS

9: Georg Quedens, Norddorf/Amrum. Alle übrigen Aufnahmen: Dr. Uwe Muuß.

ANSCHRIFTEN DER HERAUSGEBER

Dr. Uwe Muuß, Studiendirektor, Studienleiter am Institut für Praxis
   und Theorie der Schule, Seminar für Gymnasien, Kiel
   Privat: 2300 Kiel 16, Pappelweg 14
   bearbeitet: Einleitung, S. 46, 50, 53, 57, 61, 62, 66, 69, 70, 89, 93, 97,
   101, 109, 118, 125, 126
Dr. Marcus Petersen, Ltd. Regierungsdirektor,
   Landesamt für Wasserhaushalt und Küsten Schleswig-Holstein,
   2300 Kiel, Saarbrückenstraße 38
   Privat: 2301 Mönkeberg über Kiel, An den Eichen 52
   bearbeitet: Einleitung, S. 33, 34, 37, 38, 41, 45, 65, 81, 82, 85, 86, 90,
   94, 98, 102, 106, 110, 121, 122, 129

Dr. Dietrich König,
   Landesamt für Wasserhaushalt und Küsten Schleswig-Holstein,
   2300 Kiel, Saarbrückenstraße 38
   Privat: 2300 Kronshagen über Kiel, Sandkoppel 39
   bearbeitet: S. 18–26, 29, 30, 42, 49, 54, 73, 74–78, 105
Dr. Günther Herrmann,
   Landwirtschaftskammer Schleswig-Holstein,
   2300 Kiel, Holstenstraße 106
   Privat: 2300 Kiel, Von-der-Goltz-Allee 81
   bearbeitet: S. 58, 113, 114, 117